高等学校交通运输与工程类专业教材建设委员会规划教材

Fundamentals and Application of CAD for Traffic Engineering
交通工程 CAD 基础与应用教程

曹 弋 主编
李洪萍 刘兆峰 主审

人民交通出版社股份有限公司
北京

内 容 提 要

本书以 AutoCAD 2007 与鸿业市政道路 9.0 为基础,针对道路交通工程基本问题,讲述了 AutoCAD 2007 与鸿业的基础知识、操作方法及其在道路交通工程设计制图领域的应用。全书分上下两篇,共计 15 章。上篇为 CAD 基础,内容包括:AutoCAD 概述、二维图形绘制、二维图形编辑、文字与尺寸标注、图层编辑与使用、图块与外部参照、图纸的打印与输出。下篇为 CAD 设计应用,内容包括:鸿业市政道路设计软件概述、地形、道路平面设计、道路纵断面设计、道路横断面设计、交叉口设计、交通工程设施设计、工程实例。

本书可作为全日制高等院校本科交通工程专业的教材,也可供道路桥梁与渡河工程、交通运输工程、土木工程等专业选用,还可供从事交通工程、交通管理和市政工程的技术人员参考使用。

图书在版编目(CIP)数据

交通工程 CAD 基础与应用教程 / 曹弋主编. — 北京：人民交通出版社股份有限公司,2022.6
ISBN 978-7-114-17959-4

Ⅰ.①交⋯ Ⅱ.①曹⋯ Ⅲ.①交通工程—计算机辅助设计—AutoCAD 软件—高等学校—教材 Ⅳ.①U495

中国版本图书馆 CIP 数据核字(2022)第 080434 号

Jiaotong Gongcheng CAD Jichu yu Yingyong Jiaocheng

书　　名:	交通工程 CAD 基础与应用教程
著 作 者:	曹　弋
责任编辑:	李　晴
责任校对:	孙国靖　魏佳宁
责任印制:	张　凯
出版发行:	人民交通出版社股份有限公司
地　　址:	(100011)北京市朝阳区安定门外外馆斜街 3 号
网　　址:	http://www.ccpcl.com.cn
销售电话:	(010)59757973
总 经 销:	人民交通出版社股份有限公司发行部
经　　销:	各地新华书店
印　　刷:	北京虎彩文化传播有限公司
开　　本:	787×1092　1/16
印　　张:	19.75
字　　数:	506 千
版　　次:	2022 年 6 月　第 1 版
印　　次:	2023 年 12 月　第 3 次印刷
书　　号:	ISBN 978-7-114-17959-4
定　　价:	49.00 元

(有印刷、装订质量问题的图书由本公司负责调换)

前言

随着我国道路交通事业的蓬勃发展,用人单位对新形势下本科毕业生的专业技能及工程实践能力提出了更高的要求。现有的本科教学模式大多注重以考试的方式考核本科生对基本知识与理论的理解和掌握情况,而对培养其工程实践能力及基本知识与技能的灵活运用能力重视不足。《交通工程 CAD 基础与应用教程》是一本强调操作技能与工程应用能力的教材,其出版与推广能够弥补现今本科教育模式对实操与应用能力训练不足的缺憾,符合当今社会对交通工程及相关专业综合型应用人才培养的需要。通过对本书的学习,学生可以较系统地掌握交通工程 CAD 的基本知识和制图技巧、专业软件的应用技能,为将来从事交通工程设计等工作奠定坚实基础。

全书分上下两篇,共计 15 章。上篇(第 1~7 章)为 CAD 基础,主要介绍 Auto-CAD 2007 的相关知识:讲解点、线、多边形、圆、圆弧等二维基本图形的绘制方法;讲解删除、复制、镜像、偏移、阵列、移动、旋转等二维基本图形的编辑方法;依据国家制图标准,介绍文字标注、文本编辑、尺寸标注与样式修改等的方法;讲解图层的概念、设置、管理及对象特性修改的方法;介绍图块的定义、创建、属性,以及外部参照的定义与导入;讲解图形的输出、布局空间的应用、打印样式的设置及打印图形的方法。

下篇(第 8~15 章)为 CAD 设计应用,主要介绍鸿业市政道路 9.0 设计软件的相关知识:讲解利用等高线地形图构造数字地面模型的基本操作流程及其与等高线、高程点的相互转化方法;介绍线形设计、道路绘制、路口处理、辅助设施及标注工具等道路平面设计相关内容;介绍自然地形输入、纵断面动态拉坡设计、图纸绘制及竖曲线设计等道路纵断面设计相关内容；介绍横断面自然地形数据录入、土石方计算、挡土墙设计及辅助功能等道路横断面设计；介绍交叉口生成、板块划分与处理、标高设计、编辑工具等交叉口设计；介绍交通标志、标线与隔离物等常见交通工程设施的设计制图方法；介绍制图技能在工程实例中的具体应用。

本书的编写分工如下：第 1～5、7、15 章由大连交通大学曹弋编写，第 6 章由大连交通大学万福媛编写，第 8 章由大连交通大学李雪编写，第 9 章由大连交通大学张贝贝编写，第 10 章由大连交通大学王艺筱编写，第 11 章由大连交通大学叶兴旺编写，第 12 章由大连交通大学陈楠编写，第 13 章由大连交通大学邓仲闯编写，第 14 章由大连交通大学陈龙飞编写。全书由曹弋统稿，大连市市政设计研究院有限责任公司李洪萍、刘兆峰任主审。大连交通大学 2020 级全体研究生参与了基础资料收集与工程实例汇编工作。大连市市政设计研究院有限责任公司提供了大量工程实例图纸资料与软件支撑，石家庄铁道大学提供了软件支撑。

本书得到了以下科研与教研项目成果及经费支持：

(1) 辽宁省教育厅科学研究经费项目，基于遗传算法的网约出租车合乘路径优化模型(项目编号：JDL2020017)；

(2) 辽宁省教育科学规划课题，注重工程实践能力的课程体系与教学模式改革(项目编号：JG20DB69)；

(3) 省社科联 2022 年度辽宁省经济社会发展研究课题，辽宁省大城市交通拥堵治理的需求管理策略研究(项目编号：2022lslybkt-022)；

(4) 大连市社会科学院(研究中心)2021 年度课题，大连市区域差异性停车收费管理策略研究(项目编号：2021dlsky050)；

(5) 2021 年度大连交通大学专业学位研究生质量攻关项目，城市道路交通方案设计与分析评价案例资源建设；

(6) 2021 年度大连交通大学教学改革研究项目，交通工程专业产教融合、协同育人应用型人才培养模式研究与实践。

本书参阅了大量的国内外文献资料，由于条件所限，未能与原著作者一一取得联系，引用及理解不当之处，敬请谅解，在此向文献资料的原作者表示衷心的感谢。受笔者水平所限，书中可能存在不妥乃至谬误之处，敬请广大读者赐教。

作　者
2021 年 8 月

目录

上篇 CAD 基础

第1章 AutoCAD 概述 ………………………………………………………………… 3
  1.1 AutoCAD 2007 概述 ………………………………………………………… 3
  1.2 计算机绘图相关知识 ………………………………………………………… 4
  1.3 AutoCAD 2007 用户界面介绍 ……………………………………………… 7
  1.4 管理图形文件 ………………………………………………………………… 14
  1.5 AutoCAD 2007 基本操作 …………………………………………………… 19
  本章习题 …………………………………………………………………………… 26

第2章 二维图形绘制 ……………………………………………………………… 27
  2.1 二维图形绘制基础 …………………………………………………………… 27
  2.2 点的绘制 ……………………………………………………………………… 31
  2.3 直线、射线和构造线的绘制 ………………………………………………… 33
  2.4 矩形和正多边形的绘制 ……………………………………………………… 35
  2.5 圆、圆弧、椭圆和椭圆弧的绘制 …………………………………………… 38
  2.6 多线、多段线等复杂二维图形的绘制 ……………………………………… 45
  本章习题 …………………………………………………………………………… 49

第3章 二维图形编辑 ……………………………………………………………… 50
  3.1 选择对象 ……………………………………………………………………… 50
  3.2 视图功能 ……………………………………………………………………… 54
  3.3 修改功能 ……………………………………………………………………… 56
  3.4 夹点模式编辑 ………………………………………………………………… 64
  3.5 编辑特性 ……………………………………………………………………… 65
  本章习题 …………………………………………………………………………… 67

第 4 章 文字与尺寸标注 ·· 68
4.1　国家标准中字体的要求与配置 ································· 68
4.2　文本标注 ·· 69
4.3　文本编辑 ·· 72
4.4　尺寸标注的基本概念 ··· 74
4.5　尺寸标注的样式 ·· 75
4.6　标注尺寸 ·· 82
本章习题 ·· 90

第 5 章 图层编辑与使用 ·· 92
5.1　图层的基本概念 ·· 92
5.2　规划设置图层 ··· 93
5.3　管理图层 ·· 98
5.4　对象特性的修改 ··· 107
本章习题 ·· 109

第 6 章 图块与外部参照 ··· 111
6.1　块的创建及属性 ··· 111
6.2　图块属性 ··· 116
6.3　外部参照 ··· 119
6.4　AutoCAD 设计中心 ··· 123
本章习题 ··· 127

第 7 章 图纸的打印与输出 ·· 128
7.1　图形输出 ··· 128
7.2　布局 ··· 130
7.3　打印样式 ··· 136
7.4　打印图形 ··· 138
本章习题 ··· 139

下篇　CAD 设计应用

第 8 章 鸿业市政道路设计软件概述 ······························ 143
8.1　软件简介 ··· 143
8.2　道路设计流程 ·· 144
8.3　软件的安装 ·· 144
8.4　软件的设置 ·· 146
本章习题 ··· 151

第 9 章 地形 ·· 152
9.1　自然地形的输入 ··· 152

9.2　地形陡坎 ……………………………………………………………… 157
9.3　地形断面 ……………………………………………………………… 159
9.4　视点转换 ……………………………………………………………… 159
9.5　附例 …………………………………………………………………… 160
本章习题 …………………………………………………………………… 162

第10章　道路平面设计 …………………………………………………… 163
10.1　定位设置 …………………………………………………………… 163
10.2　线形设计 …………………………………………………………… 165
10.3　道路绘制 …………………………………………………………… 168
10.4　辅助工具 …………………………………………………………… 174
10.5　路口处理 …………………………………………………………… 178
10.6　辅助设施 …………………………………………………………… 183
10.7　标注工具 …………………………………………………………… 185
本章习题 …………………………………………………………………… 189
设计实例 …………………………………………………………………… 190

第11章　道路纵断面设计 ………………………………………………… 193
11.1　自然地形的输入 …………………………………………………… 194
11.2　纵断面动态设计 …………………………………………………… 196
11.3　纵断面绘制 ………………………………………………………… 203
11.4　纵断面竖向线形设计 ……………………………………………… 205
本章习题 …………………………………………………………………… 209
设计实例 …………………………………………………………………… 209

第12章　道路横断面设计 ………………………………………………… 212
12.1　自然地形数据的录入 ……………………………………………… 212
12.2　道路土方计算 ……………………………………………………… 215
12.3　挡土墙设计 ………………………………………………………… 220
12.4　横断辅助功能 ……………………………………………………… 225
本章习题 …………………………………………………………………… 234
设计实例 …………………………………………………………………… 235

第13章　交叉口设计 ……………………………………………………… 238
13.1　交叉口形成 ………………………………………………………… 238
13.2　板块划分与处理 …………………………………………………… 244
13.3　标高设计 …………………………………………………………… 248
13.4　编辑工具 …………………………………………………………… 249
13.5　三维效果 …………………………………………………………… 251
13.6　交叉口设计实例 …………………………………………………… 252
本章习题 …………………………………………………………………… 255
设计实例 …………………………………………………………………… 255

第 14 章 交通工程设施设计 258
14.1 交通标志 258
14.2 标志杆 262
14.3 交通标线 264
14.4 隔离物 270
本章习题 271
设计实例 272

第 15 章 工程实例 275
15.1 仙来大道改造工程实例 275
15.2 学子街交通工程实例 295
本章习题 306

参考文献 307

ARTICLE | 上篇

CAD基础

第1章
AutoCAD 概述

本章学习要求
(1) 了解计算机绘图相关知识。
(2) 熟悉用户界面。
(3) 掌握图形文件管理方法。
(4) 掌握 AutoCAD 基本操作。

1.1　AutoCAD 2007 概述

　　AutoCAD 是由美国 Autodesk 公司开发的通用计算机辅助设计软件系统，具有强大的二维设计功能和较强的三维几何建模及编辑功能，目前广泛应用在机械、建筑、电子和家电等工程设计领域，拥有众多的国内外用户。自 1982 年问世以来，经过不断升级改进，其功能也日趋完善，已经成为工程设计领域应用最为广泛的计算机辅助绘图与设计软件之一。
　　AutoCAD 2007 的主要功能有以下 6 个方面：
　　(1) 绘图功能
　　AutoCAD 2007 提供了丰富的绘图命令，使用这些命令可以绘制直线、构造线、圆形、矩形等二维基本图形和圆柱体、球体、长方体等三维基本实体，以及网格、旋转网格等网格模型。

AutoCAD 2007 是一种交互式的绘图软件,用户可以简单地使用键盘或鼠标单击来激活命令,然后根据系统的提示在屏幕上绘制图形,使得计算机绘图变得简单易学、易用。

(2)编辑图形功能

AutoCAD 2007 具有强大的编辑功能。用户使用其修改命令,可以对图形进行复制、平移、旋转、缩放、镜像和阵列等编辑操作,从而绘制复杂的图形,使绘图工作事半功倍。布尔运算等三维编辑功能使得三维复杂实体的生成变得简单易用。

(3)图形尺寸标注功能

AutoCAD 2007 提供了一套完整的尺寸标注和编辑命令。标注时不仅能够自动测量图形的尺寸,而且可以方便地编辑尺寸或修改标注样式,以符合行业或项目标准的要求。标注的对象可以是二维图形,也可以是三维图形。

(4)三维图形渲染功能

AutoCAD 2007 可以运用雾化、光源和材质,将模型渲染为具有真实感的图像。如果是为了演示,可以渲染全部对象;如果时间有限,或显示设备和图形设备不能提供足够的灰度等级和颜色,则不必精细渲染;如果只需快速查看设计的整体效果,则可以简单消隐或设置视觉样式。

(5)输出与打印功能

AutoCAD 2007 不仅允许将所绘制图形以不同样式通过绘图仪或打印机输出,还能够将不同格式的图形导入 AutoCAD 或将 AutoCAD 图形以其他格式输出。因此,当图形绘制完成之后,可以使用多种方法将其输出。例如,可以将图形打印在图纸上,或创建成文件以供其他应用程序使用。

AutoCAD 2007 输出的文件格式如下:

①3D DWF(＊.dwf)。
②DXF 图形交换格式(＊.dxf)。
③Windows 图元文件(＊.wmf)。
④ACIS(＊.sat)。
⑤平版印刷(＊.stl),此文件也用在快速成型系统中。
⑥封装 PS(＊.eps)。
⑦dxx 提取(＊.dxx)。
⑧位图(＊.bmp)。

(6)网络传输功能

AutoCAD 2007 具有网络传输功能。使用此功能,用户可以方便地浏览世界各地的网站,获取有用的信息;可以下载需要的图形,也可以将绘制的图形通过网络传输出去,以实现多用户对图形资源的共享。

1.2 计算机绘图相关知识

计算机绘图作为设计工作的一个重要手段已经被广泛应用于科学研究、电子、机械、建筑、航天、造船、石油化工、土木工程、冶金、农业气象、纺织、轻工等领域,并发挥越来越大的作用。

1.2.1 计算机绘图的概念

计算机绘图是20世纪60年代发展起来的新兴学科,是随着计算机图形学理论及其技术的发展而发展的。我们知道,图形与数字在客观上存在着相互对应的关系。把数字化了的图形信息通过计算机存储、处理,并通过输出设备将图形显示或打印出来,这个过程称为计算机绘图,而研究计算机绘图领域中各种理论与实际问题的学科称为计算机图形学。随着计算机硬件功能的不断提高、系统软件的不断完善,计算机绘图已广泛应用于多个领域。

要进行计算机绘图,就要使用计算机绘图系统。计算机绘图系统由软件系统和硬件系统组成。其中,软件是计算机绘图系统的核心,而相应的系统硬件设备则为软件的正常运行提供了保障和运行环境。另外,任何功能强大的计算机绘图系统都只是一个辅助工具,系统的运行离不开系统使用人员的创造性思维活动。因此,使用计算机绘图系统的技术人员也属于系统组成的一部分,将软件、硬件及人这三者有效地融合在一起,是发挥计算机绘图系统强大功能的前提。

1.2.2 计算机绘图系统的硬件组成

计算机绘图的硬件系统通常是指可以进行计算机绘图作业的独立硬件环境,主要由主机、输入设备(键盘、鼠标、扫描仪等)、输出设备(显示器、绘图仪、打印机等)、信息存储设备(主要指外存,如硬盘、软盘、光盘等)以及网络设备、多媒体设备等组成,如图1-1所示。

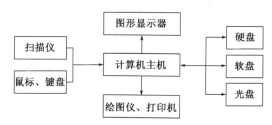

图1-1 计算机绘图系统的基本硬件组成

1.2.2.1 主机

主机由中央处理器(CPU)和内存储器(简称为内存)等组成,是整个计算机绘图系统硬件的核心。衡量主机性能的指标主要有CPU性能和内存容量。

(1)CPU性能

CPU的性能决定着计算机的数据处理能力、运算精度和速度。CPU的性能通常用每秒可执行的指令数目或进行浮点运算的速度指标来衡量,其单位符号为MI/s(每秒处理1百万条指令)和GI/s(每秒处理10亿条指令)。目前,CPU的速度已达到240GI/s以上。一般情况下,用芯片的时钟频率来表示运算速度更为普遍,时钟频率越高,运算速度越快。

(2)内存容量

内存是存放运算程序、原始数据、计算结果等内容的记忆装置。如果内存量过小,将直接影响计算机绘图软件系统的运行。内存容量越大,主机能容纳和处理的信息量就越大,处理速度也越快。

1.2.2.2 外存储器

外存储器简称为外存,包括硬盘、软盘、光盘、U 盘和移动硬盘等。虽然内存储器可以直接和运算器、控制器交换信息,存取速度很快,但内存储器成本较高,且其容量受到 CPU 直接寻址能力的限制。外存是内存的后援,计算机绘图系统可将大量的程序、数据库和图形库存放在外存储器中,待需要时再调入内存进行处理。

1.2.2.3 图形输入设备

在计算机绘图过程中,不仅要求用户能够快速输入图形,而且还要求能够将输入的图形以人机交互方式进行修改,以及对输入的图形进行变换(如缩放、平移、旋转等)操作。因此,图形输入设备在计算机绘图硬件系统中占有重要的地位。目前,计算机绘图系统常用的输入设备有键盘、鼠标、扫描仪等。

1.2.2.4 图形输出设备

图形输出设备包括图形显示器、绘图仪和打印机等。图形显示器是计算机绘图系统中最为重要的硬件设备之一,主要用于图形图像的显示和人机交互操作,是一种交互式的图形显示设备。

1.2.3 计算机绘图系统的软件组成

在计算机绘图系统中,软件配置的高低决定着整个计算机绘图系统的性能优劣,是计算机绘图系统的核心。计算机绘图系统的软件可分为 3 个层次,即系统软件、支撑软件和应用软件。

1.2.3.1 系统软件

系统软件主要用于计算机的管理、维护、控制、运行,以及计算机程序的编译、装载和运行。系统软件包括操作系统和编译系统。

操作系统主要承担对计算机的管理工作,其主要功能包括文件管理、外部设备管理、内存分配管理、作业管理和中断管理。操作系统的种类很多,如 UNIX、Linux 及 Windows 等。

编译系统的作用是将用高级语言编写的程序编译成计算机能够直接执行的机器指令。有了编译系统,用户就可以用接近于人类自然语言和数学语言的方式编写程序,从而使非计算机专业的各类工程技术人员方便地使用计算机进行绘图。

1.2.3.2 支撑软件

支撑软件是为满足计算机绘图工作中一些用户的共同需要而开发的通用软件。近几十年来,由于计算机应用领域迅速扩大,支撑软件的开发有了很大的进展,出现了种类繁多的商品化支撑软件。

1.2.3.3 应用软件

应用软件是在系统软件和支撑软件的基础上,专门针对某一应用领域而开发的软件。这类软件通常由用户结合当前绘图工作的需要自行研究开发或委托开发商进行开发,此项工作又称为"二次开发"。为了充分发挥已有计算机绘图系统的功能,应用软件的技术开发工作是很重要的,也是计算机绘图从业人员的主要任务之一。

1.3 AutoCAD 2007 用户界面介绍

AutoCAD 2007 为用户提供"三维建模"和"AutoCAD 经典"两种工作空间模式。用户可以根据自己的习惯选择合适的工作空间模式。对于习惯 AutoCAD 传统界面的用户，可以采用"AutoCAD 经典"工作空间模式。"AutoCAD 经典"工作空间界面主要由标题栏、工具栏、菜单栏、绘图窗口、命令行与文本窗口、状态栏等部分组成。

1.3.1 标题栏

标题栏位于应用程序窗口的最上方，用于显示当前正在运行的程序名及文件名等信息。单击标题栏右端的 按钮可以进行窗口的最小化、最大化或关闭应用程序窗口。

1.3.2 绘图区

绘图区又称为绘图窗口，它是用户绘图的工作区域，用户所做的一切工作如绘制图形、标注尺寸、输入文本等都反映在该窗口，可以把绘图区域理解为一张可大可小的图纸，由于可以设置图层(图层的概念和作用请参考本书相关章节)，其实绘图区域还可以理解为多张重叠在一起的透明图纸。用户可以根据需要关闭某些工具栏，以增大绘图空间。

在绘图区中，有一个坐标系图标，用于显示当前坐标系的位置和坐标方向，如坐标系原点、X、Y、Z 轴正向(二维绘图不涉及 Z 值)，AutoCAD 2007 默认使用的坐标系是笛卡尔坐标系，即世界坐标系(World Coordinate System，WCS)。坐标系图标的显示与否以及显示状态可以通过在命令行输入命令"UCSICON"来控制。

在绘图区中，还有一个鼠标光标，鼠标光标会根据使用状态改变形状。十字光标在绘图区域用于指定点或选择对象。通常情况下，光标是一个十字线并且在十字线中心有一个小方框，十字线的交点是光标的实际位置。

在使用绘图命令时，例如绘制圆"CIRCLE"命令，确定圆心后，还需要给出圆上一点(即确定圆的半径)，如果没有打开对象捕捉功能，则光标仅仅显示十字线；如果打开对象捕捉功能，则光标显示十字线和方框，此时的方框成为靶框(TARGETBOX)，其大小决定了对象捕捉的有效范围。如果使用的是编辑命令，修改已经绘制的对象，如删除"ERASE"命令，光标上的十字线会消失，只留下小方框，此时可以用方框选择要删除的对象，这时的方框称为拾取框(PICK-BOX)，用来选择对象；也可以按下鼠标左键，拖动鼠标，拉出一个矩形框来选择对象。如果将鼠标光标移出绘图区，光标将变为箭头，此时可以从工具栏或菜单中选择要执行的命令选项。如果将鼠标光标移到命令行区域，光标将变为"I"形状，此时可以输入命令。

1.3.3 下拉菜单、快捷菜单和键盘快捷键

1.3.3.1 下拉菜单

下拉菜单栏的功能非常强大，几乎可以实现所有 AutoCAD 2007 的功能和操作命令。主要由"文件(F)""编辑(E)""视图(V)""插入(I)"等菜单组成。单击一个菜单项，如"绘图

(D)",系统将弹出如图1-2所示的对应下拉菜单,菜单中的命令类型有3种。

(1)单击直接执行的命令,如单击"直线(L)",直接执行绘制直线的命令。

(2)一些命令还含有下级命令。如单击"圆(C)",会弹出如图1-2中所示的5种绘制圆的菜单项。

(3)命令后跟有"...",表示单击此命令后会出现一个对话框。如在图1-2中单击"表格...",就会出现一个对话框。

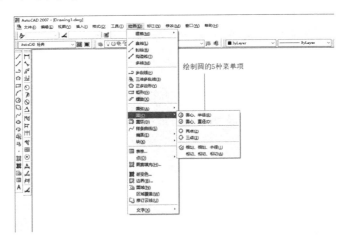

图1-2 "绘图"下拉菜单

1.3.3.2 快捷菜单

快捷菜单又称为上下文相关菜单。在绘图窗口、工具栏、状态栏、"模型"选项卡以及一些对话框上单击鼠标右键,将会弹出一个快捷菜单,该菜单中的命令与系统的当前状态有关,显示的内容根据状态不同而不同。使用它们可以在不启动菜单栏的情况下快速、高效地进行操作,如图1-3所示。

图1-3 AutoCAD 2007的快捷菜单

1.3.3.3 键盘快捷键

键盘快捷键用于向自定义按键组合指定命令。只有在按键后,临时替代键才会执行命令或修改设置。

用户可以在"特性"窗口中为选定命令创建和编辑键盘快捷键。可以从此窗口的快捷键视图、可用自定义设置位于窗口的树状图或命令列表窗口中为键盘快捷键选择一个命令,如图1-4所示。

图1-4　单击"键盘快捷键"

要创建新的临时替代键,可在树状图中任意一个键盘快捷键节点上单击鼠标右键。要编辑临时替代键,则在此窗口的快捷键视图、可用自定义设置位于窗口的树状图或命令列表窗口中选择相应键。

建立快捷键的步骤:

(1)单击"工具(T)菜单→自定义(C)→界面(I)"。

(2)如图1-4所示,在"所有自定义文件"窗口中,单击"键盘快捷键"节点。

(3)在"快捷键"窗口中,过滤要打印的键盘快捷键的类型和状态。在"类型"下拉列表中,选择要在列表中显示的键盘快捷键的类型。选项包括:"所有键""加速键"或"临时替代键"。在"状态"列表中,选择列表中显示的键盘快捷键的状态。

(4)在"快捷键"窗口中,单击"打印",把已经定义好的快捷键打印保存,如保存文件的快捷键为 Ctrl + S。

1.3.4　工具栏

在 AutoCAD 2007 调用命令最常用、最快捷方便的方法就是通过工具栏调用,单击工具栏上的命令按钮,即可执行相应的命令。在 AutoCAD 2007 中,系统提供了 20 多个已命名的工具栏。在系统默认情况下,"标准""属性""绘图"和"修改"等工具栏处于打开状态,图1-5所示为处于浮动状态的"绘图""修改"和"对象捕捉"工具栏。

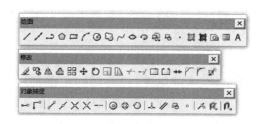

图1-5　AutoCAD 2007 的部分工具栏

如果要显示隐藏的工具栏,可以在任意工具栏单击鼠标右键,系统会弹出一个快捷菜单,如图1-6所示,在相应的菜单选项打上"√"即可显示隐藏的工具栏;相反,如果要隐藏某一个工具栏,在相应的菜单选项去掉"√"即可。

AutoCAD 2007还允许用户自定义工具栏。下面以创建如图1-7所示的"我的工具栏"为例,说明自定义工具栏的方法。

图1-6　工具栏快捷菜单图　　　图1-7　自定义的工具栏

(1)单击"视图(V)→工具栏(O)"菜单,打开"自定义用户界面"对话框。

(2)在对话框的"所有CUI文件中的自定义"选项区域的列表框中,在"工具栏"上单击鼠标右键,在弹出的菜单中单击"新建→工具栏"。新建的工具栏默认每次出现在该选项区域的列表中。

(3)在列表中选择新建的工具栏,然后在右侧"特性"选项区域的"名称"文本框中输入新建工具栏的名称,如"我的工具栏"。在"说明"文本框中输入该工具栏的注释文字,如图1-8所示。

(4)在左侧的"命令列表"选项区域中的"按类别(G)"下拉列表框中选择"绘图"选项,然后在下方对应的列表框中选中"长方体"选项,按住鼠标左键将其拖动到上方"我的工具栏"处,松开鼠标左键即可,如图1-8所示。此时"我的工具栏"中添加了第一个按钮。

重复第(4)步操作步骤,使用同样的方法添加其他按钮到"我的工具栏"中,如图1-9所示。

图 1-8 命名工具栏

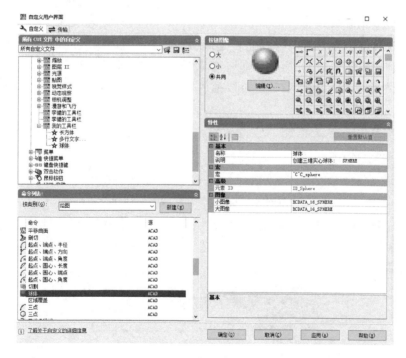

图 1-9 添加工具栏按钮

（5）添加按钮完毕后，选中列表框中的"我的工具栏"选项，可以在右侧区域中预览该工具栏，如图 1-10 所示。

图 1-10　预览工具栏按钮

1.3.5　命令行和文本窗口

1.3.5.1　命令行

"命令行"窗口位于绘图窗口与状态栏之间,用于接受用户输入的命令,并提供 AutoCAD 2007 的提示信息。默认情况下,命令行是一个固定的窗口,可以在当前命令行提示下输入命令、对象参数等内容。"命令行"窗口也可以拖放为浮动窗口,如图 1-11 所示。此时"命令行"窗口可以拖放到其他位置上。

图 1-11　AutoCAD 2007 的"命令行"窗口(浮动情况下)

在"命令行"窗口中单击鼠标右键,会出现 AutoCAD 2007 的一个快捷菜单,如图 1-12 所示。通过它可以选择最近使用过的命令、复制选定的文字或全部命令历史记录、粘贴文字以及打开"选项"对话框。

图 1-12　"命令行"快捷方式

在命令行中还可以使用 Backspace 或 Delete 键删除命令行中的文字,也可以选中命令历史,并执行"粘贴到命令行(T)"命令,将其粘贴到命令行中。

按组合键 Ctrl+9 可以打开或关闭命令行。

1.3.5.2 文本窗口

文本窗口是记录 AutoCAD 命令的窗口,是放大的"命令行"窗口,它记录了已经执行的命令,也可以用来输入新命令。在 AutoCAD 2007 中可以执行"视图(V)→显示(L)→文本窗口(T)"菜单命令,或执行 TEXTSCR,或按 F2 键打开或关闭文本窗口,如图 1-13 所示。

图 1-13　AutoCAD 2007 的文本窗口

1.3.6　状态栏

状态栏如图 1-14 所示,主要用来显示 AutoCAD 2007 当前的状态,如当前光标的坐标、"捕捉""栅格""极轴""对象捕捉""对象追踪""DUCS""DYN""线宽""模型"等模式的开启或关闭状态以及按钮的说明等。

图 1-14　AutoCAD 2007 状态栏

1.3.7　帮助

单击主菜单中的"帮助(H)",可打开 AutoCAD 2007 的帮助菜单项,如图 1-15 所示。可以选择需要的项目进行操作,如图 1-16 所示是选择"帮助(H)"时出现的界面,在这个界面中可以进行"用户手册""命令参考"以及其他操作。

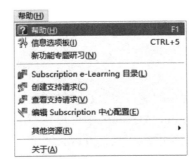

图 1-15　AutoCAD 2007 的帮助主菜单

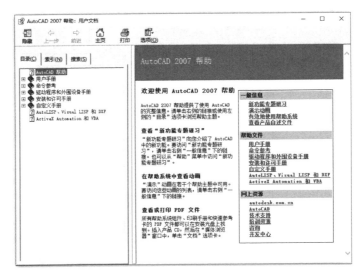

图 1-16　AutoCAD 2007 的帮助选项

1.4　管理图形文件

1.4.1　建立和打开新图形文件

1.4.1.1　建立新图形文件

开始创建一个新的图形文件,即绘制一张新图。

(1)命令调用方法

命令行输入:NEW。

菜单栏操作:"文件→新建"。

工具栏操作:单击工具栏上的按钮。

(2)操作步骤

命令调用后,屏幕上弹出如图 1-17 所示的"选择样板"对话框,在此对话框中将显示该样板的预览图像,单击"打开(O)"按钮,系统将以选中的样板文件作为样板来创建新图形。

图 1-17 "选择样板"对话框

1.4.1.2 打开新图形文件

单击对话框右下角"打开(O)"按钮右侧的▼按钮,系统会打开如图 1-18 所示的下拉菜单。菜单中各选项功能如下。

(1)"打开(O)":新建一个由样板打开的绘图文件。

(2)"无样板打开英制(I)":新建一个英制的无样板打开的绘图文件。

(3)"无样板打开公制(M)":新建一个米制的无样板打开的绘图文件。

图 1-18 "打开(O)"下拉菜单

打开已经保存的图形文件,以便继续绘图或进行其他编辑操作。

注意:打开图形文件时有文件版本的要求,也就是说文件在保存时使用的是什么版本的 AutoCAD,保存时默认的就是当前软件的版本。AutoCAD 系统采用向下兼容的方法,即高版本的 AutoCAD 系统可以打开低版本的 AutoCAD 系统软件,反之则不行。如果当前使用的 AutoCAD 系统版本高,而要到低版本 AutoCAD 系统上继续使用,可以在高版本的 AutoCAD 系统将文件另存为低版本的文件,然后在低版本 AutoCAD 系统上即可打开进行编辑。

(1)命令调用方法

命令行输入:OPEN。

菜单栏操作:"文件→打开"。

工具栏操作:单击工具栏上的按钮 。

(2)操作步骤

命令调用后,屏幕上弹出如图 1-19 所示的"选择文件"对话框。在"选择文件"对话框中可以浏览存储文件的文件夹,然后在文件列表框中,选择需要打开的图形文件,双击图形文件或选择需要打开的文件后,单击对话框的"打开(Q)"按钮即可。在选择需要打开的文件时,在右侧的"预览"框中将显示出对应的图形。

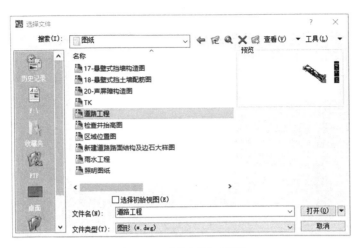

图 1-19 "选择文件"对话框

1.4.2 保存图形文件

一个图形文件绘制完成或者操作者由于其他原因需要离开工作岗位时,需要将图形文件保存起来,以防丢失,给工作带来麻烦。

(1)命令调用方法

命令行输入:SAVE。

菜单栏操作:"文件→保存"。

工具栏操作:单击工具栏上的按钮 ![]。

(2)操作步骤

命令调用后,如果是第 1 次保存创建的图形,屏幕上会弹出如图 1-20 所示的"图形另存为"对话框。在对话框中,用户可以选择保存的路径,同时可以为图形文件命名(改名),如果不重新命名,系统会以默认的文件名(如 Drawing2.dwg 等)保存图形。默认情况下,文件以"AutoCAD 2007 图形(*.dwg)"格式保存,也可以在"文件类型(T)"下拉列表框中选择需要保存的其他版本或其他格式。如果是第 2 次保存已经保存过的图形,单击按钮 ![] 或"文件→保存",系统就会自动以当前的文件名保存,同时覆盖以前的同名文件内容。

注意:AutoCAD 2007 具有自动保存文件的功能,自动保存的文件扩展名是 *.sv$。不过系统默认的保存时间较长,为 120min 自动保存一次,这样如果在 120min 内用户没有保存,系统出现严重问题或突然断电,用户的工作就会付诸东流。所以,可将自动保存的间隔缩短,时间修改为 10min 左右比较合适。

自动保存的间隔时间修改方法是单击"工具(T)→选项(N)",在对话框的"打开和保存"选项卡中,勾选"自动保存",同时修改"保存间隔分钟数(M)"即可。也可以通过"SAVEFILE-PATH"来设置自动保存文件的路径(存放目录),利用"SAVETIME"命令来设置自动保存的间隔时间。

如果用户需要使用自动保存的文件,将 *.sv$ 文件改名为 *.dwg 即可。

1.4.3 换名保存图形文件

有时用户需要在一个已经命名(改名)保存过的图形文件上创建新的内容,但是又不想影响原命名文件,这时可以用换名保存图形文件功能来实现。执行"文件(F)→另存为(A)"命令,系统会打开如图1-20所示的对话框,重新命名保存即可。这时原来的文件依然存在。

图1-20 "图形另存为"对话框

注意:利用换名保存文件功能,可以将现有文件保存为低版本的AutoCAD文件,或是AutoCAD的其他格式文件。

1.4.4 加密图形文件

在AutoCAD 2007中,用户在保存文件时可以使用密码保护功能,对文件进行加密保存。执行"保存"或"另存为"命令时,将打开"图形另存为"对话框。在该对话框中选择"工具→安全选项"命令,此时将打开"安全选项"对话框,如图1-21所示。在"密码"选项卡中,用户可以在"用于打开此图形的密码或短语"文本框中输入密码,然后单击"确定"按钮打开"确认密码"对话框,并在"再次输入用于打开此图形的密码"文本框中输入确认密码,如图1-22所示。

图1-21 "安全选项"对话框

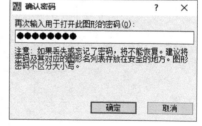

图1-22 "确认密码"对话框

为文件设置了密码后,用户在打开文件时,系统将打开"密码"对话框,要求用户输入正确的密码,否则将无法打开,这对于需要保密的图纸非常重要。

在进行加密设置时,用户可以在此选择40位、128位等多种加密长度。可在"密码"选项卡中单击"高级选项"按钮,在打开的"高级选项"对话框中进行设置,如图1-23所示。

1.4.5 使用鼠标执行命令

在绘图窗口,光标通常显示为"十"字线形式。当光标移至菜单选项、工具或对话框内时,它会变成一个箭头。无论光标是"十"字线形式还是箭头形式,当单击或者按下鼠标键时,都会执行相应的命令或动作。在 AutoCAD 中,鼠标按钮是按照下述规则定义的。

图 1-23 "高级选项"对话框

(1)拾取键:通常指鼠标左键,用于指定屏幕上的点,也可以用来选择 Windows 对象、AutoCAD 对象、工具栏按钮和菜单命令等。

(2)回车键:指鼠标右键,相当于 Enter 键,用于结束当前使用的命令,此时系统将根据当前绘图状态而弹出不同的快捷菜单。

(3)弹出菜单:当使用 Shift 键和鼠标右键的组合时,系统将弹出一个光标菜单,用于设置捕捉点的方法。对于三键鼠标,弹出按钮通常是鼠标的中间按钮。

1.4.6 使用"命令行"

在 AutoCAD 2007 中,默认情况下"命令行"是一个可固定的窗口,可以在当前命令行提示下输入命令、对象参数等内容。对于大多数命令,"命令行"中可以显示执行完的 2 条命令提示(也叫作命令历史),而对于一些输出命令,例如 TIME、LIST 命令,需要在放大的"命令行"或"AutoCAD 文本窗口"中才能完全显示。

在"命令行"窗口中右击,AutoCAD 将显示一个快捷菜单,如图 1-24 所示。通过它可以选择最近使用过的 6 个命令、复制选定的文字或全部命令历史记录、粘贴文字,以及打开"选项"对话框。

图 1-24 命令行快捷菜单

在命令行中,还可以使用 Backspace 或 Delete 键删除命令行中的文字;也可以选中命令历史,并执行"粘贴到命令行"命令,将其粘贴到命令行中。

1.4.7 命令的重复、撤消与重做

在 AutoCAD 中,用户可以方便地重复执行同一条命令,或撤消前面执行的一条或多条命令。此外,撤消前面执行的命令后,还可通过重做来恢复前面执行的命令。

1.4.7.1 重复和终止命令

在 AutoCAD 2007 中,用户可以使用多种方法来重复执行 AutoCAD 命令。例如,要重复执行上一个命令,可以按 Enter 或空格键,或在绘图区域中单击鼠标右键,从弹出的快捷菜单中选择"重复"命令;要重复执行最近使用的 6 个命令中的某一个命令,可以在命令窗口或文本窗口中单击右键,从弹出的快捷菜单中选择"近期使用的命令"的 6 个命令之一即可;要多次重复执行同一个命令,可以在命令提示下输入 MULTIPLE 命令,然后在"输入要重复的命令名"提示下输入需要重复执行的命令,这样,AutoCAD 将重复执行该命令,直到用户按 Esc 键为止。

在命令执行过程中,用户可以随时按 Esc 键终止执行任何命令,因为 Esc 键是 Windows 程序用于取消操作的标准键。

1.4.7.2 撤消前面所进行的操作

有多种方法可以放弃最近一个或多个操作,最简单的就是使用 UNDO 命令来放弃单个操作。用户也可以一次撤消前面进行的多步操作。这时可在命令提示下输入 UNDO 命令,然后在命令行中输入要放弃的操作数目。例如,要放弃最近的 5 个操作,应输入 5。AutoCAD 将显示放弃的命令或系统变量设置。

执行 UNDO 命令,这时命令提示行显示如下信息:

输入要放弃的操作数目或[自动(A)/控制(C)/开始(BE)/结束(E)/标记(M)/后退(B)]。

可以使用"标记(M)"选项来标记一个操作,然后用"后退(B)"选项放弃在标记的操作之后执行的所有操作;也可以使用"开始(BE)"选项和"结束(E)"选项来放弃一组预先定义的操作。

如果要重做使用 UNDO 命令放弃的最后一个操作,可以使用 REDO 命令或选择"编辑/重做"命令。

1.5 AutoCAD 2007 基本操作

下面主要通过绘制一个简单的图形来介绍 AutoCAD 2007 基本操作,包括工作空间的设置,命令的调用,选择对象的常用方法,怎样选择对象、删除对象以及图形的缩放、移动等操作。

1.5.1 绘制一个简单图形

绘制如图 1-25 所示的一个简单图形,尺寸任意。注意:此处的方法不一定是最简单的,只是先绘制一个图形,然后练习 AutoCAD 2007 的基本操作。

首先绘制矩形。单击绘图工具栏中的绘制矩形按钮 ,然后在绘图区单击确定矩形的第 1 点,接着拖动鼠标到合适位置再次单击,确定第 2 点,完成矩形的绘制。

然后绘制圆,它的圆心在矩形的中心。首先过矩形的 2

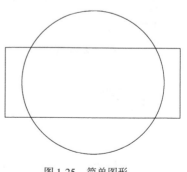

图 1-25 简单图形

条竖直边的中点绘制一条直线,然后过矩形的 2 条水平边的中点绘制一条直线,两条直线的交点即为圆心。

绘制水平直线(过矩形竖直 2 条边中点的直线)的方法是,单击绘图工具栏中的绘制直线按钮 ╱;然后在捕捉工具栏中单击捕捉到中点按钮 ╱,单击确定直线的第 1 点;接着再在捕捉工具栏中单击捕捉到中点按钮,单击确定直线的第 2 点,完成水平直线的绘制。用同样的方法可绘制竖直直线(过矩形水平 2 条边中点的直线)。

绘制圆的方法是,单击绘图工具栏中的绘制圆按钮 ⊙,然后在捕捉工具栏中单击捕捉到交点按钮 ✕,单击确定圆心,拖动鼠标到合适位置,单击确定圆的半径即可完成圆的绘制。

注意:可以只绘制一条过矩形边的水平直线或竖直直线,然后采用捕捉到水平直线或竖直直线中点的方法确定圆心来绘制圆。

1.5.2 工作空间

工作空间是用户的绘图环境,可以在"三维建模"和"AutoCAD 经典"之间切换,用户还可以自定义工作空间来创建一个绘图环境,以便仅显示所选择的那些工具栏、菜单和可固定的窗口。

适用于工作空间的自定义选项包括:使用"自定义用户界面"编辑器来创建工作空间、更改工作空间的特性以及将某个工具栏显示在所有工作空间中。用户创建或修改工作空间最简便的方法是,设置最适合绘图任务的工具栏和可固定的窗口,然后在程序中将该设置保存为工作空间。用户可以在需要在该工作空间环境中绘图的任何时候访问该工作空间,也可以使用"自定义用户界面"编辑器来设置工作空间。在此对话框中,可以使用用户在某些特定任务中需要访问的精确特性和元素(工具栏、菜单和可固定的窗口)来创建或修改工作空间。可以将包含此工作空间的 CUI 文件指定为企业 CUI 文件,以便可以与其他用户共享此工作空间。

使用"自定义用户界面"编辑器创建工作空间的步骤如下。

(1)依次单击"工具(T)→自定义(C)→界面(I)",弹出如图 1-26 所示的"自定义用户界面"对话框。

(2)在"工作空间"树节点上单击鼠标右键,然后依次选择"新建→工作空间",如图 1-27 所示。

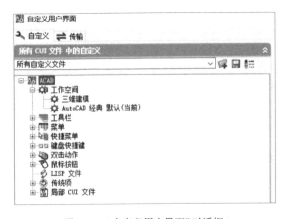

图 1-26 "自定义用户界面"对话框

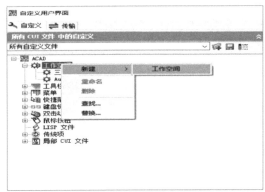

图 1-27 新建工作空间

此时,在"工作空间"树的底部将会出现一个空白的新工作空间(名为"工作空间1")。

(3)命名工作空间。直接输入新名称覆盖"工作空间1"文字,或在"工作空间1"上单击鼠标右键,单击"重命名",然后输入新的工作空间名称,例如"我的工作空间"。

(4)在"工作空间内容"窗口中单击"自定义工作空间",如图1-28所示;单击"工具栏"树节点、"菜单"树节点或"局部CUI文件"树节点旁边的加号"+",将其展开。

注意:菜单、工具栏和局部CUI文件节点此时将显示出复选框,以便可以轻松地向工作空间中添加元素。

单击要添加到工作空间的每个菜单、工具栏或局部CUI文件旁边的复选框,如图1-29所示。在"工作空间内容"窗口中,选定的元素将被添加到工作空间。

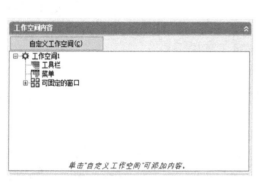
图1-28 自定义工作空间

图1-29 添加需要的工具栏

(5)在"工作空间内容"窗口中,单击"完成(D)"按钮,如图1-30所示。

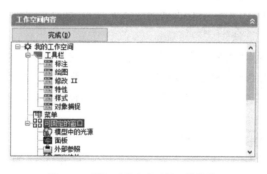
图1-30 添加元素完成后的工作快捷

(6)完成后,单击对话框的"确定(O)"按钮,完成工作空间的自定义。

1.5.3 打开及布置工具栏

在AutoCAD 2007中,系统已经提供了20多个已命名的工具栏,在系统默认情况下,"标准""属性""绘图"和"修改"等工具栏处于打开状态。如果要打开隐藏的工具栏,可以在任意工具栏单击鼠标右键,系统会弹出一个快捷菜单,在相应的菜单选项打上"√"即可显示隐藏的工具栏;相反,如果要隐藏某一个工具栏,在相应的菜单选项去掉"√"即可。

工具栏可以处于浮动状态,称为浮动工具栏,也可以被放置到合适的位置,即为固定的工具栏,如图1-31所示。如果一个工具栏是固定的,要变为浮动的,只用在工具栏的最左边或右边(或最上或最下)单击鼠标左键并保持按下,拖动到合适位置,松开左键即可。

图1-31　锁定工具栏的位置

如果要把浮动的工具栏变为固定的工具栏,首先需要在此工具栏上右击,然后按如图1-31所示的界面,将"浮动工具栏(T)"前面的"√"去掉,才能将浮动的工具栏拖动到合适的位置进行固定。一般是在屏幕的上面或左边或右边固定工具栏。

1.5.4　调用命令

调用命令的方法主要有4种。

(1)菜单栏

单击菜单栏中的某一个菜单项,会弹出对应的下拉式菜单,再单击下拉式菜单中的某一选项,即可完成某种命令的调用。如单击"绘图(D)→圆弧(A)→3点(P)",即可完成通过3点绘制圆弧的命令。

(2)命令行

在命令行直接输入命令,即在命令行使用键盘输入命令。可以在命令行中输入完整的命令名称,然后按Enter键或空格键。有些命令具有缩写的名称,称为命令别名,可以输入命令别名,以缩短输入时间。例如,除了通过输入LINE来启动直线命令之外,还可以输入命令别名L启动绘制直线命令。命令别名在acad.pgp文件中定义。

注意:如果要无限次地重复使用某个命令,在命令行输入命令时,可以在要调用的命令名前输入"MULTIPLE",就可以无限次重复执行该命令,要终止该命令,按Esc键即可。例如,无限次执行LINE,可以输入"MULTIPLE",然后再输入"LINE"即可。

(3)工具栏

这是最常用的命令调用方法,应该熟练掌握。

单击工具栏中的命令按钮,即可执行相应的命令。如单击绘图工具栏中的绘制矩形按钮▭,然后在绘图区单击确定矩形的第1点,接着拖动鼠标到合适位置,再次单击,确定第2点,完成矩形的绘制。

注意:可以在命令窗口编辑文字,以更正或重复命令。

可以使用如下标准键:

①上箭头键、下箭头键、左箭头键和右箭头键。

②Insert、Delete。

③$P_{age}U_p$、$P_{age}D_{own}$。

④Home、End。

⑤Backspace。

通过使用上箭头键和下箭头键并按 Enter 键遍历命令窗口中的命令,可以重复当前任务中使用的任意命令。默认情况下,按 Ctrl + C 组合键将亮显的文字复制到剪贴板。按 Ctrl + V 组合键将文字从剪贴板粘贴到文本窗口或命令窗口。如果在命令窗口或文本窗口中单击鼠标右键,将显示一个快捷菜单,从中可以访问最近使用过的 6 个命令、复制选定的文字或全部命令历史记录、粘贴文字以及访问"选项"对话框。

对大多数命令,带有 2 行或 3 行预先提示的命令行(称为命令历史)足以供用户进行查看和编辑。要查看不止一行的命令历史,可以滚动历史记录或通过拖动其边界调整命令窗口的大小。对于带有文字输出的命令,例如 LIST 命令,可能需要更大的命令窗口,可以按 F2 键来使用文本窗口。

(4)使用文本窗口

文本窗口与命令窗口(命令行)相似,用户可以在其中输入命令,查看提示和信息。文本窗口显示当前工作任务的完整的命令历史记录。可以使用文本窗口查看较长的命令输出,例如 LIST 命令,该命令显示关于所选对象的详细信息。要在命令历史中向前或向后移动,可以沿窗口的右侧边缘单击滚动箭头。

按 Shift 和某个键可亮显文字。例如,在文本窗口按 Shift + Home 组合键,以亮显从光标位置到行首的所有文字。

注意:AutoCAD 2007 可以重复调用刚刚使用过的命令,而不需要重新选择该命令。可按空格键或回车键 Enter,或者单击鼠标右键在快捷键的顶部选择要重复执行的命令,该命令是用户刚刚使用过的命令。

如果要透明地调用命令,在命令名前加一个"'"即可。透明地执行命令是指在一个命令执行的过程中调用另一个命令,而不退出第一个命令。在透明地执行一个命令时,AutoCAD 2007 用两个尖括号">>"表示正在透明地执行命令。

1.5.5 选择对象的常用方法

对图形进行编辑操作时,首先需要选择编辑的对象,AutoCAD 2007 用虚线高亮显示被选择的对象,以提醒用户注意,这些被选择的对象构成选择集。

(1)设置对象的选择参数

在 AutoCAD 2007 中,执行"工具(T)→选项(N)"菜单命令,系统会打开如图 1-32 所示的"选项"对话框,在其中的"选择"选项卡中,用户可以设置选择项的参数。

在"选项"对话框中的"选择"选项卡,用户可以设置"拾取框大小",通过调节滑杆的位置即可。还可以设置"夹点大小",也是通过调节滑杆的位置。另外,"选择模式"中也有一些选项可以设置。

(2)选择对象的操作

这里只做简单介绍,以方便用户进行软件的简单操作。

命令调用方式如下:

命令行输入:SELECT。

系统命令行将显示"选择对象"提示,并且十字光标变为拾取框,此时可以直接用鼠标单击(点选),也可以在命令行输入选择项对应的字母,用对应的方法选择点选。

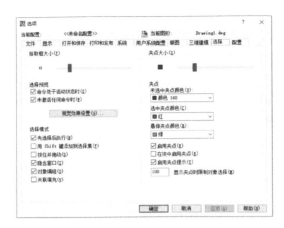

图 1-32 "选项"对话框中的"选择"选项卡

下面主要介绍三种方法。

①选取一个对象:拟选取一个对象,可直接在要选择的对象上单击,系统将高亮显示对象,表示已经选择成功。如果要取消选择,按 Esc 键即可。

②逐个选取多个对象:单击鼠标,将矩形框放在要选择对象的位置,系统将高亮显示对象,再次单击即可选择对象。如果选择的某些对象并不是用户想要的,可以按住 Shift 键,并再次单击该对象,系统将从当前选择集中去掉误选的对象。

③同时选取全部对象:单击鼠标,将矩形框放在要选择对象的位置,注意要全部覆盖被选择的对象,系统将高亮显示对象,再次单击即可选择对象。或者在"选择对象"提示下,输入"ALL",即可选择全部对象。

1.5.6 删除对象(ERASE)

(1)命令调用方式

命令行输入:ERASE,或者在命令行输入命令别名 E。

菜单栏操作:"修改(M)→删除(E)"。

工具栏操作:单击工具栏上的按钮 。

(2)操作步骤

命令调用后,选择要删除的对象,然后按键或单击鼠标右键确认,即可删除对象。如果在图 1-32 中的"选择"选项卡中已经勾选"先选择后执行(N)"模式(系统默认模式),则可以先选择对象,然后单击按钮 或直接按"Delete"键删除对象。

1.5.7 取消和重做命令(UNDO 和 REDO)

(1)取消命令(UNDO)

UNDO 在命令行显示命令或系统变量名,从而指出已撤消使用该命令的位置。依次取消前面已经执行(调用)的若干命令。注意 UNDO 对一些命令和系统变量无效,包括用以打开、关闭或保存窗口或图形、显示信息、更改图形显示、重生成图形或以不同格式输出图形的命令及系统变量。

命令行输入:UNDO。

工具栏操作:单击工具栏上的按钮 。

命令调用后,命令行提示:输入要放弃的操作数目或自动(A)/控制(C)/开始(BE)/结束(E)/标记(M)/后退(B) <1>。

①输入要放弃的操作数目放弃指定数目的以前的操作,效果与多次输入"U"相同。这是默认选项,直接输入一个数字,就会按此数字的倒顺序取消已经执行的若干命令。由于不会出现多次屏幕刷新,而是系统直接取消了命令,所以用此命令比用同样次数的"U"命令节省时间。

②"自动(A)"选项有 ON/OFF 两种状态。在 ON 状态下,同一个菜单中不管有多少命令,都可以在执行 UNDO 时被取消;在 OFF 状态下,该菜单内的命令只能逐个取消,系统默认为 ON 状态。如果"控制"选项关闭或者限制了 UNDO 功能,UNDO"自动"选项将不可用。

③"控制(C)"选项。

系统命令行提示:输入 UNDO 控制选项[全部(A)/无(N)/一个(O)/合并(C)]。

全部(A):保留 UNDO 的全部功能。

无(N):禁止"U"和"UNDO"功能,除非使用"UNDO"命令的控制选项重新启用。

一个(O):只能执行一次"UNDO"功能,即把 UNDO 限制为单步操作。当"无"或"一个"有效时,"自动""开始"和"标记"选项不可用。当"一个"选项有效时,关于 UNDO 命令的主提示变为只显示"控制"选项或 UNDO 命令的单一步骤。

合并(C):为放弃和重做操作控制,是否将多个、连续的缩放和平移命令合并为一个单独的操作。

④"开始(BE)/结束(E)"选项必须成对使用。执行这两个选项间的所有操作形成一组,利用一次"UNDO"命令就可以把这些操作完全取消,使图形回到"初始"处。

⑤"标记(M)/后退(B)"选项在放弃信息中放置标记。可以在工作中的某一个点用"标记"选项作为开始的标记。如果想取消这一个点以后的工作,就可以用"后退"选项取消"标记→后退"之间的所有命令,恢复到标记之前的状态。

一旦做了标记,执行"UNDO"命令的"操作数"选项就不能越过此标记。如果没有做标记,此时调用"后退"选项,系统提示:"这将放弃所有操作。确定? <Y>",如果直接回车,当前编辑阶段的所有操作或从上一次 Save(保存)命令以来的所有操作将均被取消,所以要慎重使用此选项。

只要有必要,可以放置任意个标记。选择"后退"选项一次后退一个标记,并删除该标记。

(2)重做命令(REDO)

命令行输入:REDO。

菜单栏操作:"编辑(E)→重做(R)"。

工具栏操作:单击工具栏上的按钮。

快捷菜单操作:在无命令运行和无对象选定的情况下,在绘图区域单击鼠标右键,然后选择"重做(R)"。

快捷键操作:Ctrl + Y。

注意:"REDO"命令可恢复单个"UNDO"或"U"命令放弃的效果。"REDO"必须紧跟在"U"或"UNDO"命令之后。

1.5.8 取消已执行的操作(放弃命令 U)

取消最后一次或几次的操作。

命令行输入:U。

菜单栏操作:"编辑(E)→放弃(U)"。

工具栏操作:单击工具栏上的按钮 。

快捷菜单操作:在无命令运行和无对象选定的情况下,在绘图区域单击鼠标右键,然后选择"放弃(U)"。

快捷键操作:Ctrl+Z。

如果单击工具栏上的按钮 的按钮 ,则只取消最后一次操作;如果单击按钮 右侧的向下三角 ,则出现如图1-33所示的操作步骤列表,用户可以单击较早的操作步骤,取消最近的几次操作。

注意:可以输入任意次"U"命令,每次后退一步,直到图形与当前编辑任务开始时一样为止。无法放弃某个操作时,将显示命令的名称但不执行任何操作。不能放弃对当前图形的外部操作(如打印或写入文件)。执行命令期间,修改模式或使用透明命令无效,只有主命令有效。

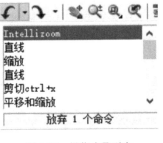

图1-33 操作步骤列表

本章习题

1. 安装且首次运行 AutoCAD 软件,主界面上显示的工具栏被称为(　　)。
   A. 标准工具栏　　　B. 修改工具栏　　　C. 绘图工具栏　　　D. 初现工具栏
2. 以下哪一工具栏中有颜色列表?(　　)
   A. 标准工具栏　　　B. 对象特性工具栏　C. 绘图工具栏　　　D. 修改工具栏
3. 当文件名已被指定,要及时存储文件,使用的命令是(　　)。
   A. Save　　　　　　B. Save As　　　　　C. QSave　　　　　　D. PSave
4. 绘制圆时,若对称中心线不能相交到线段上,应如何操作?
5. 绘制图形时,若发现上一步操作错误,应如何取消操作?

第 2 章
二维图形绘制

二维图形绘制在 AutoCAD 2007 应用中使用最为广泛，它也是工程图形绘制的基础。二维图形主要是由若干个简单的点、直线、圆、圆弧和复杂一些的曲线等组成。同时，点、直线、射线、矩形、圆、椭圆、圆弧、多边形、多段线和样条曲线等的绘制又是最基础的内容。本章主要介绍 AutoCAD 2007 中的各种基本二维绘图命令的使用，这些是绘图操作的基础，因此熟练掌握基本命令的使用方法和操作是十分必要的。

本章学习要求
（1）了解二维图形绘制相关知识。
（2）熟悉二维图形绘制界面和菜单命令。
（3）掌握二维图形绘制基本操作。

2.1 二维图形绘制基础

2.1.1 绘图界限及其设置

（1）绘图界限
绘图界限也称为绘图区域，是指在绘图作业中设定的有效区域。一般来讲，如果用户不做任何设置,在 AutoCAD 2007 版中系统不会限制作图范围,即绘图区域可以提供一个无穷大的范围,以供用户使用。但为了更好绘图,仍需要设定绘图的有效区域,以方便用户绘制有限大小的图形。在中文版 AutoCAD 2007 中,用户可以通过设置图形单位来设置绘图环境,也可以利用 LIMITS 命令来设置绘图界限。它确定的区域是可见栅格指示的区域,也是选择"视图(Y)→缩放(Z)→全部(A)"命令时决定显示多大图形的参数。

(2)绘图界限(LIMITS)设置

在设置绘图界限命令的方法有 2 种。

①单击"格式(O)→图形界限(A)"。

②命令行输入:LIMITS。

按 Enter 键,执行此命令后,命令提示。

重新设置模型空间界限:(系统提示)。

指定左下角点或[开(ON)/关(OFF)]<0.0000,0.0000>。

指定右下角点<500.0000,500.0000>。

执行以上操作后,需要输入 Z,即 ZOOM 命令,回车;再选择输入 A,回车,以便将所设图形界限全部显示在屏幕上。上述两种方法操作,如图 2-1 所示。

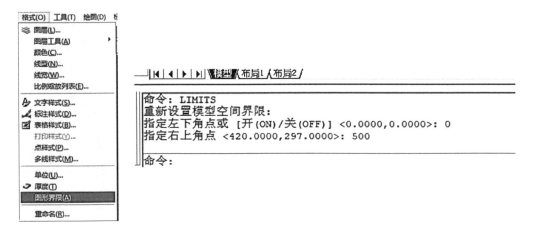

图 2-1　绘图界限设置

2.1.2　二维绘图单位设置

在 AutoCAD 2007 中,用户可以自行设置需要的比例因子进行绘制图形。若需要展示图形的真实大小,可以采用 1∶1 的比例因子进行绘图,在此比例因子条件下,所应用的直线、圆等绘图命令均可以表示物体的实际尺寸。

进行设置绘图单位和精度的具体操作如下:

①执行"格式(O)→单位(U)"命令,弹出一个"图形单位"对话框。

②在"长度"区内选择单位类型和精度,工程绘图时一般使用"小数"和"0.0"。

③在"角度"区内选择角度类型和精度,工程绘图中一般使用"十进制度数"和"0"。

④在"缩放插入内容的单位"列表框中选择图形单位,一般设置为"毫米"。

⑤单击"确定"按钮。操作如图 2-2 所示。

图 2-2 绘图单位的设置对话框

2.1.3 命令激活方式

在绘图过程中,使用命令前需要将其激活方可使用,在 AutoCAD 2007 中,命令激活的方式有很多种,现列举下列几种激活方式。

①根据菜单中的菜单项,单击选项进行激活。
②直接单击工具栏中相应的命令按钮,激活命令。
③可直接利用键盘输入快捷键,再按回车键或空格键激活相应命令。
④在命令行中直接键入命令。

上述的激活方式中,使用工具栏和下拉菜单对于初学者来说既容易又直观。其实快捷键激活和在命令行输入属于同种操作,只是键入命令内容简单与否和操作速度的差别,同时在命令行直接键入命令也是最基本的输入方式。因为使用何种方式激活命令,在命令行都会出现命令提示,所以无论使用什么方式,都等同于从键盘键入命令。

2.1.4 重复和确定命令

(1) 重复命令

在绘图时,用户有时需要重复使用同一个命令,这时可以使用"MULTIPLE"命令与该命令一起使用,"MULTIPLE"将会自动重复执行此命令,直到被取消为止。此时,必须按 Esc 键才能终止这个重复的过程。

命令行输入:MULTIPLE,按回车键激活。

调用该命令后,系统提示用户输入需要重复执行的命令。

"MULTIPLE"命令可以与任何绘图、修改和查询命令组合使用,但是"PLOT"命令除外。

需要注意的是:"MULTIPLE"命令只重复命令名,所以每次都必须指定所有的参数。

(2) 确定命令

在 AutoCAD 2007 中,确定命令一般会用到回车按键外,还可以单击鼠标右键。

2.1.5 透明命令

在 AutoCAD 2007 中,透明命令是指在执行其他命令的过程中可以执行的命令。常使用的透明命令多为修改图形设置的命令、绘图辅助工具命令,例如 SNAP、GRID、ZOOM 等。要以透明方式使用命令,应在输入命令之前输入单引号" ' ",命令行中,透明命令的提示前有一个双折号(>>),完成透明命令后,将继续执行原命令。

2.1.6 坐标系与坐标输入

在使用 AutoCAD 2007 软件绘图时,想要准确找到某个点的位置时,可以通过坐标的关系进行精确定位,下面介绍坐标系与坐标的输入方法。

2.1.6.1 坐标系的介绍

坐标系统的图标表示 AutoCAD 2007 当前所使用的坐标系统以及坐标方向。AutoCAD 2007 系统中包括世界坐标系(WCS)和用户坐标系(User Coordinate System,UCS)两种坐标系。正常启动 AutoCAD 2007,绘制图形时默认当前坐标系为世界坐标系(WCS),它包括 X 轴和 Y 轴,若是三维空间状态,还包括 Z 轴,在世界坐标系下的坐标轴交会处显示"口"形标记,但实际的坐标原点并不在坐标系的交会点处,而位于图形窗口的左下角,绘图时所产生的位移都是相对于原点计算的,并且沿 X 轴正向及 Y 轴正向的位移规定为正方向。

在 AutoCAD 2007 中,除了世界坐标系,用户也可以根据需要随时修改坐标的原点和方向,这时世界坐标系将变为用户坐标系即 UCS。UCS 的原点以及 X 轴、Y 轴、Z 轴方向都可以移动及旋转,甚至可以依赖于图形中某个特定的对象,并且 UCS 没有"口"形标记。

(1)世界坐标系

当用户开机进入 AutoCAD 2007 或开始绘制新图时,系统默认提供的是世界坐标系(WCS)。原点"0,0,0"位于绘图平面的左下角,水平向右为 X 轴的正向,垂直向上为 Y 轴的正向,由屏幕向外指向用户为 Z 轴正向。坐标系图标如图 2-3 所示。

(2)用户坐标系

世界坐标系是固定的,不能改变。用户坐标系(UCS)可以在世界坐标系中任意定义,它的原点可以在 WCS 内的任意位置上,也可以任意旋转、倾斜,但它一般多用于三维建模应用上。操作步骤为选择"视图(V)→显示(L)→UCS 图标(U)→特性"命令,即可进入 UCS 设置界面(图 2-4),设置坐标系图标样式。

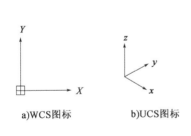

图 2-3 坐标系图标   图 2-4 UCS 图标设置对话框

2.1.6.2 坐标输入方法

在 AutoCAD 2007 中,坐标表示方法又可以分为绝对坐标和相对坐标 2 种,具体表示方法如下:

(1)绝对坐标

①绝对直角坐标(横坐标,纵坐标,"0,0"),如图 2-5 所示。

命令行输入:POINT,按回车键。

命令提示,当前点模式:PDMODE = 0PDSIZE = 0.0000。
可以进行指定点坐标:30,30。
②绝对极坐标(距离<角度,"0<0"),如图2-6所示。

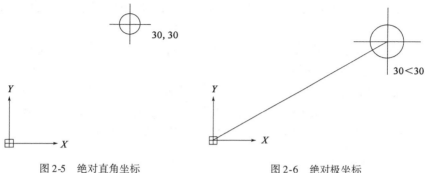

图2-5 绝对直角坐标　　　　图2-6 绝对极坐标

命令行输入:LINE。
指定第一点输入:0<0。
指定下一点或放弃(U):30<30。
(2)相对坐标("@0,0";"@0<0")
①相对直角坐标,如图2-7所示。
命令行输入:LINE。
指定第一点:40,40。
指定下一点或放弃(U):@50,50。
②相对极坐标,如图2-8所示。

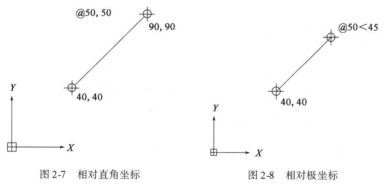

图2-7 相对直角坐标　　　　图2-8 相对极坐标

命令行输入:LINE。
指定第一点:40,40。
指定下一点或放弃(U):@50<45。

2.2 点 的 绘 制

AutoCAD 2007中的"点"正如在几何中的作用一样,是最基本的图形元素,也是所有图形的基础。但在实际的工程绘图中,点的应用并不是很多,主要起到一个标记功能,如可以作为捕捉对象的节点,指定全部三维坐标。

2.2.1 点的显示样式设置

当需要使用点进行标识和其他地方的不同时,可以设置点的不同显示样式进行区分,系统默认情况下,点对象显示为一个小圆点。

当用户需要设置点的类型与样式时,可以选择"格式(O)→点样式(P)"命令(或输入 DDPTYPE 命令),在弹出的"点样式"对话框中进行设置点的类型和尺寸,如图 2-9 所示。

AutoCAD 2007 提供了 20 种不同样式的点可供选择。设置点的步骤如下:在该对话框中,选取点的形式;输入点大小的百分比或单位;选择相对于屏幕设置大小(R)或者按绝对单位设置大小(A)的单位;单击"确定"按钮。此时点的显示样式设置完成。

2.2.2 单点的绘制

在绘图时,确定好坐标系后,可以采用键盘输入命令、鼠标在绘图区内拾取或利用对象捕捉方式捕捉一些特征点,如圆心、线段的端点、中点或切点等方法确定点的位置。绘制点有以下 3 种方式:

(1)命令行输入:POINT。

(2)在下拉菜单中点击"绘图(D)→点(O)→单点(S)",如图 2-10 所示。

图 2-9 点样式对话框　　图 2-10 点命令的操作

(3)单击"绘图"工具栏中的"点"按钮。

2.2.3 多点的绘制

在创建多点时,可以通过选择"绘图(D)→点(O)→多点(P)",如图 2-10 所示,实现多点创建。选择该命令后,可在绘图区多个位置单击,从而创建多个点。

2.2.4 定数等分对象

在创建定数等分对象时,可以通过选择"绘图(D)→点(O)→定数等分(D)"选项或输入

DIVIDE 命令,实现创建。执行该命令后,选择要等分的对象,然后在命令提示下输入等分数,按回车键后即可将选中的对象分成 n 等份,即生成 $n-1$ 个点。使用定数等分命令绘制点时,一次只能等分一个对象,如对圆的中轴进行 4 等分后,如图 2-11 所示。

2.2.5 定距等分对象

除了可以定数等分外,在 AutoCAD 2007 中,用户可以使用定距等分命令将对象按相同的距离进行划分。在创建定距等分对象时,可以通过选择"绘图(D)→点(O)→定距等分(M)"选项,实现创建。选择该命令后,命令提示选择需要定距等分的对象,然后输入等分线段的长度。如对圆的中轴以 1 单位长度进行定距等分后,如图 2-12 所示。

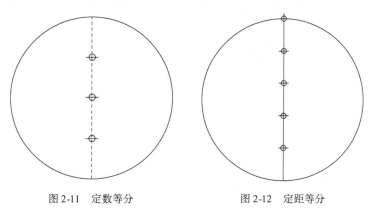

图 2-11　定数等分　　　　　图 2-12　定距等分

2.3　直线、射线和构造线的绘制

学习点命令的操作方法后,进行应用较为广泛的直线、射线和构造线等命令的学习。因为在工程制图中,图形对象的轮廓都是由线性对象构成的,所以在正式绘制图形之前,需要掌握直线、射线、构造线等线性对象的绘制方法。

2.3.1 直线的绘制

直线是各种绘图中最常用、最简单的一类图形对象,只要指定了起点和终点,即可绘制一条直线。每条线段都是一个单独的直线对象。在 AutoCAD 2007 中,可以用二维坐标 (x,y) 或三维坐标 (x,y,z) 来指定端点,也可以混合使用二维坐标和三维坐标。如果输入二维坐标,AutoCAD 2007 将会用当前的高度作为 Z 轴坐标值,默认值为 0。

直线的绘制有以下 3 种方式。
(1)命令行输入
命令行输入:LINE,按回车键。
系统提示:指定第一点。
指定下一点或放弃(U):@300<0。
指定下一点或放弃(U):@400<90。
指定下一点或闭合(C)/放弃(U):C。

直线的绘制结果如图 2-13 所示。

（2）菜单栏

菜单栏操作：单击"绘图(D)→直线(L)"。

（3）工具栏

在"绘图"工具栏中单击"直线"按钮。

2.3.2 射线的绘制

射线为一端固定、另一端无限延伸的直线，常用于创建其他对象时作为参照。在 AutoCAD 2007 中，执行绘制射线命令的方法有以下 2 种：

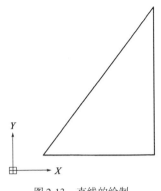

图 2-13 直线的绘制

(1)选择"绘图(D)→射线(R)"命令。

(2)命令行输入：RAY，按回车键。

执行绘制射线命令后，命令提示。

指定起点(注：指定第一点)。

指定通过点(注：指定第二点)。

指定通过点：按回车键结束命令。

指定射线的起点后，每指定一个射线的通过点，即绘制一条射线。例如在绘制图 2-14 所示的图形时，可以用射线命令绘制如图 2-15 所示的辅助线，具体操作方法如下：

①执行绘制射线命令。

②捕捉如图 2-15 所示图形中的 A 点为射线起点。

③在命令行中输入(@10,10)，指定射线的第一个通过点。

④在命令行中输入坐标(@10<135)，指定射线的第二个通过点，按回车键结束命令。

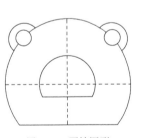
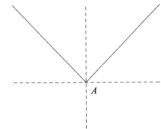

图 2-14 原始图形　　　　图 2-15 绘制射线辅助线

2.3.3 构造线的绘制

构造线为两端可以无限延伸的直线，没有起点和终点，可以放置在三维空间的任何地方，主要用于绘制辅助线。在 AutoCAD 2007 中，绘制构造线命令的方法有以下 3 种。

（1）命令行输入：XLINE，按回车键。

执行绘制构造线命令后，命令提示。

指定点或水平(H)/垂直(V)/角度(A)/二等分(B)/偏移(O)(注：指定构造线通过的第一点)。

指定通过点(注：指定构造线通过的第二点)。

指定通过点:按回车键结束命令。

其中各命令选项功能介绍如下。

①水平(H):选择该命令选项,创建一条通过选定点的水平参照线。

②垂直(V):选择该命令选项,创建一条通过选定点的垂直参照线。

③角度(A):选择该命令选项,以指定的角度创建一条参照线。

④二等分(B):选择该命令选项,创建一条参照线,它经过选定的角顶点,并且将选定的两条线之间的夹角平分。

⑤偏移(O):选择该命令选项,创建平行于另一个对象的参照线。

执行绘制构造线命令,如果直接在绘图区单击,则可通过指定两点创建任意方向的构造线;否则,如果输入 H、V、A、B、O 等,则可按照提示绘制水平、垂直、具有指定倾斜角度、二等分、偏移的构造线。如图 2-16 所示。

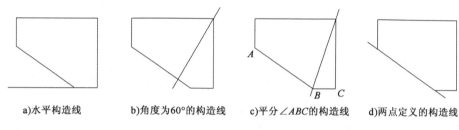

a)水平构造线　　b)角度为60°的构造线　　c)平分∠ABC的构造线　　d)两点定义的构造线

图 2-16　构造线

(2)选择"绘图(D)→构造线(T)"命令。

(3)选择"绘图"工具栏中的"构造线"按钮 。

2.4　矩形和正多边形的绘制

矩形和正多边形都是在绘图中使用非常频繁的基本图形,尤其是在工程制图中用得更多。本节将介绍矩形和正多边形的绘制方法。

2.4.1　矩形的绘制

矩形是平面图形中的一个重要对象,在 AutoCAD 2007 中,执行绘制矩形命令的方法有以下 3 种。

(1)选择"绘图"工具栏中的"矩形"按钮 。

(2)选择"绘图(D)→矩形(G)"命令。

(3)命令行输入:RECTANG。

在命令行输入 RECTANG,按回车键后,开始执行绘制矩形命令,命令提示。

指定第一个角点或倒角(C)/标高(E)/圆角(F)/厚度(T)/宽度(W)(注:指定矩形的第一个角点)。

指定另一个角点或面积(A)/尺寸(D)/旋转(R)(注:指定矩形的另一个角点)。

其中各命令选项功能介绍如下。

①倒角(C):选择该命令选项,设置矩形的倒角距离,命令提示。
指定矩形的第一个倒角距离(注:输入第一个倒角距离)。
指定矩形的第二个倒角距离(注:输入第二个倒角距离)。
倒角矩形的绘制如图 2-17 所示。
②标高(E):选择该命令选项,指定矩形的标高,命令提示。
指定矩形的标高:100。
标高是指当前图形相对于基准平面的高度。图形的标高在俯视图中无法显示,只有在侧视图或三维空间中才能观察到,如图 2-18 所示。

图 2-17　倒角矩形的绘制　　　　图 2-18　标高为 100 的矩形绘制

③圆角(F):选择该命令选项,指定矩形的圆角半径,命令提示。
指定矩形的圆角半径(注:输入矩形的圆角半径)。
绘制的圆角矩形如图 2-19 所示。
④厚度(T):选择此命令选项,指定矩形的厚度,命令提示。
指定矩形的厚度 <100.0000>(注:输入矩形的厚度 100)。
如果输入的厚度值为正数,则矩形将沿着 Z 轴正方向增长;如果输入的厚度值为负值,则矩形将沿着 Z 轴负方向增长。矩形的厚度只有在三维空间中才能显示,如图 2-20 所示。

 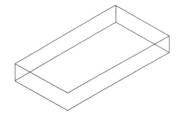

图 2-19　圆角矩形的绘制　　　　图 2-20　厚度为 100 的矩形绘制

⑤宽度(W):选此命令选项,为绘制的矩形指定多段线的宽度,命令提示。
指定矩形的线宽(注:输入矩形的宽度)。
具有宽度的矩形绘制如图 2-21 所示。
⑥面积(A):选择此命令选项,使用面积与长度或宽度创建矩形,命令提示。
输入以当前单位计算的矩形面积:100。
计算矩形标注时依据长度(L)/宽度(W) <长度>:L(注:选择计算矩形面积的依据,输入 L 或 W)。
输入矩形长度 <10.0000>:10。
⑦尺寸(D):选择此命令选项,使用长和宽创建矩形,命令提示。

指定矩形的长度:10。
指定矩形的宽度:10。
指定另一个角点或面积(A)/尺寸(D)/旋转(R)(注:指定矩形的另一个角点)。
⑧旋转(R)。选择此命令选项,按指定的旋转角度创建矩形,命令提示。
指定旋转角度或拾取点(P)(注:输入矩形旋转的角度)。
指定另一个角点或面积(A)/尺寸(D)/旋转(R)(注:指定矩形另一个角点的位置)。

如果选择"拾取点"命令选项,则通过指定两个点来确定矩形的旋转角度,图 2-22 所示为旋转矩形的绘制。

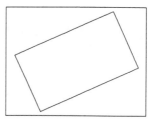

图 2-21　宽度为 10 的矩形绘制　　　　图 2-22　旋转矩形的绘制

2.4.2　正多边形的绘制

正多边形是具有 3～1024 条等长边的闭合多段线。创建正多边形是绘制正方形、等边三角形和八边形等图形的简单方法。在 AutoCAD 2007 中,正多边形包括两种,即内接正多边形和外切正多边形。其中,内接正多边形是由多边形的中心到多边形的顶角点间的距离相等的边组成,也就是整个多边形位于一个虚构的圆中。外切多边形是由多边形的中心到边中点的距离相等的边组成的,即整个多边形外切于一个指定半径的圆。

正多边形是另一个重要的基本实体,在 AutoCAD 2007 中,正多边形绘制的方法有以下 3 种:
(1)单击"绘图"工具栏的"正多边形"按钮 ⬠。
(2)选择"绘图(D)→正多边形(Y)"命令。
(3)命令行输入:POLYGON,按回车键。

执行绘制正多边形命令后,命令提示。
输入边的数目:4。
指定正多边形的中心点或边(E)(注:指定正多边形的中心点)。
输入选项内接于圆(I)/外切于圆(C)(注:选择绘制正多边形的方式)。
指定圆的半径:按回车后即完成绘制。

其中各命令选项功能介绍如下。
①边(E):选择此命令选项,通过指定第一条边的端点来定义正多边形。
②内接于圆(I):选择此命令选项,指定正多边形外接圆的半径,正多边形所有的顶点都在此圆周上。
③外切于圆(C):选择此命令选项,指定从正多边形中心点到各边中点的距离。

图 2-23 所示为绘制的正六边形。

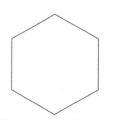

图 2-23　正六边形的绘制

2.5 圆、圆弧、椭圆和椭圆弧的绘制

在 AutoCAD 2007 中,除了可以绘制直线、多段线等这一类的平面对象外,还可绘制多种曲线对象,如圆、椭圆、圆弧等。本节将详细介绍这一组曲线对象的绘制方法和技巧。

2.5.1 圆的绘制

对于圆的绘制方法,在 AutoCAD 2007 中提供了很多种,可以通过指定圆心坐标、直径等来创建圆形对象。从圆的下拉菜单可以看出,用 AutoCAD 2007 绘制一个圆有 6 种选择方式,如图 2-24 所示。默认方式是指定圆心半径方式。

图 2-24 圆绘制的六种方式

命令调用方式如下:
①在菜单栏处通过"绘图(D)→圆(C)"激活圆的绘制命令。
②可直接在"绘图"工具栏处单击按钮 ⊙,激活命令。
③命令行输入:CIRCLE。

命令使用方法如下:
①用"圆心和半径"绘制圆。在已知圆心和半径的前提下,可以用此种方法画圆。
命令行输入:CIRCLE,按回车键。
命令提示,指定圆的圆心或三点(3P)/两点(2P)/相切、相切、半径(T)(注:指定圆心)。
指定圆的半径或直径(D):50(注:输入圆的半径)。
绘制结果如图 2-25a)所示。
②用"圆心和直径"方式画圆。如果已知圆心和直径,可以用此种方法画圆。
执行画圆命令后,命令提示。
命令行输入:CIRCLE,按回车键。
命令提示,指定圆的圆心或三点(3P)/两点(2P)/相切、相切、半径(T)(注:指定圆心)。

指定圆的直径:100。

绘制结果如图2-25b)所示。

③用"两点"方式画圆。若已知圆直径的两个端点,则可用此方式画圆。

执行画圆命令后,命令提示。

命令行输入:CIRCLE,按回车键。

指定圆的圆心或三点(3P)/两点(2P)/相切、相切、半径(T):2P。

指定圆直径的第一个端点:P1。

指定圆直径的第二个端点:P2。

系统将以点 O、A 的连线为直径绘出所需要的圆。

绘制结果如图2-25c)所示。

④用"三点"方式。若想通过不在同一条直线上的三点画圆,即可通过这种方式执行。

命令行输入:CIRCLE,按回车键。

命令提示,指定圆的圆心或三点(3P)/两点(2P)/相切、相切、半径(T):3P(注:选择三点方式画圆)。

指定圆上的第一个点:P1。

指定圆上的第二个点:P2。

指定圆上的第三个点:P3。

系统会绘制出满足 O、A、B 三点均在圆上的圆,绘制结果如图2-25d)所示。

⑤用"相切、相切、半径(T)"方式画圆。若想画一个与屏幕上的两个现存实体(圆、圆弧、直线等)相切的圆,即可采用此方式绘制。

执行画圆命令后,命令提示。

命令行输入:CIRCLE,按回车键。

指定圆的圆心或三点(3P)/两点(2P)/相切、相切、半径(T):T(注:选择两个切点、一个半径方式画圆)。

指定对象与圆的第一个切点:T1。

指定对象与圆的第二个切点:T2。

指定圆的半径:50。

绘制结果如图2-25e)所示。

⑥用"相切,相切,相切(A)"方式画圆。若想画一个与屏幕上的三个现存实体(圆、圆弧、直线)等相切的圆,即可采用此方式绘制。

这里可以选择菜单栏"绘图(D)→圆(C)→相切、相切、相切(A)",执行画圆命令后,命令提示。

命令行输入:CIRCLE,按回车键。

指定圆的圆心或三点(3P)/两点(2P)/相切、相切、半径(T):3P 指定圆上的第一个点,_tan 到(注:选取第一条直线,确定切点T1)。

指定圆上的第二个点:_tan 到(注:选取第二条直线,确定切点T2)。

指定圆上的第三个点:_tan 到(注:选取第三条直线,确定切点T3)。

绘制结果如图2-25f)所示。

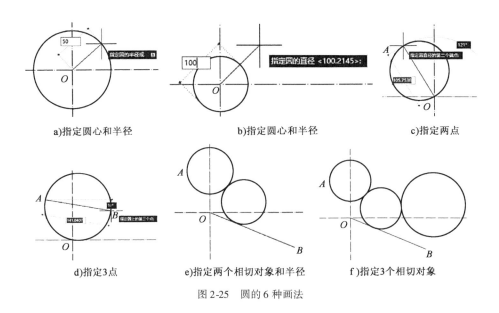

a)指定圆心和半径　　b)指定圆心和半径　　c)指定两点

d)指定3点　　e)指定两个相切对象和半径　　f)指定3个相切对象

图 2-25　圆的 6 种画法

2.5.2　圆弧的绘制

在工程制图中,圆弧也是绘制图形时使用最多的基本图形之一,它在实体元素之间起着光滑的过渡作用。AutoCAD 2007 提供了 11 种画圆弧的方法,如图 2-26 所示。

图 2-26　圆弧的 11 种画法

命令调用方法如下:

①在菜单栏找到"绘图(D)→圆弧(A)",激活画图命令。

②在工具栏单击"绘图"工具栏上的按钮 。

③命令行输入:ARC。

命令使用方法如下:

①三点画弧。对于已知圆弧的起点、终点和圆弧上任一点的情况,可用 ARC 命令的默认方式"三点"画圆弧。执行画弧命令后,命令提示。

命令行输入:ARC。

指定圆弧的起点或圆心(C):P1。

指定圆弧的第二个点或圆心(C)/端点(E):P2。

指定圆弧的端点:P3。

绘制结果如图2-27a)所示。

②用"起点、圆心、端点"方式画弧,若已知圆弧的起点、中心点和终点,则可以通过这种方式画弧。执行画弧命令后,命令提示。

命令行输入:ARC。

指定圆弧的起点或圆心(C):A。

指定圆弧的第二个点或圆心(C)/端点(E):C(注:键入C后回车以选择输入中心点)。

指定圆弧的圆心:O。

指定圆弧的端点或角度(A)/弦长(L):B。

注意:从几何的角度,用起点、圆心、端点方式可以在图形上形成两段圆弧;为了准确绘图,默认情况下,系统将按逆时针方向截取所需的圆弧。

绘制结果如图2-27b)所示。

③用"起点、圆心、角度"方式画弧。若已知圆弧的起点、圆心和圆心角的角度,则可以利用这种方式画弧。执行画弧命令后,命令提示。

命令行输入:ARC。

指定圆弧的起点或圆心(C):A。

指定圆弧的第二个点或圆心(C)/端点(E),键入C后回车,选择输入中心点O,指定圆弧的圆心:O。

指定圆弧的端点或角度(A)/弦长(L):C,键入A后回车,选择输入角度。

定包含角:60°。

绘制结果如图2-27c)所示。

④用"起点、圆心、长度"方式画弧。若已知圆弧的起点、圆心和所绘圆弧的弦长,则可以利用这种方式画弧。执行画弧命令后,命令提示。

命令行输入:ARC。

指定圆弧的起点或圆心(C)(注:指定圆弧的起点A)。

指定圆弧的第二个点或圆心(C)/端点(E):C,键入C后回车,选择输入圆心,指定圆弧的圆心:O。

指定圆弧的端点或角度(A)/弦长(L):L,键入L后回车,选择输入弦长。

指定弦长:100。

注意:在这里,所知弦的长度应小于圆弧所在圆的直径,否则系统将给出错误提示。默认情况下,系统同样按逆时针方向截取圆弧。绘制结果如图2-27d)所示。

⑤用"起点、端点、角度"方式画弧。如果已知圆弧的起点、终点和所画圆的圆心角的角度,则可以利用这种方式画弧。执行画弧命令后,命令提示。

命令行输入:ARC。

指定圆弧的起点或圆心(C):A。

指定圆弧的第二个点或圆心(C)/端点(E):E,键入E后回车,选择端点方式,指定圆弧的端点:B。

指定圆弧的圆心或角度(A)/方向(D)/半径(R):A,键入A后回车,选择输入周心角的角度。

指定角度:90°。

绘制结果如图2-27e)所示。

⑥用"起点、端点、方向"方式画弧。若已知圆弧的起点、终点和所画圆弧起点的切线方向,则可利用这种方式画弧。执行画弧命令后,命令提示。

命令行输入:ARC。

指定圆弧的起点或圆心(C):A。

指定圆弧的第二个点或圆心(C)/端点(E):E。

指定圆弧的端点:B。

指定圆弧的圆心或角度(A)/方向(D)/半径(R):D,键入D后回车,选择输入切线方向,指定圆弧的起点切向。

绘制结果如图2-27f)所示。

⑦用"起点、端点、半径"方式画弧。若已知圆弧的起点、终点和该段圆弧所在圆的半径,则可利用这种方式画弧。执行画弧命令后,命令提示。

命令行输入:ARC。

指定圆弧的起点或圆心(C):A。

指定圆弧的第二个点或圆心(C)/端点(E):E。

指定圆弧的端点:B。

指定圆弧的圆心或角度(A)/方向(D)/半径(R):R,键入R后回车,选择输入半径,指定圆弧的半径60。

绘制结果如图2-27g)所示。

⑧用"圆心、起点、端点"方式画弧。此方法通过指定圆弧的圆心、起点和端点来确定圆弧的位置和大小。执行画弧命令后,命令提示。

命令行输入:ARC。

指定圆弧的起点或圆心(C):C。

指定圆弧的起点:A。

指定圆弧的端点或角度(A)/弦长(L):B。

绘制结果如图2-27h)所示。

⑨用"圆心、起点、角度"方式画弧。画弧还可以通过指定圆弧的圆心、起点和角度来确定圆弧的位置和大小。执行画弧命令后,命令提示。

命令行输入:ARC。

指定圆弧的起点或圆心(C):C。

指定圆弧的起点:A。

指定圆弧的端点或角度(A)/弦长(L):A 指定包含角60°。

绘制结果如图2-27i)所示。

⑩用"圆心、起点、弦长"方式画弧。通过指定圆弧的圆心、起点和弦长来确定圆弧的位置和大小。执行画弧命令后,命令提示。

命令行输入:ARC。

指定圆弧的起点或圆心(C):C。

指定圆弧的起点:A。

指定圆弧的端点或角度(A)/弦长(L):L=100。

绘制结果如图2-27j)所示。

⑪用"继续"方式画弧。此命令用于衔接上一步操作,不能单独使用。选择执行该命令后,命令提示。

命令行输入:ARC。

指定圆弧的起点或圆心(C):C。

指定圆弧的端点(注:指定圆弧的一个端点)。

再用"继续"命令可以接着绘制。

绘制结果如图2-27k)所示。

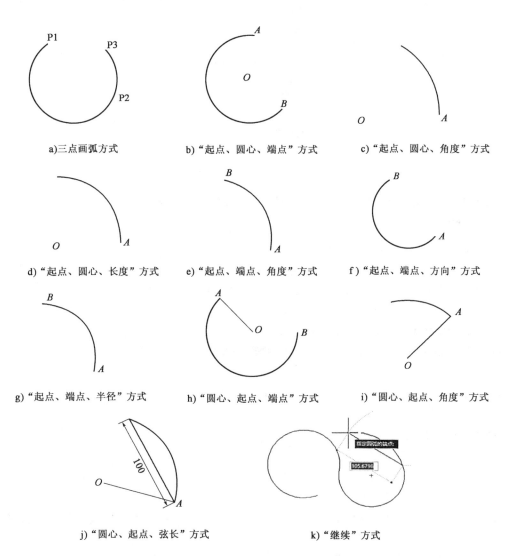

图 2-27 圆弧的 11 种画法

2.5.3 椭圆和椭圆弧的绘制

在工程制图中,椭圆也是一种常见的图形。椭圆的圆心到圆周的距离是变化的。部分椭圆就是椭圆弧。在 AutoCAD 2007 中,绘制椭圆和椭圆弧的命令均为 ELLIPSE,只是选项不同。

命令调用方法如下:

通过菜单栏输入,找到"绘图(D)→椭圆(E)",如图 2-28 所示。

图 2-28 菜单栏激活椭圆命令

在绘图工具栏中,单击按钮 ⬭ 绘制椭圆,单击按钮 ⌒ 绘制椭圆弧。

命令行输入:ELLIPSE,按回车键。

2.5.3.1 椭圆的绘制

AutoCAD 2007 对于椭圆的绘制,提供了多种绘制椭圆的方式。默认方式下,可以利用椭圆某一轴上两个端点的位置以及另一轴的半长绘制椭圆,操作过程如下。

(1)中心点法绘制椭圆

用这种方法绘制椭圆,是指通过指定椭圆的中心点、一条轴的端点和另一条半轴的长度来确定椭圆的位置和大小。执行绘制椭圆命令后,命令提示。

命令行输入:ELLIPSE。

指定椭圆的轴端点或圆弧(A)/中心点(C):C。

指定椭圆的中心点:O。

指定轴的端点:b。

指定另一条半轴长度或旋转(R)(注:输入半轴长度)。

绘制结果如图 2-29a)所示。

(2)轴、端点法绘制椭圆

用这种方法绘制椭圆,是指通过指定椭圆一条轴的两个端点和另一条半轴的长度来确定椭圆的位置和大小。

执行绘制椭圆命令后,命令提示。

命令行输入:ELLIPSE。

指定椭圆的轴端点或圆弧(A)/中心点(C)(注:指定轴的一个端点)。
指定轴的另一个端点(注:指定轴的另一个端点)。
指定另一条半轴长度或旋转(R)(注:指定椭圆的另一条半轴长度)。
绘制结果如图2-29b)所示。

2.5.3.2 椭圆弧的绘制

在 AutoCAD 2007 中,绘制椭圆弧可以在"绘图"工具栏中的单击"椭圆弧"按钮,或选择菜单栏"绘图(D)→椭圆(E)→圆弧(A)",即可激活绘制命令。

执行绘制椭圆命令后,命令提示。
命令行输入:ELLIPSE。
指定椭圆的轴端点或圆弧(A)/中心点(C):a(注:系统提示)。
指定椭圆弧的轴端点或中心点(C)(注:指定椭圆弧的轴端点)。
指定轴的另一个端点(注:指定椭圆弧的另一个轴端点)。
指定另一条半轴长度或旋转(R)(注:指定椭圆的另一条半轴长度)。
指定起始角度或参数(P):45°。
指定终止角度或参数(P)/包含角度(I):270°。
绘制椭圆弧如图2-29c)所示。

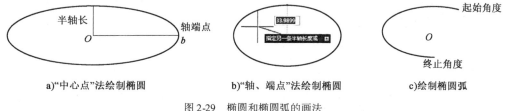

a)"中心点"法绘制椭圆　　b)"轴、端点"法绘制椭圆　　c)绘制椭圆弧

图2-29　椭圆和椭圆弧的画法

2.6 多线、多段线等复杂二维图形的绘制

当然,除了利用点、直线等创建图形对象外,也可以利用基本元素组合而成的图形来创建图形对象,如多线、多段线、样条曲线来创建出各种不同的图形。

2.6.1 多线样式的定义及多线绘制

2.6.1.1 多线样式的定义

在开始创建多线前,都要先设置多线样式,比如选择多线的数目、给多线指定比例因子等。在设置多线样式时可以选择"格式(O)"中"多线样式(M)"命令,或在命令行内输入 MLSTYLE 命令,将弹出如图2-30所示对话框。

打开"多线样式"对话框,可以看到当前多线样式只有一种,为 STANDARD 样式,如图2-31a)所示。若用户想要设置如图2-31b)所示的"窗口线"样式,首先在"多线样式"对话框前提下,单击"新建(N)"按

图2-30　"多线样式"对话框

钮,弹出"新建多样式"对话框,输入新样式名"窗口线",基础样式设置为"STANDARD",单击"继续"按钮,弹出如图2-32a)所示的对话框,在"说明(P)"文本框内输入对该多段线的说明。

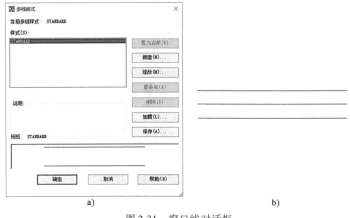

图2-31 窗口线对话框

在"图元"的文本框内对该多线进行设置。单击"添加(A)"按钮,在"偏移(S)"输入0后按回车,其他值保持不变,添加1条0线,系统默认已有1条-0.5线和1条0.5线条,单击"确定",完成设置,如图2-32b)所示。

此时,对话框返回到"多线样式"对话框,在该对话框单击"保存(A)"按钮,如图2-32c)所示。在接下来弹出的对话框中输入要保存的多线样式名称,单击"保存(A)"按钮。最后单击"置为当前(U)"按钮,将设置好的多线添加到当前,再单击"确定"按钮完成设置。

图2-32 "窗口线"样式设置对话框

2.6.1.2 多线的绘制

多线是由多条平行线组成的组合对象,平行线之间的间距和数目是可以调整的,它常用于绘制建筑图中的墙体、电子线路图等平行线对象。在需要使用的多线样式设置结束后,即可进行多线的绘制。

创建多线与创建直线的方法基本相似,在 AutoCAD 2007 中,执行绘制多线命令的方法有以下2种。

(1)选择菜单栏"绘图(D)→多线(M)"命令。
(2)在命令行输入命令 MLINE。

执行绘制多线命令后,命令提示。

命令行输入:MLINE。

当前设置:对正=上,比例=1.00,样式=STANDARD(注:系统提示)。

指定起点或(J)/比例(S)/样式(ST)(注:指定多线的起点)。

指定下一点(注:指定多线的端点)。

指定下一点或(U):按回车键结束命令。

其中各命令选项功能介绍如下:

①对正(J):该选项用于指定绘制多线的基准。选择该命令选项,命令提示。

输入对正类型上(T)/无(Z)/下(B)。

系统提供了3种对正类型,分别为"上""无"和"下",其中"上"表示以多线上侧的线为基线,依此类推。

②比例(S):该选项用于指定多线间的宽度。选择该命令选项,命令提示。

输入多线比例:20。

要求用户输入平行线间的距离。输入值为零时,平行线重合;值为负时,多线的排列倒置。

③样式(ST):该选项用于设置当前使用的多线样式。

2.6.2 多段线的绘制与编辑

当用户想要对一个图形作为一个单一对象统一处理时,可以考虑使用多段线进行图形绘制。多段线由相连的直线段与弧线段组成,用户可以对不同线段设置不同的宽度,甚至每个线段的开始点和结束点的宽度都可以不同。

2.6.2.1 多段线的绘制

在 AutoCAD 2007 中,执行绘制多段线命令的方法有以下3种。

(1)单击"绘图"工具栏中的"多线段"按钮。
(2)在菜单栏中,选择"绘图(D)→多段线(P)"命令。
(3)在命令行输入命令 PLINE,按回车键激活命令。

执行绘制多段线命令后,命令提示。

命令行输入:PLINE。

指定起点(注:指定多段线的起点)。

当前线宽为 0.0000(注:系统提示)。

指定下一个点或圆弧(A)/半宽(H)/长度(L)/放弃(U)/宽度(W)(注:指定多段线的下

一个端点或选择其他命令选项)。

指定下一点或圆弧(A)/闭合(C)/半宽(H)/长度(L)/放弃(U)/宽度(W),按回车键结束命令。

其中各命令选项功能如下。

①圆弧(A):选择此命令选项,将弧线段添加到多段线中。

②闭合(C):选择此命令选项,绘制封闭多段线并结束命令。

③半宽(H):选择此命令选项,指定具有宽度的多段线的线段中心到其一边的宽度。

④长度(L):选择此命令选项,确定多段线下一段线段的长度。

⑤放弃(U):选择此命令选项,删除最近添加到多段线上的直线段。

⑥宽度(W):选择此命令选项,指定下条直线段的宽度。

通过设置多线段不同的线宽,可以绘制箭头,如图2-33所示。

图2-33 "箭头"多段线

2.6.2.2 多段线的编辑

绘制多段线后,用户还可以利用多段线编辑命令编辑绘制的多段线,在AutoCAD 2007中,用户可以一次编辑多条多段线。执行编辑二维多段线命令的方法有以下2种。

(1)选择"修改(M)→对象(O)→多段线(P)"命令。

(2)在命令行输入命令PEDIT。

执行编辑多段线命令后,命令提示。

命令行输入:PEDIT。

选择多段线或[多条(M)](注:选择要编辑的多段线)。

输入选项闭合(C)/合并(J)/宽度(W)/编辑顶点(E)/拟合(F)/样条曲线(S)/非曲线化(D)/线型生成(L)/放弃(U)(注:选择编辑方式)。

其中各命令选项功能如下。

①闭合(C):创建多段线的闭合线,将首尾连接。

②合并(J):选择该命令选项,在开放的多段线的尾端点添加直线、圆弧或多段线和从曲线拟合多段线中删除曲线拟合。

③宽度(W):选择该命令选项,为整个多段线指定新的统一宽度。

④编辑顶点(E):选择该命令选项,编辑多段线的顶点。

⑤拟合(F):选择该命令选项,将多段线用双圆弧曲线进行拟合。

⑥样条曲线(S):选择该命令选项,用样条曲线对多段线进行拟合,此时多段线的各个顶点作为样条曲线的控制点。

⑦非曲线化(D):选择该命令选项,删除由拟合曲线或样条曲线插入的多余顶点。拉直多段线的所有线段。

⑧线型生成(L):选择该命令选项,生成经过多段线顶点的连续图案线型。关闭此选项,将在每个顶点处以点画线开始和结束生成线型。该选项不能用于线宽不统一的多段线。

⑨放弃(U):选择该命令选项,撤消上一步操作,可一直返回到编辑多段线任务的开始状态。

2.6.3 样条曲线的绘制

样条曲线通常用于创建机械图形中的断面及建筑图中的地形地貌等。它的形状是一条光滑曲线,主要由数据点、拟合点和控制点控制。其中数据点在创建样条曲线时由用户指定,拟合点由系统自动生成,而控制点是在创建样条曲线时指定的,这些点主要用于编辑样条曲线。

在 AutoCAD 2007 中,执行绘制样条曲线的方法有以下 3 种。

(1)选择菜单栏"绘图(D)→样条曲线(S)"命令。

(2)单击"绘图"工具栏中的"样条曲线"按钮。

(3)命令行输入:SPLINE。

执行样条曲线命令后,命令提示。

命令行输入:SPLINE,按回车键。

指定第一个点或对象(O)(注:指定样条曲线的第一个点)。

指定下一点(注:指定样条曲线的下一点)。

指定下一点或闭合(C)/拟合公差(F)<起点切线>(注:指定样条曲线的下一点)。

指定下一点或闭合(C)/拟合公差(F)<起点切线>:按回车键结束指定。

指定起点切向(注:拖动鼠标指定起点切向)。

指定端点切向(注:拖动鼠标指定端点切向)。

其中各命令选项功能介绍如下。

①对象(O):选择此命令选项,将二维或三维的二次或三次样条拟合多段线转换成等价的样条曲线并删除多段线。

②闭合(C):选择此命令选项,将最后一点定义为与第一点一致,并使它在连接处相切,这样可以闭合样条曲线。

③拟合公差(F):选择此命令选项,修改拟合当前样条曲线的公差。

本章习题

1. 如何创建点对象?

2. 调用一个绘图命令的方法有几种? 比较每种方法的特点。

3. 在命令行输入 LINE,然后键入回车,试绘制出一条直线。

4. 在命令行输入 CIRCLE,然后键入回车,试绘制出一个圆。

5. 试用下列方法画出给定条件的弧。

(1)起点、圆心、终点分别为(80,30)、(100,30)、(100,10)的弧;

(2)起点、圆心、夹角分别为(120,30)、(150,30)、120°和 −120°的弧;

(3)起点、圆心、弦长分别为(180,30)、(200,30)、50 和 −50 的弧;

(4)起点、终点和方向分别为(80,100)、(120,100)、90°的弧。

第3章 二维图形编辑

在上一章的学习中,我们了解到如何绘制简单平面。某些图形不是一次就可以绘制出来的,并且在绘图的过程中,不可避免地会出现一些错误操作,有时绘制好图形后,需要对图形进行进一步的修改和组合以得到更加复杂的图形。这时,就要通过调用各种编辑命令对图形进行组织、细化与加工,才可绘制出符合要求的图形。

本章学习要求
(1)掌握在 AutoCAD 2007 中绘制和编辑二维图像的基本方法。
(2)能够利用夹点模式对二维图像进行编辑。
(3)掌握二维图像的多种编辑方法,提高绘图效率。

3.1 选择对象

执行 AutoCAD 2007 的图形编辑命令,在操作过程中通常先要进行目标的选择,就是在已有的图形中选择一个或一组图形实体作为进行图形编辑的目标,选中了的实体就构成了选择集。也就是说,选择集可以是一个实体,也可以是一组实体。

在 AutoCAD 2007 中,准确选择目标是进行图形编辑的基础。要进行图形编辑,必须准确无误地明确要对图形文件中的哪些目标实体进行操作。

3.1.1 设置对象的选择模式

通过设置对象选择模式来控制选择对象时的操作方式,以便根据自己的习惯灵活地选择对象。

调用方法:在主菜单中单击"工具→选项",再单击"选择"选项卡,出现如图 3-1 所示的对话框。下面对一些选项进行介绍。

图 3-1 "选项"对话框

(1)设置拾取框大小

可以移动"拾取框大小"区的滑动按钮来设定拾取框的大小,向左拾取框变小,向右拾取框变大。

(2)设置是否需要选择预览效果

选择预览效果是当拾取框光标滚动过对象时,亮显对象的一种选择辅助手段。"命令处于活动状态时"指仅当某个命令处于活动状态并显示"选择对象"提示时,才会显示选择预览。"未激活任何命令时"指即使未激活任何命令,也可显示选择预览。

(3)选择模式

控制与对象选择方法相关的设置共有 6 种模式。

①先选择后执行(注:默认选项):选中此项,则允许在启动命令之前选择对象。被调用的命令对先前选定的对象产生影响;否则只能先输入命令,再按提示选择对象。大部分编辑命令可以使用此模式,但倒角、倒圆角、打断、延伸等命令不能使用这种模式。

②用 Shift 键添加至选择集:选中此项,则按 Shift 键并选择对象,可以向选择集中添加对象或从选择集中删除对象;否则只有最后选择的对象被选中。

③按住并拖动:选中此项,则通过选择一点然后将光标拖动至第二点来绘制选择窗口。如果未选择此选项,则可以用鼠标选择两个单独的点来绘制选择窗口。

④隐含窗口(注:默认选项):选中此项,则从左向右绘制选择窗口将选择完全处于窗口边界内的对象。从右向左绘制选择窗口将选择处于窗口边界内和与边界相交的对象。否则将不能使用窗口和交叉窗口两种选择方法。

⑤对象编组(注:默认选项):选择编组中的一个对象,就选择了编组中的所有对象。使用 GROUP 命令,可以创建和命名一组选择对象。

⑥关联填充:如果选择该选项,那么选择关联填充时也选定边界对象。

(4)夹点大小

可以移动"夹点大小"区的滑动按钮来设定夹点的大小,向左夹点变小,向右夹点变大。

(5)夹点

在"未选中夹点颜色""选中夹点颜色""悬停夹点颜色"下拉列表框中设置对应选项时夹点显示的颜色。

3.1.2 选择对象的方法

在 AutoCAD 2007 中,选择对象的方法很多。例如,可以通过单击对象逐个拾取,也可利用矩形窗口或交叉窗口选择;可以选择最近创建的对象、前面的选择集或图形中的所有对象,也可以向选择集中添加对象或从中删除对象。

在命令行输入 SELECT 命令,按 Enter 键,并且在命令行的"选择对象:"提示下输入?,将显示如下的提示信息。

需要点或窗口(W)/上一个(L)/窗交(C)/框(BOX)/全部(ALL)/栏选(F)/圈围(WP)/圈交(CP)/编组(G)/添加(A)/删除(R)/多个(M)/前一个(P)/放弃(U)/自动(AU)/单个(SI)/子对象(SU)/对象,如图 3-2 所示。

图 3-2 命令窗口

(1)默认情况下,可以直接选择对象,此时光标变为一个小方框(注:即拾取框),利用该方框可逐个拾取所需对象。该方法每次只能选取一个对象,不便于选取大量对象,如图 3-3 所示。

(2)窗口(W):选此项后,可以通过绘制一个矩形区域来选择对象。当指定了矩形窗口的两个对角点时,所有部分均位于这个矩形窗口内的对象将被选中,不在该窗口内或者只有部分在该窗口内的对象则不被选中,如图 3-4 所示。

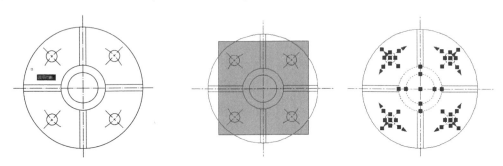

图 3-3 默认情况下"拾取框"　　图 3-4 使用窗口选择方式选择的效果

(3)上一个(L):键入 L,最后(最新、最近)生成的那个图形对象被选中。但是对象必须在当前空间(模型空间或图纸空间)中,并且一定不要将对象的图层设置为冻结或关闭状态。

(4)窗交(C):选此项后,使用交叉窗口选择对象,与用窗口选择对象的方法类似,但全部位于窗口之内或者与窗口边界相交的对象都将被选中,如图 3-5 所示。

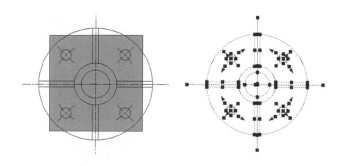

图 3-5　使用窗交选择方式选择的效果

(5) 框选(BOX)：选此项后，从左下到右上选取或者从左上到右下选取，同窗口(W)选择方式；若从右上到左下选取或者从右下到左上选取，同窗交(C)选择方式。

(6) 全部(ALL)：选此项后，除了被冻结和被关闭图层之外的所有的(包括在显示区域之外的)图形对象被选中。

(7) 栏选(F)：选择与几个指定点连成的折线相交的所有对象。栏选方法与窗交方法相似，只是栏选不闭合，并且栏选可以与自己相交，如图 3-6 所示。

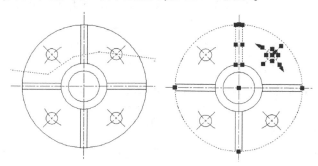

图 3-6　使用栏选选择方式的效果

(8) 圈围(WP)：选择指定几点构成的多边形中的所有对象。该多边形可以为任意形状，但不能与自身相交或相切。系统将绘制多边形的最后一条线段，所以该多边形在任何时候都是闭合的。整体在多边形内的那些图形对象被选中了 2 个小圆及其中心线，如图 3-7 所示。

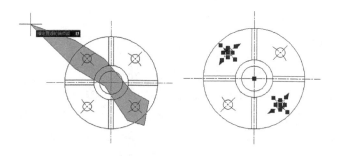

图 3-7　使用圈围选择方式的效果

(9) 圈交(CP)操作同圈围(WP),区别是多边形为浅绿色,与该多边形区域相交的那些图形对象被选中,如图 3-8 所示。

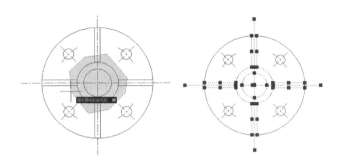

图 3-8　使用圈交选择方式的效果

(10) 编组(G):选此项后,有组名相应"输入编组名:"的提示,该组的所有图形对象再次被选中。

(11) 添加(A):选此项后,在原来选中的基础上可以添加其他的未选中的目标,而不会影响原来已选中的目标。

(12) 删除(R):选此项后,可以删除已选中的目标,用于多选中目标时,可以将多目标删除。

(13) 多个(M):选此项后,用光标多次拾取图形对象,被拾取的图形对象暂不改变显示状态,直至键入回车键才完成该次选择。

(14) 前一个(P):选此项后,前一个图形编辑命令选取到的那些图形对象再次被选中。

(15) 放弃(U):放弃选择最近加到选择集中的对象。

(16) 自动(AU):可以自动选择目标。

(17) 单个(SI):选此项后,无论用哪种选择方式,只选择一次即完成选择操作。

3.2　视　图　功　能

在绘图过程中,经常需要放大或缩小图形以便从不同角度仔细查看,或者将视图移动到图形的其他部分进行编辑或查看。这就需要用到视图控制命令。本节将详细讲解关于视图控制的一系列命令。

3.2.1　视图缩放

视图缩放即放大或缩小显示当前视图中对象的外观尺寸。

可以使用缩放命令随时修改图形的放大率,或者说绘图窗口显示的坐标范围。缩小放大率可以看到更多的图形;扩大放大率可以看清部分图形的细节。修改图形的缩放程度仅仅影响图形显示的大小,不影响图形中对象的实际尺寸。视图缩放可以采取以下几种方式。

(1) 命令行输入:ZOOM,命令窗口如图 3-9 所示。

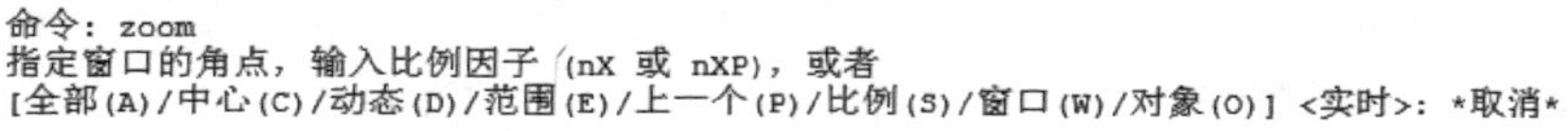

命令: zoom
指定窗口的角点,输入比例因子 (nX 或 nXP),或者
[全部(A)/中心(C)/动态(D)/范围(E)/上一个(P)/比例(S)/窗口(W)/对象(O)] <实时>: *取消*

图 3-9 ZOOM 命令窗口

通过键入表示各选项的大写字母指定所需的选项,ZOOM 命令的选项很多,这里结合工具条介绍常用的几种。

①全部(A):选此项将尽可能大地显示用 LIMITS 命令确定的图纸范围。当图形对象不超出图纸范围时,将图纸范围作为窗口;若图形对象越界,图纸范围再加上越界的部分为窗口。

②范围(E):选此项将尽可能大地显示图形范围。包容图形的水平方向的最小矩形即为当前的图形范围,它是由系统自动确定的。该选项常用于需要观察整个图形全貌的情况。

③对象(O):选此项将缩放以便尽可能大地显示一个或多个选定的对象,并使其位于绘图区域的中心,可以在启动 ZOOM 命令前后选择对象。

④窗口(W):选此项将用随后指定的两个对角点作为窗口,尽可能大地显示这个窗口。这是最常用的选项。也可以键入 ZOOM 命令之后,直接指定窗口的两个角点。

⑤上一个(P):选此项将回溯到前一个显示窗口,即返回到上一次的显示状态。

⑥实时:此为默认的选项。按回车键,光标的形状改变为"光标将变为带有加号(+)和减号(-)的放大镜"。命令行提示"按 Esc 或 Enter 键退出,或单击鼠标右键显示快捷菜单。"此时单击鼠标并按住,向上移动鼠标为放大显示,向下移动鼠标为缩小显示。松开左键,按 Enter 或 Esc 键,结束 ZOOM 命令。

(2)菜单栏操作:单击"视图(V)→ 缩放(Z)",如图 3-10 所示。

(3)工具栏操作:单击标准工具栏的图标 。

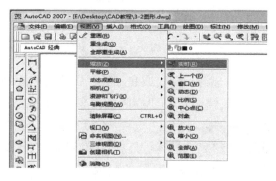

图 3-10 "缩放"对话框

3.2.2 视图平移

视图平移即将要编辑的图形部分在不进行缩放的情况下移到屏幕上适当的位置。

在图形绘制过程中,经常要把需要编辑修改的部分移到屏幕上适当的位置,这就好像手工绘图时移动图纸,以更好地观察图纸的各个部分的细节。AutoCAD 2007 提供了平移命令来实现这一点,视图平移可以采取以下几种方式:

(1)命令行输入:PAN。
(2)菜单栏操作:单击"视图(V)→ 平移(P)→ 实时"。
(3)工具栏操作:单击标准工具栏的图标 。

当执行"实时平移"命令时,光标的形状改变为一只手的形状,单击并按住鼠标左键不松,图形将随着鼠标移动,拖动图形使其到所需位置上;松开鼠标左键停止平移图形;再按下鼠标左键,继续平移操作。按 Esc 键或选择退出,结束该命令。

平移命令可以理解为移动的是整张图纸,并没有改变所画图形在图纸上的位置,这一点与移动命令(MOVE)是不同的。

AutoCAD 2007 可以用带有滚轮的鼠标简单地完成缩放和平移操作。当光标在绘图区内时,向前滚动滚轮将放大图形,向后滚动滚轮将缩小图形;按下滚轮不松,进入平移模式,松开滚轮,退出平移模式。拨动滚轮时整个图形动态放大或缩小,但光标中心所在的位置图形不动,即动态缩放以光标中心的位置为基准点。利用这点,在放大图形时,可将光标移动到需要观察的图形附近,防止该部分图形在放大过程中移到屏幕以外。

3.3 修 改 功 能

修改工具栏下主要有删除(E)、复制(Y)、镜像(I)、偏移(S)、阵列(A)、移动(V)、旋转(R)、缩放(L)、拉伸(H)、修剪(T)、延伸(D)、打断(K)、打断于点、合并(J)、倒角(C)、圆角(F)、分解(X),如图 3-11 所示。

图 3-11 修改工具栏

3.3.1 删除(E)

在菜单栏操作"修改(M)→ 删除(E)",或在工具栏中单击删除的图标 。

通常,当发出"删除"命令后,需要选择要删除的对象,然后按 Enter 键或 Space 键结束对象选择,同时删除已选择的对象。也可以在"选项"对话框的"选择"选项卡中,选中"选择模式"选项区域中的"先选择后执行"复选框,就可以先选择对象,然后单击"删除"按钮删除。命令行输入 <OOPS> 命令,可恢复由上一个删除的对象。也可以单击"标准"工具栏上的图标 ,调用"放弃"命令来恢复刚删除的对象。

3.3.2 复制(Y)

在菜单栏操作"修改(M)→ 复制(Y)",或在工具栏中单击复制的图标 。

复制是对已有的对象复制出副本,并放置到指定的位置。执行该命令时,首先需要选择对象,然后指定位移的基点和位移矢量(相对于基点的方向和大小)。使用"复制"命令还可以同时创建多个副本:在"指定第二个点或[退出(E)/放弃(U)] <退出>: *取消*"提示下,通过连续指定位移的第二点来创建该对象的其他副本,直到按 Enter 键结束,如图 3-12所示。

图 3-12 复制图形

3.3.3 镜像(I)

在菜单栏操作"修改(M)→镜像(I)",或在工具栏中单击镜像的图标 。

镜像是将对象以镜像线对称复制。执行该命令时,需要选择要镜像的对象,然后依次指定镜像线上的两个端点,命令行将显示"要删除源对象吗?[是(Y)/否(N)]<N>:"提示信息。如果直接按 Enter 键,则镜像复制对象,并保留原来的对象;如果输入 Y,则在镜像复制对象的同时删除原对象。直线 *AB* 为镜像线,如图 3-13 所示。

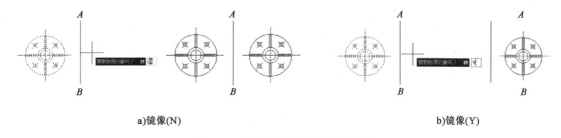

a)镜像(N)   b)镜像(Y)

图 3-13 镜像是否删除源对象两种效果

对文字和块的属性进行镜像时,分为两种状态:一种是文本完全镜像,此时文本内容将不便于阅读;另一种是文本可读镜像,只是将文本的位置做镜像处理,内容依然是可读的。这两种状态由系统变量 MIRRTEXT 来决定。

MIRRTEXT=0,保持文字方向不变;MIRRTEXT=1,镜像显示文字。镜像命令中文字镜像的两种效果,如图 3-14 所示。

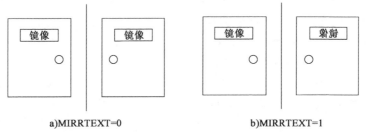

a)MIRRTEXT=0   b)MIRRTEXT=1

图 3-14 镜像命令中文字镜像的两种效果

3.3.4 偏移(S)

在菜单栏操作"修改(M)→偏移(S)",或在工具栏中单击偏移的图标 。

对指定的直线、圆弧、圆等对象作同心偏移复制。在实际应用中,常利用"偏移"命令的特性创建平行线或等距离分布图形。调用偏移命令后,命令行提示:

"当前设置:删除源=否图层=源 OFFSETGAPTYPE=0

指定偏移距离或[通过(T)/删除(E)/图层(L)]<通过>:"。

(1)默认情况下,需要指定偏移距离,再选择要偏移复制的对象,然后指定偏移方向,复制对象。

(2)"通过(T)"选项:在命令行输入T,命令行将显示"选择要偏移的对象,或[退出(E)/放弃(U)]〈退出〉:"提示信息,选择偏移对象后,命令行将显示"指定通过点或[退出(E)/多个(M)/放弃(U)]〈退出〉:"提示信息,指定复制对象经过的点或输入M将对象偏移多次。

(3)"删除(E)"选项:在命令行中输入E,命令行将显示"要在偏移后删除源对象吗?[是(Y)/否(N)]<否>:"提示信息,输入Y或N来确定是否要删除源对象。

(4)"图层(L)"选项:在命令行中输入L,选择要偏移的对象的图层。

注意:使用"偏移"命令复制对象时,复制结果不一定与原对象相同。例如,对圆弧做偏移后,新圆弧与旧圆弧同心且具有同样的包含角,但新圆弧的长度要发生改变。对圆或椭圆做偏移后,新圆、新椭圆与旧圆、旧椭圆有同样的圆心,但新圆的半径或新椭圆的轴长要发生变化。对直线段、构造线、射线做偏移,是平行复制。不同形状的偏移如图3-15所示。

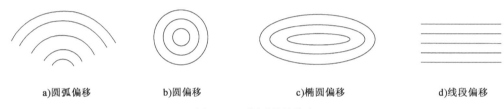

a)圆弧偏移 b)圆偏移 c)椭圆偏移 d)线段偏移

图3-15 不同形状的偏移

3.3.5 阵列(A)

在菜单栏操作"修改(M)→阵列(A)",或在工具栏中单击阵列的图标。

打开"阵列"对话框,可以在该对话框中设置以矩形阵列或者环形阵列方式多重复制对象。

(1)矩形阵列复制

在"阵列"对话框中,选择"矩形阵列"单选按钮,可以以矩形阵列方式复制对象,此时的"阵列"对话框如图3-16所示。各选项的含义如下。

①"行"文本框:设置矩形阵列的行数。

②"列"文本框:设置矩形阵列的列数。

③"偏移距离和方向"选项区域:在"行偏移""列偏移""阵列角度"文本框中可以输入矩形阵列的行距、列距和阵列角度;也可以单击文本框右边的按钮,在绘图窗口中通过指定点来确定距离和方向。行距、列距和阵列角度的值的正负性将影响将来的阵列方向;行距和列距为正值,将使阵列沿X轴或者Y轴正方向阵列复制对象;阵列角度为正值则沿逆时针方向阵列复制对象,负值则相反。如果通过单击按钮在绘图窗口中设置偏移距离和方向,则给定点的前后顺序将确定偏移的方向。

④"选择对象"按钮:单击该按钮将切换到绘图窗口,选择进行阵列复制的对象。

⑤"预览窗口":显示当前的阵列模式、行距、列距及阵列角度。预览阵列复制效果时,如果单击"接受"按钮,则确认当前的设置,阵列复制对象并结束命令;如果单击"修改"按钮,则

返回到"阵列"对话框,可以重新修改阵列复制参数;如果单击"取消"按钮,则退出"阵列"命令,不做任何编辑,如图 3-17 所示。

图 3-16 "矩形阵列"对话框

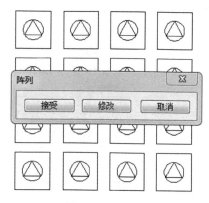

图 3-17 阵列预览

(2)环形阵列复制

在"阵列"对话框中,选择"环形阵列"单选按钮,可以以环形阵列方式复制图形,此时的"阵列"对话框如图 3-18 所示。各选项的含义如下。

①"中心点"选项区域:在 X 和 Y 文本框中,输入环形阵列的中心点坐标,也可以单击右边的按钮切换到绘图窗口,直接指定一点作为阵列的中心点。

②"方法和值"选项区域:设置环形阵列复制的方法和值。其中,在"方法"下拉列表框中选择环形的方法,包括"项目总数和填充角度""项目总数和项目间的角度"和"填充角度和项目间的角度"3 种,选择的方法不同,设置的值也不同。可以直接在对应的文本框中输入值,也可以通过单击相应按钮,在绘图窗口中指定。

③"复制时旋转项目"复选框:设置在阵列时是否将复制出的对象旋转。

④"详细"按钮:单击该按钮,对话框中将显示对象的基点信息,可以利用这些信息设置对象的基点。

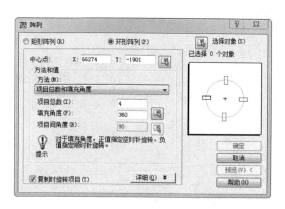

图 3-18 "环形阵列"对话框

3.3.6 移动(V)

在菜单栏操作"修改(M)→ 移动(V)",或在工具栏中单击移动的图标 ✥。

移动命令可以在指定方向上按指定距离移动对象，对象的位置发生改变，但方向和大小不改变。要移动对象，首先选择要移动的对象，然后指定位移的基点和位移矢量。在命令行的"指定基点或[位移]<位移>"提示下，如果单击或以键盘输入形式给出基点坐标，命令行将显示"指定第二点或<使用第一个点作位移>:"提示；如果按 Enter 键，那么所给出的基点坐标值就作为偏移量，即将该点作为原点(0,0)，然后将图形相对于该点移动由基点设定的偏移量。移动命令的前后对比示意图如图 3-19 所示。

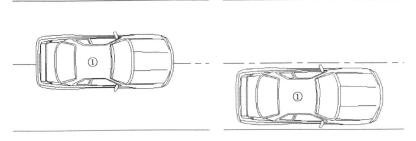

图 3-19　移动命令的前后对比示意图

3.3.7　旋转(R)

在菜单栏操作"修改(M)→旋转(R)"，或在工具栏中单击旋转的图标 。

可以将对象绕基点旋转指定的角度。执行该命令后，从命令行显示的"UCS 当前的正角方向：ANGDIR＝逆时针 ANGBASE＝0"提示信息中，可以了解到当前的正角度方向（如逆时针方向）、零角度方向与 X 轴正方向的夹角（如 0°）。

选择要旋转的对象（可以依次选择多个对象），并指定旋转的基点，命令行将显示"指定旋转角度或[复制(C)/参照(R)]<0>"提示信息。如果直接输入角度值，则可以将对象绕基点转动该角度，角度为正时逆时针旋转，角度为负时顺时针旋转；如果选择"参照(R)"选项，将以参照方式旋转对象，需要依次指定参照方向的角度值和相对于参照方向的角度值。旋转命令的前后对比示意图如图 3-20 所示。

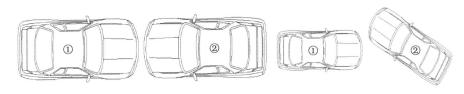

图 3-20　旋转命令的前后对比示意图

3.3.8　缩放(L)

在菜单栏操作"修改(M)→缩放(L)"，或在工具栏中单击缩放的图标 。

可以将对象按指定的比例因子相对于基点进行尺寸缩放。首先选择对象，然后指定基点，命令行将显示"指定比例因子或[复制(C)/参照(R)]<1.0000>:"提示信息。如果直接指定缩放的比例因子，对象将根据该比例因子相对于基点缩放，当比例因子大于 0 而小于 1 时缩小对象，当比例因子大于 1 时放大对象；如果选择"参照(R)"选项，对象将按参照的方式缩放，需要依次输入参照长度的值和新的长度值,AutoCAD 2007 根据参照长度与新长度的值自动计算比例因子(注:比例因子=新长度值/参照长度值),然后进行缩放。

3.3.9 拉伸(H)

在菜单栏操作"修改(M)→ 拉伸(H)",或在工具栏中单击拉伸的图标 。

可以拉伸对象,操作方式根据图形对象在选择框中的位置确定。执行该命令时,可以使用"交叉窗口"方式或者"交叉多边形"方式选择对象,然后依次指定位移基点和位移矢量,将会移动全部位于选择窗口之内的对象,从而拉伸(或压缩)与选择窗口边界相交的对象。

3.3.10 修剪(T)

在菜单栏操作"修改(M)→ 修剪(T)",或在工具栏中单击修剪的图标 。

可以以某一对象为剪切边修剪其他对象。执行该命令,并选择作为剪切边的对象后(可以是多个对象),按 Enter 键将显示提示信息"选择要修剪的对象,或按住 Shift 键选择要延伸的对象,或[栏选(F)/窗交(C)/投影(P)/边(E)/删除(R)/放弃(U)]:"。

在 AutoCAD 2007 中,可以作为剪切边的对象有直线、圆弧、圆、椭圆或椭圆弧、多段线、样条曲线、构造线、射线及文字等。剪切边也可以同时作为被剪边。默认情况下,选择要修剪的对象(即选择被剪边),系统将以剪切边为界,将被剪切对象上位于拾取点一侧的部分剪切掉,如图3-21 所示。如果按下 Shift 键,同时选择与修剪边不相交的对象,修剪边将变为延伸边界,将选择的对象延伸至与修剪界相交。如被剪对象较多,则可以进入栏选(F)和窗交(C)模式,快速选择对象。投影(P)可以指定执行修剪的空间,主要应用于三维空间中两个对象的修剪,可将对象投影到某一平面上执行修剪操作。选择边(E)选项时,命令行显示"输入隐含边延伸模式[延伸(E)/不延伸(N)]<不延伸>:"提示信息。如果选择延伸(E)选项,当剪切边太短而且没有与被修剪对象相交时,可延伸修剪边,然后进行修剪;如果选择不延伸(N)选项,只有当剪切边与被修剪对象真正相交时,才能进行修剪。删除(R)可以用来删除某些对象。放弃(U)则放弃最近一次修剪的操作。

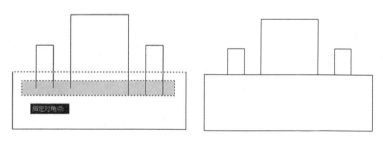

图3-21 修剪前后对比图

3.3.11 延伸(D)

在菜单栏操作"修改(M)→ 延伸(D)",或在工具栏中单击延伸的图标 。

可以延长指定的对象与另一对象相交或外观相交。延伸命令的使用方法和修剪命令的使用方法相似,不同之处在于:使用延伸命令时,如果在按下 Shift 键的同时选择对象,则执行修剪命令;使用修剪命令时,如果在按下 Shift 键的同时选择对象,则执行延伸命令。

3.3.12 打断(K)、打断于点

在菜单栏操作"修改(M)→ 打断(K)",或在工具栏中单击打断的图标▫。

使用打断命令可部分删除对象或把对象分解成两部分,执行该命令并选择需要打断的对象,命令行将显示"指定第二个打断点或第一点(F):"提示信息。

默认情况下,以选择对象时的拾取点作为第一个断点,需要指定第二个断点。如果直接选取对象上的另一点或者在对象的一端之外拾取一点,将删除对象上位于两个拾取点之间的部分。如果选择"第一点(F)"选项,可以重新确定第一个断点。

在确定第二个打断点时,如果在命令行输入@,可以使第一个、第二个断点重合,从而将对象一分为二。如果对圆、矩形等封闭图形使用打断命令,AutoCAD 2007 将沿逆时针方向把第一断点到第二断点之间的那段圆弧或直线删除,如图 3-22 所示。使用打断命令时,单击点 A 和 B 与单击点 B 和 A 产生的效果是不同的。

图 3-22 打断示意图

还有"打断于点"的命令,在工具栏中单击打断的图标▫,是将对象在一点处断开成两个对象。选择要被打断的对象,然后指定打断点,即可从该点打断对象。

3.3.13 合并(J)

在菜单栏操作"修改(M)→ 合并(J)",或在工具栏中单击合并的图标✦。

合并命令用于连接某一连续图形上的两个部分,或者将某段圆弧闭合为整圆,如图3-23 所示。

图 3-23 两段连续直线合并

3.3.14 倒角(C)

在菜单栏操作"修改(M)→ 倒角(C)",或在工具栏中单击倒角的图标。

倒角命令为对象绘制倒角。执行该命令时,命令行显示如下提示信息:

"("修剪"模式)当前倒角距离 1 = 当前,距离 2 = 当前

选择第一条直线或[放弃(U)/多段线(P)/距离(D)/角度(A)/修剪(T)/方式(E)/多个(M)]:"。

默认情况下,需要选择进行倒角的两条相邻的直线,然后按当前的倒角大小对这两条直线修倒角,如图 3-24 所示。该命令提示中主要选项的功能如下。

(1)"多段线(P)"选项:以当前设置的倒角大小对多段线的各顶点(交角)修倒角。

(2)"距离(D)"选项:设置倒角距离尺寸。

(3)"角度(A)"选项:根据第一个倒角距离和角度来设置倒角尺寸。

(4)"修剪(T)"选项:设置倒角后是否保留原拐角边,命令行将显示"输入修剪模式选项[修剪(T)/不修剪(N)]<修剪>:"提示信息。其中,选择"修剪(T)"选项,表示倒角后对倒

角边进行修剪;选择"不修剪(N)"选项,表示不进行修剪。

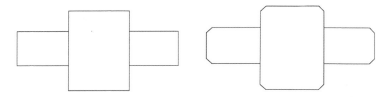

图3-24 倒角示意图

(5)"方法(E)"选项:设置倒角的方法,命令行显示"输入修剪方法[距离(D)/角度(A)]〈距离〉:"提示信息。其中,选择"距离(D)"选项,将以两条边的倒角距离来修倒角;选择"角度(A)"选项,将以一条边的距离以及相应的角度来修倒角。

(6)"多个(M)"选项:对多个对象修倒角。

注意:修倒角时,倒角距离或倒角角度不能太大,否则无效。当两个倒角距离均为0时,CHAMFER命令将延伸两条直线,使之相交,不产生倒角。此外,如果两条直线平行或发散,则不能修倒角。

3.3.15 圆角(F)

在菜单栏操作"修改(M)→ 圆角(F)",或在工具栏中单击圆角的图标 。
圆角命令可对对象用圆弧修圆角。执行该命令时,命令行显示如下提示信息:
"当前设置:模式=当前值,半径=当前值
选择第一个对象或[放弃(U)/多段线(P)/半径(R)/修剪(T)/多个(M)]:"。

(1)直接选择对象:选择定义二维圆角所需的两个对象中的第一个对象。

选择第二个对象,或按住Shift键并选择要应用角点的对象。

如果选择直线、圆弧或多段线,它们的长度将进行调整以适应圆角弧度。如果选定对象是二维多段线的两个直线段,则它们可以相邻或者被另一条线段隔开。如果它们被另一条多段线分开,将删除分开它们的线段并代之以圆角。

在圆之间和圆弧之间可以有多个圆角存在,选择靠近期望的圆角端点的对象。

(2)多段线(P):选择二维多段线。

在二维多段线中两条线段相交的每个顶点处插入圆角弧。如果一条弧线段将汇聚于该弧线段的两条直线段分开,则将删除该弧线段并代之以圆角弧。

(3)半径(R):定义圆角弧的半径。

指定圆角半径<当前>:指定距离或按Enter键。

输入的值将成为后续FILLET命令的当前半径。修改此值并不影响现有的圆角弧。

(4)修剪(T):是否将选定的边修剪到圆角弧的端点。

输入修剪模式选项[修剪(T)/不修剪(N)]<当前>:输入选项或按Enter键修剪,则修剪选定的边到圆角弧端点。不修剪,则不修剪选定边,如图3-25所示。

(5)多个(M):给多个对象集加圆角。将重复显示主提示和"选择第二个对象"提示,直到用户按回车键结束该命令。

注意:在AutoCAD 2007中,允许对两条平行线倒圆角,圆角半径为两条平行线距离的一半。

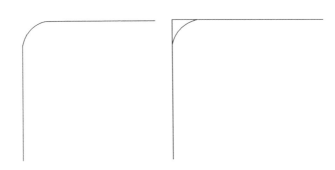

图 3-25 圆角的修剪与不修剪示意图

3.3.16 分解(X)

在菜单栏操作"修改(M)→ 分解(X)",或在工具栏中单击分解的图标 。

分解对象是将块、填充图案、尺寸标注和多边形分解成一个个简单的实体,也可以使多义线分解成独立的简单的直线和圆弧对象,块和尺寸标注分解后,图形不变,但由于图层变化,某些实体的颜色和线型可能发生变化。

当对象被分解后,原图中的每一个实体都可以被单独编辑。任何分解对象的颜色、线型和线宽都可能会改变。其他结果将根据分解的合成对象类型的不同而有所不同,所以请谨慎使用分解命令。

3.4 夹点模式编辑

使用夹点模式,可以不输入命令,仅拖动夹点执行拉伸、移动、旋转、缩放或镜像操作。夹点是一些实心的小方框,使用光标指定对象时,对象关键点上将出现夹点。AutoCAD 2007 为每一种实体定义了一些特征点作为夹点,如图 3-26 所示。

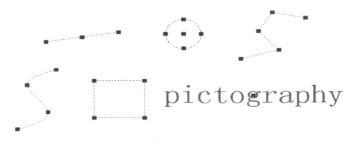

图 3-26 常见对象的夹点位置

(1)用光标拾取待编辑的图形对象。被拾取对象将虚线显示,并显示出蓝色的夹点,表示已被选入待编辑的选择集中。可以选取多个对象。

(2)在夹点中选取"基准夹点"。用鼠标左键单击选择作为操作基点的夹点,即基准夹点。选定的夹点也称为热夹点。蓝色夹点将变为红色。可以使用多个夹点作为操作的基准夹点。选择多个夹点(注:也称为多个热夹点选择)时,选定夹点间的相对位置将保持不变。要选择多个夹点,请按住 Shift 键,然后选择适当的夹点。

(3)激活夹点编辑模式。如果在选择基准夹点时没有按住 Shift 键,那么选择完一个基准点,就已经激活了夹点编辑模式;如果选择了多个基准夹点,松开 Shift 键后还要在多个基准夹点中再选择一个作为"操作基点",以激活夹点模式。

夹点模式被激活后,在命令行首先显示出:

"**拉伸**

指定拉伸点或[基点(B)/复制(C)/放弃(U)/退出(X)]"。

(4)选择所需的编辑方法。可以通过按 Enter 键或空格键循环选择拉伸、移动、旋转、缩放或镜像这些模式,还可以使用快捷键或单击鼠标右键查看所有模式和选项。

(5)进行各种编辑操作。

(6)任何时候按 Esc 键都可退出操作。

在夹点编辑模式下,进行拉伸、移动、旋转、缩放或镜像操作,跟前面介绍的独立命令没有什么不同,下面再简单加以说明。

使用夹点拉伸,可以通过将选定夹点移动到新位置来拉伸对象。文字、块参照、直线中点、圆心和点对象上的夹点将不能拉伸,只能移动对象。常用于移动块参照和调整标注。

使用夹点移动,可以通过选定的夹点移动对象。选定的对象被亮显并按指定的下一点位置移动一定的方向和距离。

使用夹点旋转,可以通过拖动和指定点位置来绕基准夹点旋转选定对象,还可以输入角度值。常用于旋转块参照。

使用夹点缩放,可以相对于基点缩放选定对象。通过从基夹点向外拖动并指定点位置来增大对象尺寸,或通过向内拖动减小尺寸;也可以为相对缩放输入一个值。

使用夹点创建镜像,可以沿临时镜像线为选定对象创建镜像。打开"正交"有助于指定垂直或水平的镜像线。

3.5 编辑特性

对象特性包含一般特性和几何特性,一般特性包括对象的颜色、线型、图层及线宽等,几何特性包括对象的尺寸和位置。可以直接在"特性"选项板中设置和修改对象的特性。

3.5.1 打开"特性"对话框

选择"修改(M)→ 特性(P)"命令,或选择"工具(T)→ 选项板 → 特性(P)"命令,也可以在"标准"工具栏中单击特性的按钮,打开"特性"对话框,如图 3-27 所示。

"特性"对话框默认处于浮动状态。在"特性"对话框的标题栏上右击,将弹出一个快捷菜单,如图 3-28 所示。可通过该快捷菜单确定是否隐藏对话框、是否在对话框内显示特性的说明部分,以及是否将选项板锁定在主窗口中。

例如,在对象"特性"快捷菜单中选择了"说明"命令,然后在"特性"对话框中选择对象的某一特性,则"特性"对话框下面将显示该特性的说明信息。在对象"特性"快捷菜单中选择"自动隐藏"命令,则不使用对象"特性"对话框时,它会自动隐藏,只显示一个标题栏。

图 3-27 "特性"对话框　　图 3-28 "特性"快捷菜单栏

3.5.2 "特性"对话框的功能

"特性"对话框中显示当前选择集中对象的所有特性和特性值,当选中多个对象时,将显示它们的共有特性。可以通过它浏览、修改对象的特性,也可以通过它浏览、修改满足应用程序接口标准的第三方应用程序对象。在使用"特性"对话框时,应注意以下几点。

(1)打开"特性"对话框,在没有选中对象时,对话框显示整个图纸的特性及其当前设置;当选择了一个对象后,对话框内将列出该对象的全部特性及其当前设置;选择同一类型的多个对象,则对话框内列出这些对象的共有特性和当前设置;选择不同类型的多个对象,则对话框内只列出这些对象的基本特性及其当前设置,如颜色、图层、线型、线型比例、打印样式、线宽、超链接及厚度等,如图 3-29 所示。

图 3-29 选择一个与多个时特性对话框显示图

(2)"切换 PICKADD 系统变量值"按钮：单击该按钮可以修改 PICKADD 系统变量的值,设置是否能选择多个对象进行编辑。

(3)"选择对象"按钮：单击该按钮切换到绘图窗口,可以选择其他对象。

(4)"快速选择"按钮：单击该按钮将打开"快速选择"对话框,可以快速创建供编辑用的选择集。

(5)在"特性"选项板内双击对象的特性栏,可显示该特性所有可能的取值。

(6)修改所选择对象的特性时,可以直接输入新值、从下拉列表中选择值、通过对话框改变值,或利用"选择对象"按钮在绘图区改变坐标值。

本章习题

1．移动、删除、修剪对象分别使用哪几个命令？
2．在 AutoCAD 2007 中有哪几种倒角方式？
3．拉伸图像时,选择对象必须采用什么方式？
4．拉伸命令作用于圆后会出现什么现象？
5．在进行夹点编辑时,圆通常有几个节点？直线通常有几个节点？
6．如何填充二维图像颜色？

第4章 文字与尺寸标注

本章学习要求

(1) 了解国家标准中字体的要求与配置,了解尺寸标注的规则与组成。
(2) 掌握单行文字、多行文字的输入方法。
(3) 熟练掌握文字标注的创建及编辑的方法,熟练掌握创建尺寸标注的样式、标注图形尺寸和编辑尺寸标注的方法。

4.1 国家标准中字体的要求与配置

4.1.1 国家标准中字体的要求

在 AutoCAD 2007 图样中书写汉字、字母、数字时,根据《技术制图 字体》(GB/T 14691—93),字体的高度(用 h 表示)的公称尺寸系列为 1.8mm、2.5mm、3.5mm、5mm、7mm、10mm、14mm、20mm,如需要书写更大的字,其字体高度应按比率递增,字体的高度代表字体的号数。图样上的汉字应写成长仿宋体字,并采用国家正式公布推行的简化字,汉字的高度 h 不应小于 3.5mm。字母和数字分为 A 型和 B 型两种。A 型字体的笔画宽度为字高的 1/14;B 型字体的笔画宽度为字高的 1/10,但在同一图样上,只允许选用一种型式的字体。字母和数字可写成斜体和直体。斜体字的字头向右倾斜,与水平基准线成75°。图样上一般采用斜体字。

4.1.2 国家标准中字体的配置

《CAD 工程制图规则》(GB/T 18229—2000)中"CAD 工程图的字体高度与图纸幅面之间的关系"及"CAD 工程制图的字体选用范围"两项内容与现行标准不同。GB/T 18229 规定,不论图幅大小,图样中字母和数字一律采用 3.5 号字,汉字一律采用 5 号字。GB/T 18229 与《机械工程 CAD 制图规则》(GB/T 14665—2012)的对比见表 4-1。

GB/T 18229 与 GB/T 14665 的对比　　　　　表 4-1

标　准	图　幅	字　号　大　小	
		字母与数字	汉字
GB/T 18229	A0	3.5	5
	A1		
	A2		
	A3		
	A4		
GB/T 14665—2012	A0	5	5
	A1		
	A2	3.5	3.5
	A3		
	A4		

GB/T 18229 关于 CAD 工程制图中字体选用范围的规定见表 4-2,该部分内容是新增加的。现行技术制图和机械图国家标准中均未有相应的内容。

字体选用范围　　　　　表 4-2

汉字字体形	字体文件名	应用范围
长仿宋体	HZCF	图中标注及说明的汉字、标题栏、明细栏等
单线宋体	HZDX	大标题、小标题、图册封面、目录清单、标题栏中设计单位名称、图样名称、工程名称和地形图等
宋体	HZST	
仿宋体	HZFS	
楷体	HZKT	
黑体	HZHT	

4.2　文　本　标　注

在同一张图纸中,对于不同的对象或不同位置的标注应该使用不同的文字样式。在为图纸书写说明书及工程预算计划书时可以使用不同的文字输入方式,在有的情况下还需要对一些文字进行特效处理。

在 AutoCAD 2007 中,用户既可以标注单行文字,也可以标注多行文字。其中,单行文字主要用于标注一些不需要使用多种字体的简短内容,如标签、规格说明等;多行文字主要用于标注比较复杂的说明。用户还可以设置不同的字体、尺寸等,同时用户还可以在这些文字中间插一些特殊符号。

4.2.1 标注单行文字

使用单行文字标注图形,一次只能输入一行文字,系统不会自动换行。在 AutoCAD 2007 中,执行创建单行文字命令的方法有以下 3 种。

(1)单击"文字"工具栏中的"单行文字"按钮 A 。
(2)选择"绘图(D)→文字(X)→单行文字(S)"命令,如图 4-1 所示。

图 4-1 创建单行文字

(3)在命令行中输入 DTEXT 命令。

执行该命令后,命令行将提示如下。

命令:DTEXT。
当前文字样式:Standard。
当前文字高度:2.5000(注:系统提示)。
指定文字的起点或对正(J)/样式(S)(注:指定单行文字的起点)。
指定高度<2.5000>(注:输入单行文字的高度)。
指定文字的旋转角度<0>(注:输入单行文字的旋转角度)。

此时在指定文字的起点处会出现一个闪动的光标,直接输入文字,按回车键结束命令。

如果选择"对正(J)"命令选项,则可以设置单行文字的对齐方式,命令行将提示如下。

输入选项对齐(A)/调整(F)/中心(C)/中间(M)/右(R)/左上(TL)/中上(TC)/右上(TR)/左中(ML)/正中(MC)/右中(MR)/左下(BL)/中下(BC)/右下(BR)。

其中各命令选项功能介绍如表 4-3 所示。

对 正 方 式 表 4-3

方　式	含　义
对齐(A)	通过指定基线端点来指定文字的高度和方向
调整(F)	指定文字按照由两点定义的方向和一个高度值布满一个区域,此选项仅用于水平方向的文字
中心(C)	确定文本基线的水平中点
中间(M)	文字在基线的水平中点和指定高度的垂直中点上对齐,中间对齐的文字不保持在基线上
右(R)	在由用户给出的点指定的基线上右对齐文字
左上(TL)	在指定为文字顶点的点上左对齐文字,此选项只适用于水平方向的文字
中上(TC)	在指定为文字顶点的点上居中对齐文字,此选项只适用于水平方向的文字
右上(TR)	在指定为文字顶点的点上右对齐文字,此选项只适用于水平方向的文字
左中(ML)	在指定为文字中间点的点上靠左对齐文字,此选项只适用于水平方向的文字
正中(MC)	在文字的中央水平和垂直居中对齐文字,此选项只适用于水平方向的文字

续上表

方 式	含 义
右中(MR)	以指定为文字的中间点的点右对齐文字,此选项只适用于水平方向的文字
左下(BL)	以指定为基线的点左对齐文字,此选项只适用于水平方向的文字
中下(BC)	以指定为基线的点居中对齐文字,此选项只适用于水平方向的文字
右下(BR)	以指定为基线的点靠右对齐文字,此选项只适用于水平方向的文字

默认情况下,通过指定单行文字行基线的起点位置创建文字。如果当前文字样式的高度设置为0,系统将显示"指定高度"提示信息,要求指定文字高度;否则不显示该提示信息,而使用"文字样式"对话框中设置的文字高度。

然后系统显示"指定文字的旋转角度 <0>"提示信息,要求指定文字的旋转角度。文字旋转角度是指文字行排列方向与水平线的夹角,默认角度为0°。输入文字旋转角度,或按 Enter 键使用默认角度0°,最后输入文字即可。也可以切换到 Windows 的中文输入方式下,输入中文文字。

4.2.2 标注多行文字

在 AutoCAD 2007 中,多行文字常用来标注一些段落性的文字。使用多行文字标注图形时,在多行文字中可以使用不同的字体和字号。在 AutoCAD 2007 中,执行创建多行文字命令的方法有以下3种。

(1)单击"文字"工具栏中的"多行文字"按钮 **A**。
(2)选择"绘图(D)→文字(X)→多行文字(M)"命令,如图 4-2 所示。
(3)在命令行中输入 MTEXT 命令。

执行该命令后命令行将提示如下。
命令:MTEXT。
当前文字样式:"样式1"。
当前文字高度:30(注:系统提示)。
指定第一角点(注:在绘图中指定多行文本编辑的第一个角点)。
指定对角点或高度(H)/对正(J)/行距(L)/旋转(R)/样式(S)/宽度(W)(注:指定多行文本编辑的第二个角点)。
其中各命令选项功能介绍如下。
①高度(H):指定用于多行文字字符的文字高度。
②对正(J):根据文字边界确定新文字或选定文字的对齐方式和文字走向。

图 4-2 创建多行文字

③行距(L):指定多行文字对象的行距。行距是一行文字的底部(或基线)与下一行文字底部之间的垂直距离。
④旋转(R):指定文字边界的旋转角度。
⑤样式(S):指定用于多行文字的文字样式。
⑥宽度(W):指定文字边界的宽度。
指定第二个角点后,在绘图窗口中弹出多行文本编辑器,如图 4-3 所示。

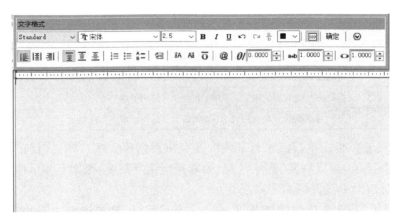

图 4-3 多行文字编辑器

该编辑器由"文字样式"和一个文本输入框组成。用户可以直接输入文字内容,对文字的字体、大小、颜色等进行编辑。在文本输入框中单击右键打开快捷菜单。选择相应的命令,用户可以方便地在标注文字中插入字段、符号,控制段落格式,导入文字,以及为文字添加背景颜色等。其中各选项的功能介绍如下。

① "文字样式(如 Standard)"下拉列表框:用于设置多行文字的文字样式。

② "字体(如宋体)"下拉列表框:用于设置多行文字的字体。

③ "文字高度"下拉列表框 2.5 :用于确定文字的字符高度。在其下拉列表中可选择文字高度或直接在下拉列表框中输入文字高度。

④ "堆叠/非堆叠文字"按钮:单击此按钮,创建堆叠文字。例如,在多行文本编辑器中输入:"%%C6+0.02^-0.02",然后选中"+0.02^-0.02",单击此按钮,效果如图4-4a)所示。文字堆叠的三种效果,如图4-4所示,其中后两种效果的原始输入格式为"%%C8H2/H5"和"41#3"。

⑤ "文字颜色"下拉列表框:用来设置或改变文本颜色。

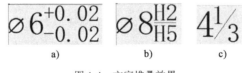

图 4-4 文字堆叠效果

4.3 文本编辑

对于标注文字,不只在首次输入时可以进行编辑,当输入完毕后,如用户觉得其内容或文本特性不太理想,此时仍然可以重新编辑。

4.3.1 编辑文本内容

执行编辑文字标注命令的方法有以下4种。

(1) 单击"文字"工具栏中的"编辑文字"按钮。

(2) 选择"修改(M)→对象(O)→文字(T)→编辑(E)"命令,如图4-5所示。
(3) 在命令行中输入命令 DDEDIT。
(4) 用鼠标双击需要编辑的文字对象。

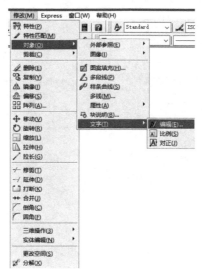

图 4-5　编辑文字

如果编辑的文字对象是单行文字,执行以上命令后,被编辑的文字对象效果如图4-6所示。用户可以对该文本框中的文字进行修改,完成后按 Esc 键结束编辑文字命令。

图 4-6　编辑单行文字

如果要编辑的文字对象是多行文字,执行以上命令后,则弹出"文字格式"编辑器,如图4-7所示。用户可以在该编辑器中对多行文字的样式、字体、文字高度和颜色等属性进行编辑,完成后单击"文字格式"编辑器中的"确定"按钮,结束编辑文字命令。

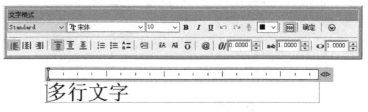

图 4-7　编辑多行文字

4.3.2　编辑文本特性

利用对象特性管理器可以查看 AutoCAD 2007 中所有对象的特性,单击"标准"工具栏中的"对象特性"按钮,打开"特性"选项板,如图4-8所示。在图形中选中要编辑的文字对象后,该选项板中就会显示出该文字的内容、样式、对正方式、方向、高度和旋转等特性,选择需要编辑的选项后即可进行编辑,如图 4-9 所示。

图 4-8　特性　　　图 4-9　单行特性

4.4　尺寸标注的基本概念

尺寸标注是 AutoCAD 2007 图形的重要组成部分,AutoCAD 2007 为用户提供了一套完整的尺寸标注工具,使用这些工具,用户可以对各类图形进行标注。在对图形进行尺寸标注之前,首先要了解一下尺寸标注的组成。

尺寸标注通常由 4 部分组成,分别是尺寸线、尺寸界限、尺寸箭头和尺寸文本,如图 4-10 所示。缺省情况下,这 4 部分组成的尺寸以一个块的形式存放在图形文件中,因此一个尺寸就是一个对象。

图 4-10　尺寸标注

(1)尺寸线:表示尺寸标注的范围,通常使用箭头或短斜线来指出尺寸线的起点和终点。尺寸文本可以放在尺寸线上或置于尺寸线中。当标注的是角度时,尺寸线不再是一条直线,而是一段圆弧。

(2)尺寸界线:表示尺寸线的开始和结束位置,从标注物体的两个端点处引出两条线段表示尺寸标注范围的界限。缺省情况下,尺寸界线是垂直于尺寸线的,但也可以用"倾斜"命令来倾斜尺寸线。

(3)尺寸箭头:位于尺寸线两端的符号,表示尺寸测量的开始和结束位置。缺省的符号是闭合的实心箭头,在标注尺寸时,可以根据需要选择不同的箭头和种类,包括建筑标线、斜线、点等,还可以使用自定义的符号。

(4)尺寸文本:尺寸标注中的文字内容,表示几何要素的大小。可以是 AutoCAD 系统计算的值,也可以是用户指定的值,还可以取消标注文字。在考虑到国家标准的前提下,尺寸文本的高度按出图比例来设置。

4.5 尺寸标注的样式

在进行尺寸标注时,尺寸的外观取决于当前尺寸标注样式的设定,样式中定义了标注的尺寸线与界线、箭头、文字、对齐方式、标注比例等各种参数,由于不同国家或不同行业对于尺寸标注的标准不尽相同,因此需要使用标注样式来定义不同的尺寸标注标准。

4.5.1 标注样式的设置

尺寸标注样式的设置可以在"标注样式管理器"中进行,一个图形文件中可以根据需要定义多个尺寸样式,AutoCAD 2007 使用当前尺寸样式进行标注。

激活"标注样式管理器"方式如下。

(1)菜单操作:单击"标注→样式"。
(2)菜单操作:单击"格式→标注样式"。
(3)"样式"或"标注"工具栏操作:单击"标注样式"按钮 。
(4)命令行输入:DDIM。

激活命令后,弹出"标注样式管理器"对话框,如图 4-11 所示。如果使用了 acadiso.dwt 作为样板图来新建图形文件,则在"标注样式管理器"的"样式"列表中有一个名为"ISO-25"的标注样式,也就是当前默认的标注样式,这是一个符合 ISO 标准的标注样式。

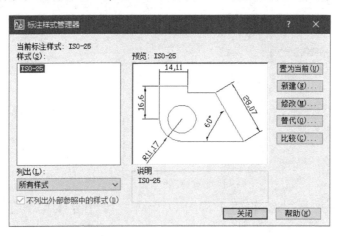

图 4-11 "标注样式管理器"对话框

单击"新建""比较"或"替代",激活"**标注样式"对话框,在"**标注样式"对话框中有 7 个选项卡,分别是直线、符号和箭头、文字、调整、主单位、换算单位、公差。

①"直线"选项卡。

"直线"选项卡用来设置尺寸线、尺寸界线的格式和特性,如图 4-12 所示。

a. 颜色和线宽:尺寸线、尺寸界线的缺省颜色和缺省线宽为"随块",可以从下拉列表框中选择需要的颜色和线宽。一般情况下使用缺省值即可。

b. 超出标记:该文本框只有当箭头类型为斜线或建筑标记时才可以使用,其值为尺寸线超出尺寸界线的距离,如图 4-13 所示。

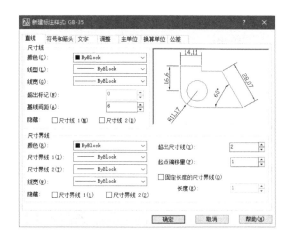

图4-12 "新建标注样式"对话框中的"直线"选项卡

图4-13 超出标记示例

c. 基线间距:控制的是在使用基线标注尺寸时,尺寸线之间的距离,如图4-14所示。
d. 超出尺寸线:指定尺寸界线在尺寸线上方伸出的距离,如图4-14所示。
e. 起点偏移量:指定尺寸界线到定义该标注的定义点的偏移距离,如图4-14所示。

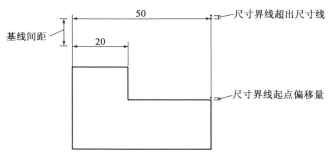

图4-14 标注样式中部分选项的含义

f. 隐藏:控制的是尺寸线的两个部分以及两个尺寸界线的显示,如图4-15所示。图4-15c)的用法常用于半剖视图中。

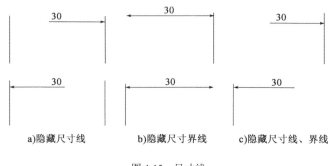

图4-15 尺寸线

②"符号和箭头"选项卡。

"符号和箭头"选项卡,用来设置标注中箭头和其他符号的类型、大小和位置,如图 4-16 所示。

图 4-16 "新建标注样式"对话框中的"符号和箭头"选项卡

a. 箭头:设置尺寸标注及引线标注中箭头的类型和大小。

b. 圆心标记:此部分提供了 3 种圆心标记类型,即无、标记、直线,同时还可以设置标记的大小。对于不同的标记类型,大小的含义也不同,如图 4-17 所示。

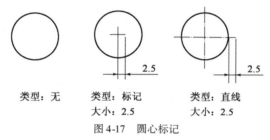

图 4-17 圆心标记

c. 弧长符号:设置弧长符号的放置位置,此部分提供了 3 种放置位置,标注文字的前缀、标注文字的上方、无。

d. 半径标注折弯:设置折弯标注的折弯角度。

③"文字"选项卡。

"文字"选项卡用来设置标注文字的格式、位置和对齐方式,如图 4-18 所示。

图 4-18 "新建标注样式"对话框中的"文字"选项卡

a. 文字样式:选择尺寸文本使用的文字样式。单击下拉按钮,在下拉列表中列出了当前图形文件中定义的所有文字样式,可以从中选择需要的文字样式;或者单击后面的按钮,在弹出的"文字样式"对话框中新建文字样式,或修改当前标注文字样式。

b. 文字颜色:控制尺寸文本的颜色,一般可设为"随层"或"随块"。

c. 文字高度:控制尺寸文本的高度,可根据需要设置。

d. 分数高度比例:控制分数显示的高度,是一个相对于正常文本高度的比例系数。该系数只能在主单位格式为分数或尺寸带有公差时才起作用。

e. 绘制文字边框:控制是否在尺寸文本周围加上方框,一般用于机械制图中完全尺寸的标注。

f. 文字位置:控制尺寸文本相对于尺寸线的位置。

"垂直"控制尺寸文本与尺寸线在垂直方向上的位置。这里提供4种位置:上方、置中、外部、JIS(日本工业标准中的标注位置)。前3种放置方式,如图4-19所示。

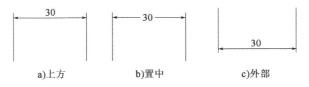

图4-19　文本垂直方向位置控制示例

"水平"控制尺寸文本与尺寸线在水平方向上的位置。这里提供5种位置:置中、第一条尺寸界线、第二条尺寸界线、第一条尺寸界线上方、第二条尺寸界线上方,如图4-20所示。

图4-20　文本水平方向位置控制示例

"从尺寸线偏移"设置尺寸文字到尺寸线的距离,如图4-21所示。

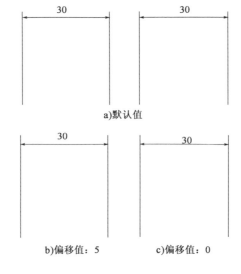

图4-21　文字偏移值示例

g. 文字对齐：控制尺寸文字相对于尺寸线的对齐方向。这里提供了3种对齐方式：水平、与尺寸线对齐、ISO标准。

"水平"方式规定所有的尺寸文本都是水平的。

"与尺寸线对齐"方式规定尺寸文本的方向是与尺寸线平行的。

"ISO标准"方式规定当文字在尺寸界线内时，文字与尺寸线对齐，当文字在尺寸界线外时，文字水平排列。

④ "调整"选项卡。

"调整"选项卡控制的是尺寸文本、尺寸线、尺寸界线的相互位置关系，如图4-22所示。

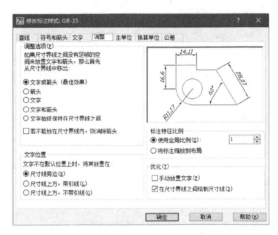

图4-22 "新建标注样式"对话框的"调整"选项卡

a. 调整选项：通常，AutoCAD 2007将文本、箭头放置于尺寸界线之间，如果尺寸界线之间没有足够空间，则尺寸文字或尺寸箭头被放置于尺寸界线之外。调整选项控制的是文字和箭头的位置关系。

b. 文字位置：此选项控制的是当用夹点编辑或其他方法改变尺寸文本的位置时，文本位置及引线的变化规律。

c. 标注特征比例：控制的是尺寸标注的整体比例或按图纸空间比例缩放。

"使用全局比例"，则标注样式中指定的文字、箭头大小或尺寸线间距等长度数值，都将按照全局比例中指定的比例因子缩放，使用全局比例不会改变标注的测量值。在绘制不同图幅的图纸时，可以通过调整全局比例系数来控制尺寸的外观大小。

使用"按照布局(图纸)空间缩放"比例，指的是基于在当前模型空间视口和图纸空间之间的比例决定缩放因子。

d. 优化：标注时"手动放置文字"复选框如被选中，则AutoCAD 2007忽略尺寸文本的水平方向位置的设置。在指定尺寸线位置的同时，也指定尺寸文本相对于尺寸线在水平方向上的位置。

"在尺寸界线之间绘制尺寸线"是缺省选项，使用此选项，即使箭头符号由于需要放置于尺寸界线外时，尺寸界线之间不再绘制尺寸线。

⑤ "主单位"选项卡。

"主单位"选项卡控制的是文字标注单位的设置，如图4-23所示。该对话框分成两部分，分别是对线性标注的单位和角度标注的单位进行设置。

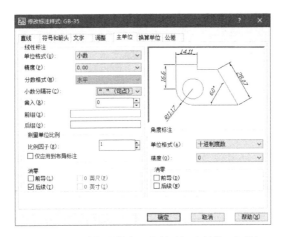

图 4-23 "新建标注样式"对话框的"主单位"选项卡

a. 线性标注。

"单位格式"下拉框列出了 AutoCAD 2007 提供的 6 种单位格式,即科学计数法、小数、工程、建筑、分数和 Windows 桌面,如图 4-24 所示。

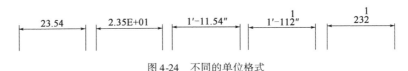

图 4-24 不同的单位格式

"精度"下拉框显示和设置标注文字里的小数位数。

"分数格式"只有在单位格式选择了分数时,才可以使用。分数格式有水平、对角和非堆叠三类。

"小数分隔符"只有在选择了小数作为单位格式时,才能使用。这里提供了句点、逗点或空格三种分隔符,缺省情况下小数的分隔符是逗点,按照我国的制图标准,应设为句点。

"舍入"项设置的是线性尺寸测量的舍入值。如果输入的值为"0.25",那么所有的测量值都将以 0.25 为单位,当测量得到的实际尺寸值为 3.30,则尺寸文本显示 3.25。

"前缀""后缀"是指为标注加上前缀或后缀。例如,在前缀中输入控制代码%%c,那么当使用该尺寸样式进行标注时,所有的尺寸文本前都将加上直径符号。

"测量单位比例"控制的是线性尺寸缺省值的比例因子,是标注数字与实际绘制单位的比例关系。例如:测量单位比例设置为 2,则当图形实际绘制长度为 1 时,AutoCAD 2007 显示的尺寸标注文字为 2。此选项在不使用 1:1 的比例绘图时,对于调整尺寸标注非常有用。

"消零"选项控制的是文字标注中数字"0"的显示。如果使用"前导消零",不输出十进制尺寸的前导零;如指定了"后续消零",则十进制尺寸测量值的小数点部分不输出后续零。"英尺"和"英寸"消零只有在使用建筑单位或工程单位时才会用到,消零的效果与"前导消零"及"后续消零"类似。

b. 角度标注。

角度标注用来显示和设置角度标注的当前标注格式。角度标注中的设置和线性标注中相对应的设置的含义及用法基本相同,稍有差别的是,角度标注的单位格式为十进制度数、度/分/秒、百分度、弧度,缺省的单位格式为十进制度数。

除以上五个选项卡外,还有"换算单位"选项卡及"公差"选项卡,但由于在道路交通工程领域应用较少,不再赘述。如有需要,可参考《AutoCAD 2007 中文版基础教程》自学。

4.5.2 新建标注样式

下面以新建一个名为"GB-35"的符合国家标准的标注样式为例,介绍如何新建标注样式。

(1)单击"标注样式管理器"对话框右侧的"新建"按钮,系统弹出"创建新标注样式"对话框,如图 4-25 所示,在其中的"新样式名"文本框中键入"GB-35"。"基础样式"下拉列表中列出当前图形中的全部标注样式,选择其中之一作为新建标注样式的基础样式,当前图形中选择标注样式"ISO-25"作为基础样式。"用于"下拉列表中列出标注应用的范围,默认选择"所有标注"。

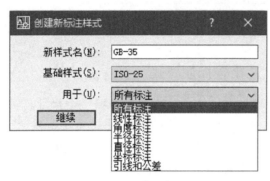

图 4-25 "创建新标注样式"对话框

(2)单击"继续"按钮,继续新标注样式的创建,此时弹出"新建标注样式"对话框,在制图国家标准中对标注的各部分设置都有规定,例如:

①在"直线"选项卡中,将"基线间距"值设为"6","超出尺寸线"值设为"2","起点偏移量"值设为"1",其他使用缺省设置。

②在"符号和箭头"选项卡中,将"箭头大小"值设为"3.5","圆心标记大小"值设为"4","折弯角度"值设为"60",其他使用缺省设置。

③在"文字"选项卡中,在"文字样式"下拉列表中选择"工程字"文字样式,而当前文字样式中没有此样式,则单击"文字样式"文本框旁边的按钮,直接激活"文字样式"对话框,新建"工程字"文字样式,如图 4-26 所示。在此文字样式设置中选择"大字体"复选框,并在"SHX 字体"下拉列表中选择"gbeitc.shx",在"大字体"下拉列表中选择"gbcbig.shx",单击"应用 (A)"按钮,关闭此对话框,此时,在"文字样式"下拉列表中选择"工程字","文字高度"值设为"3.5","此尺寸线偏移"值设为"1",其他使用缺省设置。

④在"调整"选项卡中,使用缺省设置。

⑤在"主单位"选项卡中,将"小数分隔符"设为"句点",其他使用缺省设置。

⑥在"换算单位"选项卡中,使用缺省设置。

⑦在"公差"选项卡中,使用缺省设置。

所有的设置完成之后,单击"确定"按钮,完成新标注样式的设置,退回到"标注样式管理器"对话框。选中这个标注样式,单击"置为当前",然后单击"关闭",回到绘图。此时"样式"工具栏"标注样式"下拉列表上会出现"GB-35",表明"GB-35"将作为当前标注样式对图形进行标注。

图 4-26 "文字样式"对话框

4.5.3 修改、替代及比较标注样式

在标注样式管理器对话框左侧的标注样式中选择一个尺寸样式,单击"修改"按钮,弹出修改样式对话框,直接对已经定义过标注样式的各个设置进行修改。修改样式对话框与新建样式对话框完全相同。需要注意的是,对尺寸样式的修改会影响使用该样式标注的所有尺寸。

如果需要临时修改标注样式,可以使用样式替代。样式替代只对当前尺寸样式有效,其作用是在当前尺寸样式设置的基础上临时改变某些设置内容,以满足某些特殊尺寸的标注需要,这种方法不会影响已标注的尺寸。

在标注样式管理器对话框单击"替代"按钮,显示"替代当前样式"对话框,在此可以设置标注样式的临时替代值。该对话框的内容与新建标注样式对话框的内容相同。在修改设置后,在样式列表中原选择的标注样式下,出现"<样式替代>"子样式;在"说明"区域出现替代样式的修改内容。接下来的标注将使用"<样式替代>"进行。

如前所述,样式替代仅是对当前尺寸样式中某些设置的临时性修改,可以用于某些比较特殊的尺寸标注。例如,在对轴类零件的径向尺寸文本前加上"φ",而往往这些尺寸并非标注在轴向投影的视图上,所以需要手动添加,这些情况都可以使用样式替代来完成。

当不再需要标注带"φ"尺寸时,可以在尺寸样式管理器中改变当前标注样式,这时会弹出警告对话框,单击"确定"按钮,取消样式替代。

4.6 标 注 尺 寸

AutoCAD 2007 为用户提供了多种尺寸标注命令,用户可以利用这些命令对图形进行线性标注、对齐标注、角度标注、基线标注、连续标注、半径标注、直径标注、快速标注、快速引线标注、坐标标注、圆心标注、形位公差标注、弧长标注和折弯标注。从"标注"工具栏来选择尺寸标注命令是最快捷的方法。缺省中并不显示"标注"工具栏,此时将光标移至已经显示的任意一个工具栏的上面,单击右键,从弹出的快捷菜单中选取"标注"项,可以将此工具栏固定在某个位置,如图 4-27 所示。

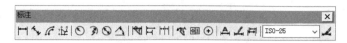

图 4-27 尺寸标注工具条

4.6.1 线性标注

使用线性标注可以用指定的位置或对象的水平或垂直部分来创建标注,执行线性标注命令的方法有以下 3 种,如图 4-28 所示。

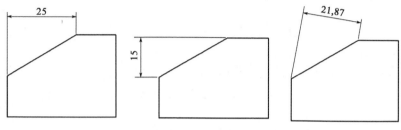

图 4-28 线性标注的 3 种形式

(1)单击"标注"工具栏中的"线性标注"按钮。
(2)在菜单单击"标注(N)→线性(L)"。
(3)在命令行中输入:DIMLINEAR。
执行线性标注命令后,命令行提示如下。
命令:DIMLINEAR(注:执行线性标注命令)。
指定第一条尺寸界线原点或选择对象(注:指定第一条尺寸界线原点)。
指定第二条尺寸界线原点(注:指定第二条尺寸界线原点)。
指定尺寸线位置或多行文字(M)/文字(T)/角度(A)/水平(H)/垂直(V)/旋转(R)(注:拖动鼠标指定尺寸线的位置)。
标注文字 = 25(注:系统提示测量数据)。
其中各命令选项的功能介绍如下。
①指定尺寸线位置:拖动鼠标确定尺寸线位置。
②多行文字(M):选择此命令选项,弹出编辑器,其中尺寸测量的数据已经被固定,用户可以在数据的前面或后面输入文本。
③文字(T):选择此命令选项,将在命令行自定义标注文字。
④角度(A):选择此命令选项,将修改标注文字的角度。
⑤水平(H):选择此命令选项,将创建水平线性标注。
⑥垂直(V):选择此命令选项,将创建垂直线性标注。
⑦旋转(R):选择此命令选项,将创建旋转线性标注。

4.6.2 对齐标注

使用对齐标注可以创建与指定位置或对象平行的标注。对齐标注的效果如图 4-29 所示。

执行对齐标注命令的方法有以下 3 种。

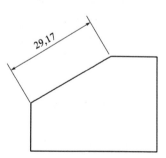

图 4-29 对齐标注

(1) 单击"标注"工具栏中的"对齐标注"按钮。
(2) 在菜单单击"标注(N)→对齐(G)"。
(3) 在命令行中输入:DIMALIGNED。

执行对齐标注命令后,命令行提示如下。

命令:DIMALIGNED。

指定第一条尺寸界线原点或选择对象(注:指定第一条尺寸界线原点)。

指定第二条尺寸界线原点(注:指定第二条尺寸界线原点)。

指定尺寸线位置或多行文字(M)/文字(T)/角度(A)(注:拖动鼠标确定尺寸线的位置或选择其他命令选项)。

标注文字 = 29.17(注:系统显示测量数据)。

其中各命令选项的功能介绍如下。

①指定尺寸线位置:选择此命令选项,拖动鼠标确定尺寸线的位置。

②多行文字(M):选择此命令选项将弹出编辑器,其中尺寸测量的数据已经被固定,用户可以在数据的前面或后面输入文本。

③文字(T):选择此命令选项,将以单行文字的形式输入标注文字。

④角度(A):选择此命令选项,将设置标注文字的旋转角度。

4.6.3 角度标注

角度标注用于测量圆和圆弧的角度、两条直线间的角度以及三点间的角度。角度标注的效果如图 4-30 所示。

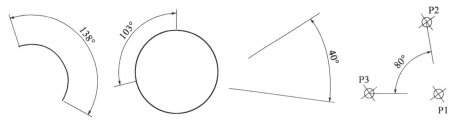

图 4-30　角度标注

执行角度标注命令的方法有以下 3 种。
(1) 单击"标注"工具栏中的"角度标注"按钮。
(2) 在菜单单击"标注(N)→角度(A)"。
(3) 在命令行中输入:DIMANGULAR。

执行角度标注命令后,命令行提示如下。

命令:DIMANGULAR。

选择圆弧、圆、直线或指定顶点(注:选择要标注的对象)。

选择的对象不同,命令行提示也不同。如果选择的对象为圆弧,则命令行提示如下。

指定标注弧线位置或多行文字(M)/文字(T)/角度(A)(注:选择圆弧)。

标注文字 = 138(注:系统显示测量数据)。

如果选择的对象为圆,则命令行提示如下。

选择圆弧、圆、直线或指定顶点(注:选择圆上一点 P1)。

指定角的第二个端点(注:在该圆上指定另一个测量端点 P2)。

指定标注弧线位置或多行文字(M)/文字(T)/角度(A)(注:拖动鼠标确定尺寸线的位置)。

标注文字 =103(注:系统显示测量数据)。

如果选择的对象为直线,则命令行提示如下。

选择圆弧、圆、直线或指定顶点(注:选择角的一条边)。

选择第二条直线(注:选择角的另一条边)。

指定标注弧线位置或多行文字(M)/文字(T)/角度(A)(注:拖动鼠标确定尺寸线的位置)。

标注文字 =40(注:系统显示测量数据)。

执行角度标注命令后,如果直接按回车键,则选择"指定顶点"选项,命令行提示如下。

命令:DIMLINEAR。

选择圆弧、圆、直线或指定顶点(注:直接按回车键)。

指定角的顶点(注:捕捉测量角的顶点 P1)。

指定角的第一个端点(注:捕捉测量角的第一个端点 P2)。

指定角的第二个端点(注:捕捉测量角的第二个端点 P3)。

指定标注弧线位置或多行文字(M)/文字(T)/角度(A)(注:拖动鼠标确定尺寸线的位置)。

标注文字 =80(注:系统显示测量数据)。

4.6.4 半径标注

半径标注是使用可选的中心线或中心标记测量圆弧和圆的半径。执行半径标注命令的方法有以下 3 种。

(1)单击"标注"工具栏中的"半径标注"按钮。

(2)在菜单单击"标注(N)→半径(R)"。

(3)在命令行中输入:DIMRADIUS。

执行半径标注命令后,命令行提示如下。

命令:DIMRADIUS。

选择圆弧或圆(注:选择要测量的圆弧或圆)。

标注文字 =5(注:系统显示测量数据)。

指定尺寸线位置或多行文字(M)/文字(T)/角度(A)(注:拖动鼠标确定尺寸线位置)。

其中各命令选项的功能介绍如下。

①指定尺寸线位置:选择此命令选项,拖动鼠标确定尺寸线的位置。

②多行文字(M):选择此命令选项将弹出编辑器,其中尺寸测量的数据已经被固定,用户可以在数据的前面或后面输入文本,但必须在输入的半径值前加符号"R",否则半径值前没有该符号。

③文字(T):选择此命令选项,将以单行文字的形式输入标注文字。

④角度(A):选择此命令选项,将设置标注文字的旋转角度。

4.6.5 直径标注

直径标注是使用可选的中心线或中心标记测量圆弧和圆的直径。在 AutoCAD 2007 中,执行直径标注命令的方法有以下 3 种。

(1)单击"标注"工具栏中的"直径标注"按钮。
(2)在菜单单击"标注(N)→直径(D)"。
(3)在命令行中输入命令 DIMDIAMETER。

执行直径标注命令后,直径标注的效果如图 4-31 所示。

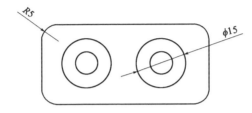

图 4-31 半径与直径标注

命令行提示如下。
命令:DIMDIAMETER。
选择圆弧或圆(注:选择要测量的圆或圆弧)。
标注文字 =15(注:系统显示测量数据)。
指定尺寸线位置或多行文字(M)/文字(T)/角度(A)(注:拖动鼠标确定尺寸线位置)。

4.6.6 基线标注

基线标注是从同一基线处测量的多个标注。在创建基线标注之前,必须创建线性、对齐或角度标注。在 AutoCAD 2007 中,执行基线标注命令的方法有以下 3 种。

(1)单击"标注"工具栏中的"基线标注"按钮。
(2)在菜单单击"标注(N)→基线(B)"。
(3)在命令行中输入:DIMBASELINE。

执行基线标注命令后,基线标注的效果如图 4-32 所示。

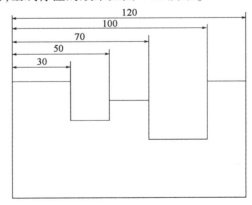

图 4-32 基线标注

命令行提示如下。

命令:DIMBASELINE。

指定第二条尺寸界线原点或放弃(U)/选择(S)<选择>(注:指定下一个尺寸标注原点)。

标注文字=50(注:系统显示测量数据)。

指定第二条尺寸界线原点或放弃(U)/选择(S)<选择>(注:指定下一个尺寸标注原点)。

标注文字=70(注:系统显示测量数据)。

指定第二条尺寸界线原点或放弃(U)/选择(S)<选择>(注:指定下一个尺寸标注原点)。

标注文字=100(注:系统显示测量数据)。

指定第二条尺寸界线原点或放弃(U)/选择(S)<选择>(注:指定下一个尺寸标注原点)。

标注文字=120(注:系统显示测量数据)。

其中各命令选项的功能介绍如下。

①指定第二条尺寸界线原点:选择此命令选项,将确定第二条尺寸界线。

②放弃(U):选择此命令选项,取消最近一次操作。

③选择(S):选择此命令选项,命令行提示"选择基准标注",用拾取框选择新的基准标注。

4.6.7 连续标注

连续标注是指创建首尾相连的多个标注。在创建连续标注之前,必须创建线性、对齐或角度标注。

在 AutoCAD 2007 中,执行连续标注命令的方法有以下 3 种。

(1)单击"标注"工具栏中的"连续标注"按钮。

(2)在菜单单击"标注(N)→连续(C)"。

(3)在命令行中输入:DIMCONTINUE。

和基线标注一样,在执行连续标注之前要建立或选择一个线性、坐标或角度标注作为基准标注,然后执行连续标注命令。连续标注的效果如图 4-33 所示。

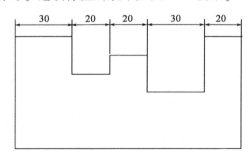

图 4-33 连续标注

命令行提示如下。

命令:DIMCONTINUE。

指定第二条尺寸界线原点或放弃(U)/选择(S)<选择>(注:指定第二条尺寸界线原点)。

标注文字=20(注:系统显示测量数据)。

指定第二条尺寸界线原点或放弃(U)/选择(S)<选择>(注:指定第二条尺寸界线原点)。

标注文字=20(注:系统显示测量数据)。

指定第二条尺寸界线原点或放弃(U)/选择(S)<选择>(注:指定第二条尺寸界线原点)。

标注文字=30(注:系统显示测量数据)。

指定第二条尺寸界线原点或放弃(U)/选择(S)<选择>(注:指定第二条尺寸界线原点)。

标注文字=20(注:系统显示测量数据)。

其中各命令选项的功能介绍如下。

①指定第二条尺寸界线原点:选择此命令选项,将确定第二条尺寸界线。

②放弃(U):选择此命令选项,返回到最近上一次操作。

③选择(S):选择此命令选项,命令行提示"选择连续标注",用拾取框选择新的连续标注。

4.6.8 引线标注

快速引线标注由带箭头的引线和注释文字两部分组成,多用于标注文字或形位公差。在AutoCAD 2007中,执行快速引线标注命令的方式有以下3种。

(1)单击"标注"工具栏中的"引线标注"按钮。

(2)在菜单单击"标注(N)→引线(E)"。

(3)在命令行中输入:QLEADER。

执行引线标注命令后,命令行提示如下。

命令:QLEADER。

指定第一个引线点或设置(S)<设置>(注:指定引线的起点)。

如果选择"指定第一个引线点"命令选项,则命令行提示如下。

指定下一点(注:指定引线的转折点)。

指定下一点(注:指定引线的另一个端点)。

指定文字宽度(注:指定文字的宽度)。

输入注释文字的第一行多行文字(M)(注:输入文字,按回车键结束标注)。

直接按回车键选择"设置(S)"命令选项,弹出对话框,如图4-34所示。

该对话框中包含3个选项卡,其功能介绍如下。

①"注释"选项卡:该选项卡用于设置注释类型、多行文字选项和重复使用注释,如图4-34所示。其中"注释类型"用于设置引线注释的类型;"多行文字选项"用于对多行文字进行设置,并且只有选择了多行文字注释类型时,该选项才可用;"重复使用注释"用于设置引线注释重复使用的选项。

②"引线和箭头"选项卡:该选项卡用于设置引线和箭头特性,如图4-35所示。其中引线选项组用于设置引线格式;点数选项组用于设置引线的节点数,系统默认为3,最少为2,即引

线为一条线段,也可以在微调框中输入节点数;箭头选项组用于指定引线箭头的样式,系统提供了21种箭头样式;角度约束选项组用于设置第一条引线线段和第二条引线线段的角度约束,系统提供了6种角度可供选择。

图4-34 "引线设置"对话框

图4-35 "引线和箭头"选项卡

③"附着"选项卡:该选项卡用于设置引线附着到多行文字的位置,如图4-36所示。该选项卡中包括5种文字与引线间的相对位置关系,这5种关系分别是"第一行顶部""第一行中间""多行文字中间""最后一行中间"和"最后一行底部",这5个选项都有"文字在左边"和"文字在右边"之分。如果选中复选框,则前面这5项均不可用。

引线标注的效果如图4-37所示。

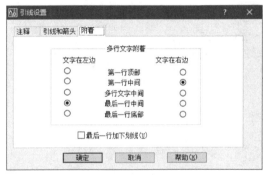
图4-36 "附着"选项卡

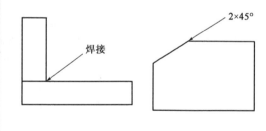
图4-37 引线标注

4.6.9 坐标标注

坐标标注是测量原点到标注特征点的垂直距离。这种标注保持特征点与基准点的精确偏移量,从而避免增大误差。在AutoCAD 2007中,执行坐标标注命令的方法有以下3种。

(1)单击"标注"工具栏中的"坐标标注"按钮。
(2)在菜单单击"标注(N)→坐标(Q)"。
(3)在命令行中输入:DIMORDINATE。

执行坐标标注命令后,命令行提示如下。
命令:DIMORDINATE。
指定点坐标(注:指定要测量的坐标点)。
指定引线端点或X基准(X)/Y基准(Y)/多行文字(M)/文字(T)/角度(A)(注:指定引

线端点)。

其中各命令选项的功能介绍如下。

①指定引线端点:选择此命令选项,使用点坐标和引线端点的坐标差可确定它是 X 坐标标注,还是 Y 坐标标注。如果 P 坐标的坐标差较大,就测量 X 坐标,否则就测量 Y 坐标。

②X 基准(X):选择此命令选项,测量 X 坐标并确定引线和标注文字的方向。

③Y 基准(Y):选择此命令选项,测量 Y 坐标并确定引线和标注文字的方向。

④多行文字(M):选择此命令选项,弹出编辑器,向其中输入要标注的文字后,再确定引线端点。

⑤文字(T):选择此命令选项,在命令行自定义标注文字。

⑥角度(A):选择此命令选项,修改标注文字的角度。

除以上详细介绍的 9 类标注外,还有折弯标注、圆心标记等,但由于在道路交通工程领域应用较少,不再赘述。如有需要,可参考《AutoCAD 2007 中文版基础教程》自学。

本章习题

1. 在 AutoCAD 2007 中,如何创建文字样式?
2. 在 AutoCAD 2007 中,如何输入特殊字符?
3. 试创建文字标注,如图 4-38 所示。

技术要求
1. 调质处理(220~280)HBS;
2. 30°斜面和底座达到H8/H7;
3. 30°斜面与锥孔公差为±0.02;
4. 底座全部倒角0.5×45°。

图 4-38 习题 3 图

4. 尺寸标注由哪些部分组成?
5. 试绘制图形并标注尺寸,如图 4-39 所示。

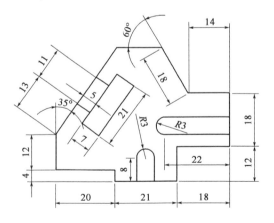

图 4-39 习题 5 图

6. 试绘制图形并标注尺寸,如图 4-40 所示。

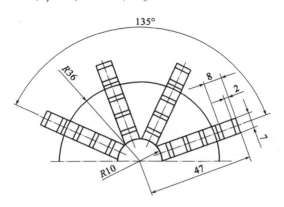

图 4-40　习题 6 图

7. 试绘制图形并标注尺寸,如图 4-41 所示。

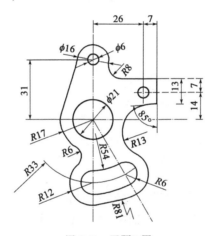

图 4-41　习题 7 图

第 5 章
图层编辑与使用

在传统的工程图纸中有很多不同类型的图线,它们代表了不同的含义,每一类图线都有线型和线宽等不同的特性。图层用于管理和组织图中不同特性的图形对象,它对设计图形进行分类管理。本章主要介绍图层的设置、应用以及对象特性,读者应该熟练掌握。

本章学习要求
(1) 理解图层的概念及作用。
(2) 能够合理创建图层、命名图层,并能合理设置图层特性。
(3) 掌握图层切换、删除、过滤、管理等技能。

5.1 图层的基本概念

每一类对象都有多种特性,如果绘制每一个对象都需要对其特性进行一系列设定的话,是一件比较烦琐的工作,那么,如何方便地设置和管理这些不同类型的对象呢? AutoCAD 2007 引入了图层工具。

AutoCAD 2007 中的图层用于在图形中组织信息以及执行线型、颜色及其他标准。它是一种组织图形对象的方法,在一幅图纸中应该设计若干个图层。

图层就如同透明的纸,使用图层就如同在不同的纸上绘图,透过上面的一层纸可以看到下面的纸上所绘制的图形,当若干张透明的纸叠合在一起时,显示的是一幅完整的图画。每个图层上的对象都有自身特定的属性,如图 5-1a)所示。在绘制时就设置了"轮廓""尺寸""中心线"三个图层,如图 5-1b)所示。不同的图形元素放在不同的图层上,可以选择显示图形中所有图层上的对象,或者显示指定图层上的对象。通过查看选定图层,可以直观验证图层的内容,使得这些信息便于管理。

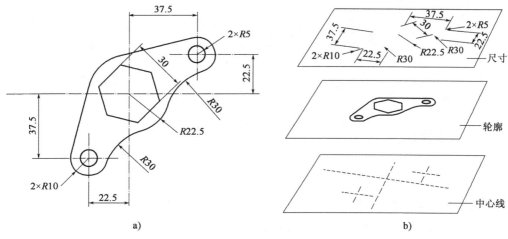

图 5-1　图层的概念

5.2　规划设置图层

可以为设计概念上相关的图形对象创建和命名图层,并为这些图层指定通用的特性。通过将对象分类到各自的图层中,可以有效进行编辑和管理。

在开始绘制一个新图形时,系统创建一个名为"0"的图层,"0"层无法被删除或重命名,当前图层也不能被删除。

启用"图层特性管理器",可以创建新的图层、指定图层的各种特性、设置当前图层、选择图层和管理图层。

在主菜单中单击"格式→图层"或单击工具箱中的按钮，会出现"图层特性管理器"对话框,如图 5-2 所示。该对话框用于显示图形中的图层列表及其特性,可以添加、删除和重命名图层,修改其特性或添加说明,如状态、名称等。

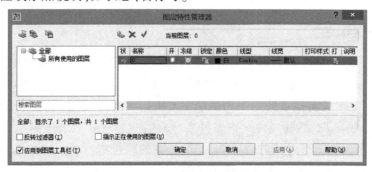

图 5-2　"图层特性管理器"对话框

5.2.1 创建新图层

(1)单击"格式→图层"或单击工具箱中的按钮,弹出"图层特性管理器"对话框,如图 5-3 所示。

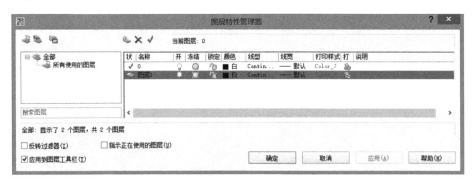

图 5-3 "图层特性管理器"对话框

(2)在"图层特性管理器"中单击"新建"按钮,新的图层以临时名称"图层 1"显示于列表中,并采用默认设置的特性。

(3)输入新的图层名。图层的命名规则是:名称最长可以达到 255 个字符,包括字母、数字和三个特殊字符" $ "" - "(连接符)、"_"(下划线),但不能包含" < > ∧:？ * = "这些字符。

(4)单击相应的图层颜色、线型、线宽等特性,可以修改该图层上对象的基本特性。

(5)需要创建多个图层时,要再次单击"新建"按钮,并进行新的图层设置。

(6)完成后单击"应用"按钮,将修改应用到当前图形的图层中。

(7)最后单击"确定"按钮,将修改应用到当前图形的图层中并关闭对话框。

图层创建完毕,在"图层"工具栏的下拉列表中可以看到新建的图层,如图 5-4 所示。

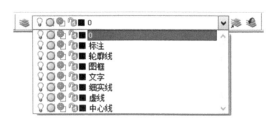

图 5-4 "图层"工具栏的下拉菜单

5.2.2 设置颜色

图层中的每个对象都可以设置不同的颜色,这样会使图形显示更为清晰、易于操作,但是过于杂乱的颜色也会给绘图工作带来不利的影响。利用图层来设置和管理对象的颜色是一种常用的方法,可以在图层特性管理器中为每个图层指定不同的颜色。在进行图形绘制时,如果颜色的设置为"ByLayer"(在"对象特性"工具栏"颜色控制"下拉列表中显示为"ByLayer"),即通过图层的颜色来控制图形对象颜色,那么图形对象的颜色将与图层的颜色一致;当改变了图层的颜色后,该图层上的所有对象的颜色都会改变。例如,绘制了一个圆,同时当前图层的颜色为红色,则这个圆显示为红色;如果以后将图层的颜色改为绿色,则这个圆以及其他在这个图层上绘制的颜色属性为"ByLayer"的对象也都显示为绿色。

在图层特性管理器中指定图层的颜色的方法:单击图层"颜色"栏下的颜色方块,弹出"选择颜色"对话框,如图 5-5 所示。设定颜色时,从该颜色对话框中的"索引颜色"选项卡中选择合适的颜色,单击"确定"。该选项卡显示了 256 种颜色,按 0~255 编号。

注意:在普通机械或建筑绘图中,为了方便打印时根据颜色来设置线宽,应尽量选择"索引颜色"选项卡中部的"标准颜色","颜色(C)"名称框中将显示汉字颜色,见图 5-5 和表 5-1。

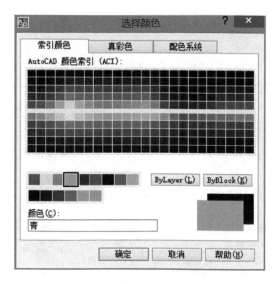

图 5-5 "选择颜色"对话框

标准颜色   表 5-1

颜 色 值	颜 色 名 称	颜 色 值	颜 色 名 称
1	红色	5	蓝色
2	黄色	6	洋红
3	绿色	7	白色
4	青色		

此窗口中的后两个选项卡中,如图 5-6a)所示,"真彩色"选项卡可以利用 RGB 模式或 HSL 模式分别在 16777216 种和 3600000 种颜色中选择;如图 5-6b)所示,"配色系统"选项卡则可以在某些第三方公司为某些特定产品定义好的配色系统中选择已经编号的颜色,这样利于保证整个产品的设计、生产过程中颜色的准确性。

5.2.3 设置线型

在工程应用中,不同性质的图形对象有不同的线型表示方式,在绘图过程中可能会用到虚线、中心线、点画线、双点画线等。

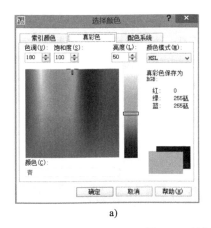

a) b)

图 5-6 "颜色选择"对话框

可以使用"图层特性管理器"对话框设置图层线型。单击"图层特性管理器"对话框中"线型"栏下的线型名称,弹出"选择线型"对话框,如图 5-7 所示。缺省情况下,第一次打开该对话框时,只有连续线线型(Continuous),单击"加载",会弹出"加载或重载线型"对话框,如图 5-8 所示。文件中定义的线型显示在下面的列表中,选择需要的线型单击"确定",回到图 5-7 所示的"选择线型"对话框。重复此过程,可将所需线型依次加载到内存中。"选择线型"对话框显示的是已经加载的线型,选择需要的线型后单击"确定"回到"图层特性管理器"对话框即可。

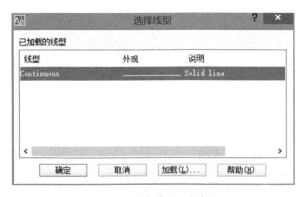

图 5-7 "选择线型"对话框

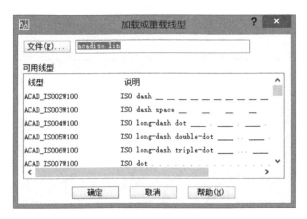

图 5-8 "加载或重载线型"对话框

5.2.4 设置线型比例

在实际绘图当中,选择了线型后,还可能遇到线型比例的问题。线型的定义存放在 Acad.Lin 和 Acadiso.Lin 两个线型库文件中,里面记录了线型定义的原始数据,利用文本编辑器打开可以观察线型的定义。例如,对于虚线 Hidden,短划的长度是 6.35,空白的长度是 3.175,如图5-9所示。

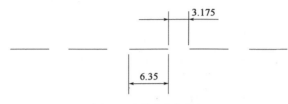

图5-9　虚线的定义长度

线型比例是一个系数,在显示线型时,对其定义数据都要乘以线型比例系数。对于上述虚线,如果线型比例是 10,则绘制图形时空白长度为 31.75,短划长度为 63.5。也就是说,对于因窗口显示范围大导致线型不能正确显示的情况,应该设置一个大于 1 的线型比例;反之应设置一个小于 1 的线型比例。

单击线型控制区域,弹出线型列表,如图 5-10a)所示。在列表中显示的是已经加载的线型,如果单击"其他"项,则会弹出"线型管理器"对话框,如图 5-10b)所示。该对话框类似于"图层特性管理器"对话框,可以加载需要的线型到内存。单击"显示细节"按钮,对话框显示如图 5-10b)所示。在对话框中有两个比例系数:全局比例因子、当前对象缩放比例。全局比例因子可以修改图形中的所有新创建的和已经存在的线条的线型比例;当前对象缩放比例仅影响随后新绘制的对象。

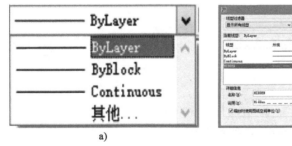

a)　　　　　　　　　　　b)

图5-10　"线型管理器"对话框

5.2.5 设置线宽

在 AutoCAD 2007 中,除了可以根据颜色确定图形对象的打印宽度外,还可以根据图形对象本身的线宽设置来打印。在"图层特性管理器"对话框中可以对每个图层设置线宽。

如果图层被赋予了线宽,且当前线宽为"ByLayer",则所绘制的对象使用其所在图层的线宽。例如,绘制了一条直线,并且当前图层的线宽是 0.8mm,这条直线将具有这个线宽。如果以后将图层的线宽改变为 0.25mm,则这条直线以及它所在图层的所有对象的线宽变为 0.25mm。

改变图层线宽的方法是在"图层特性管理器"对话框中,单击要改变线宽的图层的"线宽"栏,弹出"线宽"对话框,如图 5-11 所示,选择需要的线宽,单击"确定"按钮即可。

图 5-11 "线宽"对话框

需要注意的是,在图形中可能看不到实际的线宽。因为在默认状态下,AutoCAD 2007 设置为不按线宽来显示对象,原因是使用多个像素显示线宽将降低 AutoCAD 2007 的执行速度。为了使对象显示线宽,应单击状态行中的"线宽"按钮,使用这个按钮可以打开或关闭线宽的显示。

5.3 管 理 图 层

AutoCAD 2007 可以控制图层里的对象,还可以对纯粹图层而不是图层里的对象进行管理。

5.3.1 设置图层特性

每个图层都可以设置不同的特性,这些特性包括:打开或关闭图层、锁定或解锁图层、冻结或解冻图层等。

(1)打开或关闭图层

在绘图中,图层的可见性是可以控制的,只有位于可见图层上的图形才能显示和被编辑修改,而不可见的图层上的对象虽然是图形的一部分,但不能被显示和编辑。关闭某些暂时不需要的图层(例如构造线和注释所在的图层),可以使屏幕上的显示更加清晰,从而方便绘图。例如,图 5-12a)是建筑户型平面图,图 5-12b)是仅打开墙体图层,而其余图层都关闭的情况。

所有的图层都可以被关闭,包括当前图层。当前图层被关闭时,屏幕上会弹出一个警告提示对话框,如图 5-13 所示,因为此时再绘制的对象将无法看见。在一般情况下,当前层是不需要关闭的。

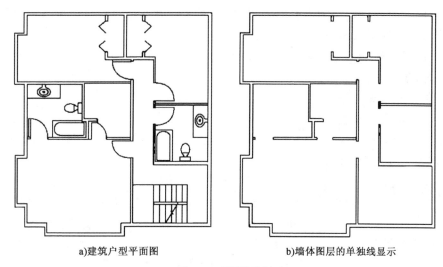

a)建筑户型平面图　　　　　　b)墙体图层的单独线显示

图5-12　图层的关闭

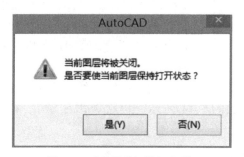

图5-13　当前层关闭警告对话框

要在图层特性管理器中关闭图层,只需将鼠标移到需要关闭的图层上,单击"开"栏下的灯泡图案,当灯泡由黄色亮显变成了灰蓝色,如图5-14所示,那么此图层就被关闭了。需要打开已被关闭的图层,只要单击灯泡,使其从灰蓝色变成黄色即可。

图5-14　图层关闭、解锁、解冻的显示

(2)锁定或解锁图层

图层被锁定后,该图层上的对象依然可见,可以对其进行对象捕捉,但不能对其进行编辑和修改。锁定一个图层,可以保护该图层中包含的信息,并且可以避免错误地修改或删除在该图层上已经绘制的对象。当一个图层被锁定后,如果没有关闭或冻结,图层上的对象依然可见,仍然可以将这个图层设置为当前图层,并且在该图层上添加对象。另外,还可以改变图层的颜色和线型。解锁图层将恢复所有的编辑能力。

例如,试图删除在锁定图层上的对象,命令行将提示如下。

命令:ERASE。

选择对象:(选择锁定图层上的对象)。

××个在锁定的图层上。

在图层特性管理器中锁定图层,只需单击"锁定"栏下的挂锁符号,当挂锁锁上后,则表明该图层已被锁定,反之则被解锁。

图 5-15 冻结当前图层警告

(3)冻结或解冻图层

当图层冻结后,图层上的对象和图层也是不可见的,但与图层的关闭不同的是:绘图过程中,关闭图层中的对象仍然参与图形的计算与重生成,而冻结图层上的对象则不参与图形的计算和重生成。当使用"重生成(Regen)"命令时,冻结图层上的对象不被重生成。同时,当前图层不能被冻结,试图冻结当前图层时,屏幕上会显示警告提示,如图 5-15 所示。因此,当某个图形的文件量较大时,将某些不需要进行操作的图层冻结,可提高绘图的速度。在图层特性管理器中冻结某些图层,只需单击该图层"冻结"栏下的太阳符号,当太阳符号变成雪花符号,则该图层被冻结,如图 5-14 所示。再次单击使雪花符号变成太阳符号,则图层被解冻。

5.3.2 切换当前图层

在绘制图像时,对象绘制在当前图层上。为了将对象绘制在不同的图层上,必须将不同的图层设置为当前图层。如果将图层理解为一叠透明的纸,则当前图层就是最上面的一张纸,设置当前图层就是将任意一张纸抽出来放在最上面。AutoCAD 2007 提供了 3 种方法来切换当前图层。

(1)使用"图层特性管理器"对话框。

(2)使用"对象特性"工具栏上的"图层控制"下拉列表。

(3)将选定的对象位于的图层设置为当前图层。

使用"图层特性管理器"对话框切换当前图层的过程是:打开"图层特性管理器"对话框,选择要设置为当前图层的图层,再单击"当前"按钮;或双击图层名;或在图层名上单击右键,弹出快捷菜单,如图 5-16 所示。

后两种方法与"对象特性"工具栏有关,将在后面相关章节介绍。

5.3.3 删除图层

在图层的使用过程中,可以删除不需要的图层,但是不能删除当前层、"0"层、外部引用层和包含有对象的图层,同时也

图 5-16 设置图层快捷菜单

不能删除"定义点(Defpoint)"。

删除的步骤为:在"图层特性管理器"对话框图层列表区选中需要删除的图层,单击图层特性管理器左上方的"删除"按钮✕,或按下键盘上的"Delete"键。

5.3.4 过滤图层

利用"图层特性管理器"对话框左侧的"新特性过滤器""新组过滤器""图层状态管理器",还可以对纯粹图层而不是图层里的对象进行管理。

如果图形中有很多图层的话,寻找起来比较麻烦,可以创建图层特性过滤器,根据图层的名称或特性来过滤显示图层、方便查找;或创建组过滤器,将某些图层归为一组来显示;还可以将图层控制开关的状态保存到"图层状态管理器",需要的时候可以方便调用,比如将除了轮廓线以外的其他图层全部关闭的状态和全部打开的状态分别保存起来,这样可以随时切换这两种状态,以方便观察图形和继续设计。

图层过滤器可限制"图层特性管理器"和"图层"工具栏上的"图层"控件中显示的图层名;在较大图形文件中,利用图层过滤器,可以仅显示要处理的图层,并且可以按图层名称或图层特性对其进行排序。图层特性管理器中左侧的树状图显示默认的图层过滤器以及当前图层中创建并保存的所有命名过滤器,如图 5-17 所示。图层过滤器旁边的图标表明过滤器的类型。AutoCAD 2007 有 3 个默认过滤器。

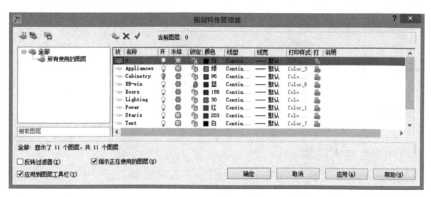

图 5-17 "图层特性管理器"对话框

(1)图层特性过滤器的创建

可以根据图层名或图层的一个或多个特性创建图层特性过滤器。图层特性过滤器可以嵌套在其他特性过滤器或组过滤器下。图层特性过滤器创建方法如下。

①单击"图层"工具栏的"图层特性管理器"按钮, 打开"图层特性管理器"对话框。

②在"图层特性管理器"对话框中,单击"新特性过滤器"按钮, 打开"图层过滤器特性"对话框。

③在该对话框中指定过滤器名称,单击相应特性并在弹出的列表中选择过滤条件。例如在第一行选择红色、非冻结、连续直线线型,在第二行选择白色,则在过滤器预览表中显示出满足第一行或第二行条件的所有图层,如图 5-18 所示。

④单击"确定"按钮,刚创建的过滤器名称将显示在"图层特性管理器"对话框的树状图中,选择此过滤器名称,则在图层列表视图中仅显示符合过滤条件的图层,如图 5-19 所示。

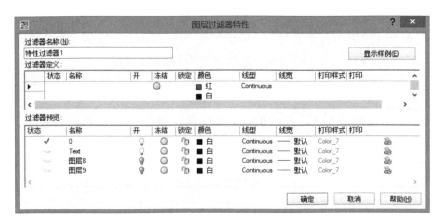

图 5-18 "图层特性管理器"对话框

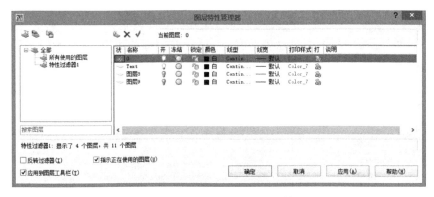

图 5-19 "图层特性管理器"对话框

(2) 组过滤器的创建

创建图层组过滤器,不考虑图层名称或特性,而是人为地将选择的某些图层放入的一种过滤器。图层组过滤器创建方法如下。

①在"图层特性管理器"对话框中,单击"图层状态管理器"按钮,系统给出默认的组过滤器名称为"组过滤器1",可以重新命名。

②在组过滤器名称上单击右键,弹出快捷菜单,如图5-20所示。选择"选择图层→添加",切换到图形界面并提示选择对象,选择一个或多个对象,则该对象所在的图层被添加到组过滤器中。还可以通过快捷菜单上的"选择图层→替换",重新定义改组过滤器中的图层。单击"应用"按钮,完成组过滤器的创建。

(3) 图层管理器的创建

①在"图层特性管理器"对话框中,单击"图层状态管理器"按钮,弹出"图层管理器"对话框。

②单击"图层状态管理器"对话框的"新建"按钮,系统弹出"要保存的新图层状态"对话框,在该对话框中为图层状态管理器定义的图层状态指定名称和说明,如图5-21所示。

图 5-20 "组过滤器"快捷菜单

③单击"确定"按钮,系统回到"图层状态管理器"对话框,如图 5-22 所示。在此对话框中的"要恢复的图层设置"选项中,选择要恢复的图层的状态设置和图层特性设置。单击"关闭"按钮,系统回到"图层特性管理器"对话框。

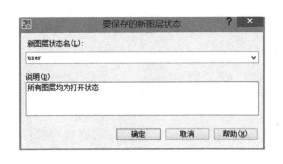
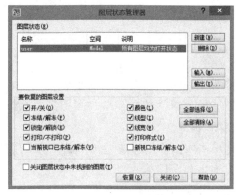

图 5-21 "要保存的新图层状态"对话框　　　　图 5-22 "图层状态管理器"对话框

④在"图层特性管理器"对话框中,修改图层状态和特性,如关闭所有的图层或对一些图层的颜色或线型进行修改,确认并应用。

⑤当需要恢复刚才设置的图层状态时,打开"图层状态管理器"对话框。在图层状态列表中选择要恢复的图层状态名称,单击恢复按钮,则恢复原来的图层状态设置;也可以单击图层工具栏上的上一个图层"按钮" ,同样放弃对图层设置所做的修改。

5.3.5　改变对象所在图层

在绘图过程中,有时需要修改对象所在的图层,AutoCAD 2007 提供了 3 种方法。

(1)选择要修改的对象,在"对象特性"工具栏上的"图层控制"下拉列表中单击目标图层。

(2)选择要修改的对象,单击"特性"按钮 ,弹出"特性"对话框,在图层下拉列表中单击目标图层,关闭"特性"对话框。

(3)利用"图层匹配"工具或"特性匹配"工具(后续章节介绍)。

5.3.6　使用图层工具管理图层

在 AutoCAD 2007 中,修改对象图层、修改图层状态和管理图层常用命令在"图层工具"子菜单和"图层Ⅱ"工具栏中,分别如图 5-23 和图 5-24 所示。对已绘制大量对象的图形文件来说,这些工具简单实现了对象的图层更新和图层显示控制,并且还可以实现图层合并及删除包含对象的图层。

(1)将"对象的图层置为当前"命令将选定对象所在的图层设置为当前图层。调用"将对象的图层置为当前"命令的方法如下。

①选择菜单:"格式(O)→图层工具(A)→将对象的图层置为当前"。

②单击"图层"工具栏"将对象的图层置为当前"按钮 。

图 5-23 "图层工具"子菜单

图 5-24 "图层Ⅱ"工具栏

③命令行:LAYMCURZ。

将对象的图层设置为当前步骤:

①选择菜单:"格式(O)→图层工具(A)→将对象的图层置为当前",激活"将对象的图层置为当前"命令。

②单击"图层"工具栏上的"将对象的图层置为当前"按钮，选择对象,则该对象所在的图层成为当前图层。

(2)"上一个图层"命令。

放弃使用"图层"控件或图层管理器对图层设置所做的上一个或一组修改。调用"上一个图层"命令的方法如下。

①选择菜单:"格式(O)→图层工具(A)→上一个图层"。

②单击"图层"工具栏"上一个图层"按钮 。

③命令行:LAYERPZ。

(3)"层漫游"命令。

动态显示在"图层"列表中选择的图层上的对象。

调用"层漫游"命令的方法:

①选择菜单:"格式(O)→图层工具(A)→层漫游"。

②单击"图层Ⅱ"工具栏"层漫游"按钮 。

③命令行:LAYWALKZ。

层漫游的操作步骤:

①选择菜单:"格式(O)→图层工具(A)→层漫游",弹出"层漫游"对话框,如图 5-25 所示。

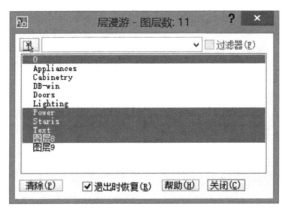

图 5-25 "层漫游"对话框

②在该对话框中选择一个或多个图层,则在图形屏幕上仅显示被选择图层上的对象。

(4)"图层匹配"命令。

更改选定对象所在的图层,以使其匹配到目标图层。调用"图层匹配"命令的方法如下。

①选择菜单:"格式(O)→图层工具(A)→图层匹配"。

②单击"图层Ⅱ"工具栏"图层匹配"按钮。

③命令行:LAYMCH。

图层匹配的操作步骤:

①选择菜单:"格式(O)→图层工具(A)→图层匹配",激活"图层匹配"命令。

②选择要改变图层的对象。

③选择目标图层上的对象。

(5)"更改为当前图层"命令。

将选定对象所在的图层更改为当前图层。调用"更改为当前图层"命令的方法如下。

①选择菜单:"格式(O)→图层工具(A)→更改为当前图层"。

②单击"图层Ⅱ"工具栏"更改为当前图层"按钮。

③命令行:LAYCUR。

更改为当前图层的操作步骤:

①选择菜单:"格式(O)→图层工具(A)→更改为当前图层",激活"更改为当前图层"命令。

②选择要更改到当前图层的对象,可以选择不同图层上的多个对象;回车确认后,则选择的对象成为当前图层上的对象。

(6)"将对象复制到新图层"命令。

将选定对象所在的图层更改为当前图层。调用"将对象复制到新图层"命令的方法如下。

①选择菜单:"格式(O)→图层工具(A)→将对象复制到新图层"。

②单击"图层Ⅱ"工具栏"将对象复制到新图层"按钮。

③命令行:COPYTOLAYER。

更改为当前图层的操作步骤:

①选择菜单:"格式(O)→图层工具(A)→将对象复制到新图层",激活"将对象复制到新图层"命令。

②选择要复制的对象,可以选择不同图层上的多个对象。

③选择目标图层上的对象,以确定复制的对象将在的图层。

(7)"图层隔离"和"图层取消隔离"命令。

"图层隔离"是仅打开隔离选定对象所在的图层,关闭其他所有图层。"图层取消隔离"是将图层隔离中关闭的图层打开。调用"图层隔离"命令的方法如下。

①选择菜单:"格式(O)→图层工具(A)→图层隔离器"。

②单击"图层Ⅱ"工具栏"图层隔离"按钮。

③命令行:LAYISO。

图层隔离与图层取消隔离的操作步骤:

①选择菜单:"格式(O)→图层工具(A)→图层隔离",激活"图层隔离"命令。

②选择要隔离的图层上的对象,可以选择不同图层上的多个对象;回车确认后,其余图层

被关闭。

③单击"图层Ⅱ"工具栏"图层取消隔离"按钮,关闭的图层重新被打开。

(8)"图层合并"命令。

将选定的图层合并到目标图层,使原图层上的对象成为目标图层上的对象,原图层被删除。调用"图层合并"命令的方法如下。

①选择菜单:"格式(O)→图层工具(A)→图层合并"。

②命令行:LAYMRGZ。

图层合并的操作步骤:

①选择菜单:"格式(O)→图层工具(A)→图层合并",激活"图层合并"命令。

②选择要合并的图层上的对象,可以选择不同图层上的多个对象。

③选择目标图层上的对象,以确定选定的对象将在的图层,原图层被删除。

(9)"图层删除"命令。

将选定的对象所在的图层和图层上的所有对象删除。调用"图层删除"命令的方法如下。

①选择菜单:"格式(O)→图层工具(A)→图层删除"。

②命令行:LAYDEL。

图层删除的操作步骤:

①选择菜单:"格式(O)→图层工具(A)→图层删除",激活"图层删除"命令。

②选择要删除的图层上的对象,可以选择不同图层上的多个对象;则删除被选定对象所在的图层和图层上的所有对象。

(10)"图层关闭"与"打开所有图层"命令。

"图层关闭"是关闭选定对象所在的图层,执行"打开所有图层"命令将打开图形中的所有图层。调用"图层关闭"命令的方法如下。

①选择菜单:"格式(O)→图层工具(A)→图层关闭"。

②单击"图层Ⅱ"工具栏"图层关闭"按钮。

③命令行:LAYOFF。

图层关闭与打开所有图层的操作步骤:

①选择菜单:"格式(O)→图层工具(A)→图层关闭",激活"图层关闭"命令。

②选择要关闭的图层上的对象,可以选择不同图层上的多个对象,则关闭被选对象所在的图层。

③选择菜单:"格式(O)→图层工具(A)→打开所有图层",激活"打开所有图层"命令,则当前图形中所有图层全部被打开。

(11)"图层冻结"与"解冻所有图层"命令。

"图层冻结"是冻结选定对象所在的图层,执行"解冻所有图层"命令将解冻图形中的所有图层。

调用"图层冻结"命令的方法如下。

①选择菜单:"格式(O)→图层工具(A)→图层冻结"。

②单击"图层Ⅱ"工具栏"图层冻结"按钮。

③命令行:LAYFRZ。

图层冻结与解冻所有图层的操作步骤:

①选择菜单:"格式(O)→图层工具(A)→图层冻结",激活"图层冻结"命令。
②选择要冻结的图层上的对象,可以选择不同图层上的多个对象,则冻结被选对象所在的图层。
③选择菜单:"格式(O)→图层工具(A)→解冻所有图层",激活"解冻所有图层"命令,则当前图形中所有图层全部被解冻。

(12)"图层锁定"与"图层解锁"命令。
"图层锁定"是锁定选定对象所在的图层,执行"图层解锁"命令将解锁选定对象所在的图层。
调用"图层锁定"与"图层解锁"命令的方法如下。
①选择菜单:"格式(O)→图层工具(A)→图层锁定或图层解锁"。
②单击"图层Ⅱ"工具栏"图层锁定"按钮 或"图层解锁"按钮 。
③命令行:LAYLCK 或 LAYULK。
图层锁定与图层解锁的操作步骤:
①选择菜单:"格式(O)→图层工具(A)→图层锁定",激活"图层锁定"命令。
②选择要锁定图层上的对象,则锁定被选对象所在的图层。
③选择菜单:"格式(O)→图层工具(A)→图层解锁",激活"图层解锁"命令。
④选择要解锁图层上的对象,则解锁被选对象所在的图层。

5.4 对象特性的修改

在 AutoCAD 2007 中,每个对象都有自己的特性,有些特性属于基本特性,适用于多数对象,例如图层、颜色、线型、线宽和打印样式;有些特性则专用于某一类对象的特性,例如圆的特性包括圆的半径和面积,直线的特性包括长度和角度。

默认的"特性"工具栏有 4 个下拉列表,如图 5-26 所示,分别控制对象的颜色、线型、线宽和打印样式。颜色、线型和线宽的默认设置都是"ByLayer",即"随层",表示当前的对象特性随图层而定,并不单独设置。

图 5-26 "特性"工具栏

打印样式的当前设定为"随颜色",但此列表为虚,也就是说,不能在此状态下进行设置。打印样式只有两种选择,颜色相关和命名相关,一般情况下都是用默认的颜色相关打印样式。有关打印样式详见打印章节。

对于已经创建好的对象,如果想要改变其特性,可以使用"特性"工具栏、"特性"选项板、特性匹配工具来进行修改。

5.4.1 修改对象的特性

使用"特性"工具栏可以显示和修改对象特性,如图层、颜色、线型和线宽。操作过程为:选择图形对象,将对象加入选择集,此时"特性"工具栏显示被选择对象的特性,接着在"特性"

工具栏相应的下拉菜单中选择想要更改成的特性。

5.4.2 使用特性选项板

可以在"特性"选项板中修改和查看对象的特性,包括颜色、图层、线型、线型比例、线宽、厚度等基本特性,也包括半径和面积、长度和角度等专有特性,用户可以直接修改,如图 5-27 所示。

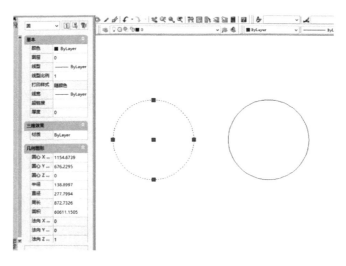

图 5-27 "特性"选项卡

例如,要将图 5-27 中两个圆孔直径由 3 改为 4,首先要选择这两个圆孔,然后调出"特性"选项板,在"几何图形"选项区域的"半径"文本框中将 3 改为 4 即可。甚至还可以直接修改圆的面积,AutoCAD 2007 会自动计算圆的半径,以获得已知面积的圆。

调用对象特性管理器的方法如下。

(1)选择菜单:"工具(T)→选项板→特性(P)"。

(2)单击"标准"工具栏"对象特性"按钮 。

(3)命令行:PROPERTIESZ。

(4)快捷键:Ctrl + 1。

5.4.3 对象特性匹配

使用"特性匹配"可以将一个对象的某些或所有特性复制到其他对象。可以复制的特性类型包括:颜色、图层、线型、线型比例、线宽、打印样式和厚度等。这样可以使图形能够具有规范性,而且操作极为方便,类似于 Word 中的格式刷。

默认情况下,所有可应用的特性都自动地从选定的第一个对象复制到其他对象。如果不希望复制某些特定的特性,则选用"设置"选项禁止复制该特性。可以在执行命令的过程中随时选择并修改"设置"选项。

调用对象特性匹配的方法如下。

(1)选择菜单:"修改(M)→特性匹配"。

(2)单击"标准"工具栏"特性匹配"按钮 。

(3)命令行:MATCHPROP。

将一个对象特性复制到其他对象的步骤如下。

(1)选择菜单:"修改(M)→特性匹配",激活"特性匹配"命令。

(2)选择要复制其特性的对象。

(3)如果要控制传递某些特性,在"选择目标对象或设置(S)"提示下输入S(设置),出现"特性设置"对话框,如图5-28所示。在对话框中清除不需要复制的项目,单击"确定"按钮。

(4)选择应用选定特性的对象,被选择的对象将采用指定对象的特性。

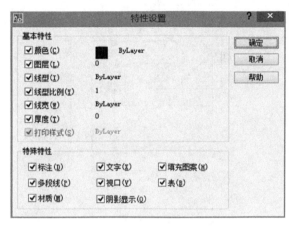

图5-28 "特性设置"对话框

本章习题

1. 启用_____,可以创建新的图层、指定图层的各种特性、设置当前图层、选择图层和管理图层。

2. 当一个图层被锁定后,若没有关闭或冻结,图层上的对象依然可见,仍然可以将这个图层设置为_____。

3. 在删除图层的操作中,下面哪种图层不能被删除?(　　)

　A. 空白图层　　　　　　　　　　B. 含有图形的层

　C. 特殊颜色的图层　　　　　　　D. 重命名后的图层

4. 图层锁定和解锁的命令为(　　)。

　A. LAYWALKZ　　　　　　　　　B. LAYFRZ

　C. LAYLCK　　　　　　　　　　D. MATCHPROP

5. 请参照图5-29所示的图层效果,创建其中的图层并设置相应的图层属性。

6. 请参照图5-30,创建图形的"轮廓线"和"中心线"图层,然后在不同图层中完成绘制。

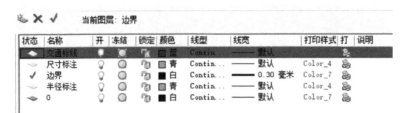

图 5-29 第 5 题图

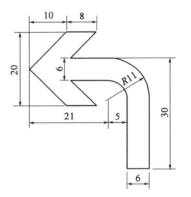

图 5-30 第 6 题图

第6章
图块与外部参照

在绘制图形时,如果图形中有大量相同或相似的内容,或者所绘制的图形与已有的图形文件相同,则可以把要重复绘制的图形创建成块(也称为图块),并根据需要为块创建属性,指定块的名称、用途及设计者等信息,在需要时直接插入它们,从而提高绘图效率。

当然,用户也可以把已有的图形文件以参照的形式插入到当前图形中(即外部参照),或是通过 AutoCAD 2007 设计中心浏览、查找、预览、使用和管理 AutoCAD 2007 图形、块、外部参照等不同的资源文件。

本章学习要求
(1)熟练掌握图块的创建、插入及块属性的编辑、使用。
(2)熟练掌握并应用块和块属性的功能。

6.1 块的创建及属性

6.1.1 图块的创建

当想要创建块时,应首先绘制所需的图形对象。AutoCAD 2007 中的块包括块名、块的对象、用于插入块的基点等数据。下面说明创建块的一般过程。

(1)在工作栏中,选择下拉菜单中点击"绘图→块→创建"命令,弹出"块定义"对话框,可以将已绘制的对象创建为块,也可以在命令栏输入"BLOCK",按回车键弹出,如图6-1所示。

图6-1 "块定义"对话框

(2)"块定义"对话框中主要选项的功能说明如下。

①"文本框":输入块的名称,最多可使用255个字符。当行中包含多个块时,还可以在下拉列表框中选择已有的块。

②"基点"选项区域:设置块的插入基点位置。用户可以直接在X、Y、Z文本框中输入坐标,也可以单击"拾取点"按钮,切换到绘图窗口并选择基点,如图6-2所示(注:一般基点选在块的对称中心、左下角或其他有特征的位置)。

图6-2 插入基点图

③"对象"选项区域:设置组成块的对象。在"块定义"对话框的"对象"选项组中,单击"选择对象"按钮,可以切换到绘图区选择组成块的图形;也可以单击"快速选择"按钮,使用系统弹出的如图6-3所示的"快速选择"对话框,设置所选择对象的过滤条件。

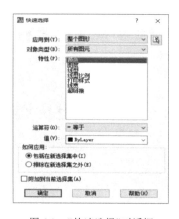

图6-3 "快速选择"对话框

④"块单位"下拉列表框:设置从 AutoCAD 设计中心中拖动块时的缩放单位。
⑤"说明"文本框:输入当前块的说明部分。
⑥"超链接"按钮:单击该按钮可打开"插入超链接"对话框,在该对话框中可以插入超链接文档。

(3)单击"确定"按钮,完成块的创建。

6.1.2 图块的插入

创建图块后,在需要时就可以将它插入当前的图形中。在插入一个块时,必须指定插入点、缩放比例和旋转角度。下面介绍插入块的一般操作步骤。

(1)在工作栏中,选择下拉菜单中点击"插入→块",系统弹出"插入"对话框,也可以在命令行中输入"INSERT",按回车键弹出,如图6-4所示。

图6-4 "插入"对话框

(2)"插入"对话框中各主要选项的意义如下:
①"名称"下拉列表框:用于选择块或图形的名称;也可以单击其后的"浏览"按钮,打开"选择图形文件"对话框,选择保存的块和外部图形。
②"插入点"选项区域:用于设置块的插入点位置。可直接在 X、Y、Z 文本框中输入点的位置坐标,注意输入坐标值后不要按"Enter"键;也可以通过选中"在屏幕上指定"复选框,在屏幕上指定插入点位置。
③"缩放比例"选项区域:用于设置块的插入比例。可直接在 X、Y、Z 文本框中输入块在三个方向的比例,注意输入比例后不要按"Enter"键;也可以通过选中"在屏幕上指定"复选框,在屏幕上指定。此外,该选项区域中的"统一比例"复选框用于确定所插入块在 X、Y、Z 三个方向的插入比例是否相同,选中时表示比例将相同,用户只需在 X 文本框中输入比例值即可。
④"旋转"选项区域:用于设置块插入时的旋转角度。可直接在"角度"文本框中输入角度值,注意输入旋转角度值后不要按"Enter"键;也可以选择"在屏幕上指定"复选框,在屏幕上指定旋转角度。
⑤"分解"复选框:选择该复选框,可以将插入的块分解成组成块的各基本对象。

(3)单击"确定"按钮,完成图块的插入。

6.1.3 图块的保存

按6.1.1节操作创建块时,块仅可以用于当前的图形中。然而很多情况下,需要在其他图形中使用这些块。这时需要在命令行中输入"WBLOCK"(注:写块),可以将图形中的全部或者部分对象以文件的形式写入磁盘;并且可以像在图形内部定义的块一样,将一个图形文件插入图形中。写块的操作步骤如下。

(1)在命令行输入"WBLOCK"按下"Enter",此时系统弹出"写块"对话框,如图6-5所示。

图6-5 "写块"对话框

(2)在该对话框的"源"选项区域中,可以设置组成块的对象来源,根据实际情况选取其中之一。各选项的功能说明如下。

①"块"单选按钮:用于将使用BLOCK命令创建的块写入磁盘,可在其后的下拉列表框中选择块名称。

②"整个图形"单选按钮:用于将全部图形写入磁盘。

③"对象"单选按钮:用于指定需要写入磁盘的块对象。选择该单选按钮时,用户可根据需要使用"基点"选项区域设置块的插入基点位置,使用"对象"选项区域设置组成块的对象。

(3)在该对话框的"目标"选项区域中可以设置块的保存名称和位置,各选项的功能说明如下。

①"文件名和路径"文本框:用于输入块文件的名称和保存位置,用户也可以单击其后的按钮,使用打开的"浏览文件夹"对话框设置文件的保存位置。

②"插入单位"下拉列表框:用于选择从AutoCAD 2007设计中心中拖动块时的缩放单位。

(4)单击对话框中的"确定"按钮,完成块的写入操作。

6.1.4 插入基点的设置

块的插入点对应于创建块时指定的基点。当把某一图形文件作为块插入时,系统默认将该图的坐标原点作为插入点(0,0,0),这样往往会给绘图带来不便。所以可以打开原始图形,点击"绘图→块→基点",或在命令行输入BASE命令,可以设置当前图形的插入基点。这时就可以使用"基点"命令,对图形文件指定新的插入基点,插入基点如图6-6所示。

图 6-6　插入基点

6.1.5　块与图层的关系

块可以由绘制在若干图层上的对象组成，系统可以将图层的信息保留在块中。当插入这样的块时，AutoCAD 2007 有如下约定。

（1）块插入后，原来位于图层上的对象被绘制在当前层，并按当前层的颜色与线型绘出。

（2）对于块中其他图层上的对象，若块中包含有与图形中的图层同名的层，块中该层上的对象仍绘制在图中的同名层上，并按块中该层的颜色与线型绘制。块中其他图层上的对象仍在原来的层上绘出，并给当前图形增加相应的图层。

（3）如果插入的块由多个位于不同图层上的对象组成，那么冻结某一对象所在的图层后，此图层上属于块上的对象将不可见；当冻结插入块时的当前层时，无论块中各对象处于哪一图层，整个块将不可见。

6.1.6　图块的特点和功能

块是一个或多个对象组成的对象集合，常用于绘制复杂、重复的图形。块对象可以由直线、圆弧、圆等对象以及定义的属性组成。在 AutoCAD 2007 中，使用块可以提高绘图速度，节省存储空间，便于修改图形。总的来说，AutoCAD 2007 中的块具有以下特点。

（1）提高绘图效率

在 AutoCAD 2007 中绘图时，常常要绘制一些重复出现的图形。把一些常用的重复出现的图形做成块保存起来，绘制它们时就可以用插入块的方法实现，从而避免大量的重复性工作，提高绘图效率。

（2）节省存储空间

AutoCAD 2007 要保存图中每一个对象的相关信息，如对象的类型、位置、图层、线型及颜色等，这些信息要占用存储空间。如果一幅图中包含有大量相同的图形，就会占据较大的磁盘空间。但如果把相同的图形事先定义成一个块，绘制它们时就可以直接把块插入图中的各个相应位置。这样既满足绘图要求，又可以节省磁盘空间。

（3）便于修改图形

一张工程图纸往往需要多次修改。如在机械设计中，原国家标准用虚线表示螺栓的内径，现行国家标准则用细实线表示。如果对旧图纸上的每一个螺栓按现行国家标准修改，既费时又不方便。但如果原来各螺栓是通过插入块的方法绘制的，那么只要简单地对块进行再定义，就可对图中的所有螺栓进行修改。

（4）可以添加属性

在很多情况下，文字信息要作为块的一个组成部分引入图形文件中，AutoCAD 2007 允许用户为块创建这些文字属性，并可在插入的块中指定是否显示这些属性，还可以从图形中提取这些信息并将它们传送到数据库中，为数据分析提供原始的数据。

6.2 图块属性

6.2.1 属性的定义

属性是一种特殊的对象类型,它由文字和数据组成。用户可以用属性来跟踪诸如零件材料和价格等数据。属性可以作为块的一部分保存在块中,块属性是附属于块的非图形信息,是块的组成部分,可包含在块定义中的文字对象。块属性由属性标记名和属性值两部分组成,属性值既可以是变化的,也可以是不变的。

定义一个块时,属性必须预先定义而后选定。通常属性用于在块的插入过程中进行自动注释。对于带有属性的块,可以提取属性信息,并将这些信息保存到一个单独的文件中,这样就能够在电子表格或数据库中使用这些信息进行数据分析,并可利用它来快速生成如零件明细表或材料表等内容。

6.2.2 图块属性的特点

在 AutoCAD 2007 中,用户可以在图形绘制完成后甚至在绘制完成前,使用 ATTEXT 命令将块属性数据从图形中提取出来,如图 6-7 所示,并将这些数据写入一个文件中,这样就可以从图形数据库文件中获取块数据信息了。

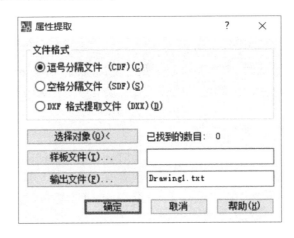

图 6-7 "属性提取"对话框

块属性具有以下特点。

(1)块属性由属性标记名和属性值两部分组成。

(2)定义块前,应先定义该块的每个属性,即规定每个属性的标记名称、属性提示、属性默认值、属性的显示格式(注:可见或不可见)及属性在图中的位置等。一旦定义了属性,该属性以其标记名称将在图中显示出来,并保存有关的信息。

(3)定义块时,应将图形对象连同表示属性定义的属性标记名称一起用来定义块对象。

(4)插入有属性的块时,系统将提示用户输入需要的属性值。插入块后,属性用它的值表示。因此,同一个块在不同点插入时,可以有不同的属性值。如果属性值在属性定义时规定为常量,系统将不再询问它的属性值。

(5)插入块后,用户可以改变属性的显示可见性,对属性做修改,把属性单独提取出来写入文件,以供统计、制表使用,还可以与其他高级语言或数据库进行数据通信。

6.2.3 定义带属性的块

(1)在工具栏中选择下拉菜单,点击"绘图→块→定义属性"命令,此时系统将弹出如图 6-8 所示的"属性定义"对话框创建块属性,也可以在命令行中输入"ATTDEF"。

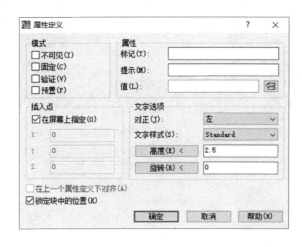

图 6-8 "属性定义"对话框

①"模式"选项区域:设置有关的属性模式。其中,"不可见"复选框用于确定插入块后是否显示其属性值;"固定"复选框用于设置属性是否为固定值,为固定值时,插入块后该属性值不再发生变化;"验证"复选框用于验证所输入的属性值是否正确;"预置"复选框用于确定是否将属性值直接预置成它的默认值。

②"属性"选项区域:用于定义块的属性。其中,"标记"文本框用于输入属性的标记;"提示"文本框用于输入插入块时系统显示的提示信息;"值"文本框用于输入属性的默认值。

③"插入点"选项区域:用于设置属性值的插入点,即属性文字排列的参照点。用户可直接在 X、Y、Z 文本框中输入点的坐标,也可以单击"拾取点"按钮,在绘图窗口上拾取一点作为插入点。

注意:确定该插入点后,系统将以该点为参照点,按照在"文字选项"选项区域的"对正"下拉列表框中确定的文字排列方式放置属性值。

④"文字选项"选项区域:用于设置属性文字的格式,包括对正、文字样式、高度及旋转角度等选项。

此外,在"属性定义"对话框中选中"在上一个属性定义下对齐"复选框,可以为当前属性采用上一个属性的文字样式、字高及旋转角度,且另起一行,按上一个属性的对正方式排列;选择"锁定块中的位置"复选框,可以锁定属性定义在块中的位置。

(2)单击对话框中的"确定"按钮,完成属性定义。

6.2.4 属性的编辑

要编辑块的属性,可以参照如下的操作步骤。

(1)在工具栏中选择下拉菜单,点击"修改→对象→属性"下的"块属性管理器"命令,系统将会弹出"块属性管理器"对话框,如图6-9所示。

图6-9 "块属性管理器"对话框

(2)单击"块属性管理器"对话框中的按钮 编辑(E)... ,系统弹出"编辑属性"对话框,如图6-10所示。

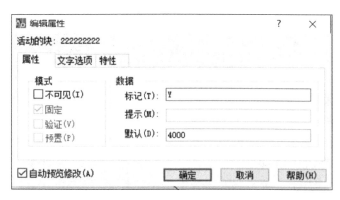

图6-10 "编辑属性"对话框

(3)在"块属性管理器"对话框中,编辑修改块的属性。
(4)编辑完成后,单击对话框中的按钮 确定 ,完成属性的编辑。
(5)在"块属性管理器"对话框中,单击按钮 设置(S)... ,将打开"设置"对话框,可以设置在"块属性管理器"对话框的属性列表框中能够显示的内容,如图6-11所示。

6.2.5 修改属性定义

点击"修改→对象→文字→编辑"命令,或输入"DDEDIT",或双击块属性,打开"编辑属性定义"对话框。使用"标记""提示"和"默认"文本框可以编辑块中定义的标记、提示及默认值属性,如图6-12所示。

点击"修改→对象→文字→比例"命令,或输入"SCALETEXT",或在"文字"工具栏中单击"缩放文字"按钮,可以按同一缩放比例因子同时修改多个属性定义的比例。

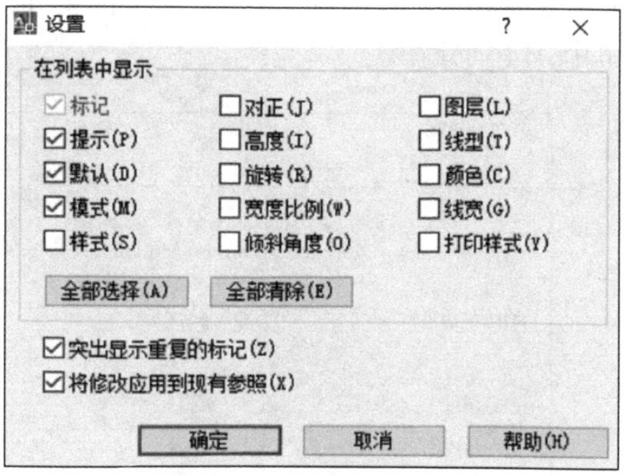

图 6-11 "设置"对话框

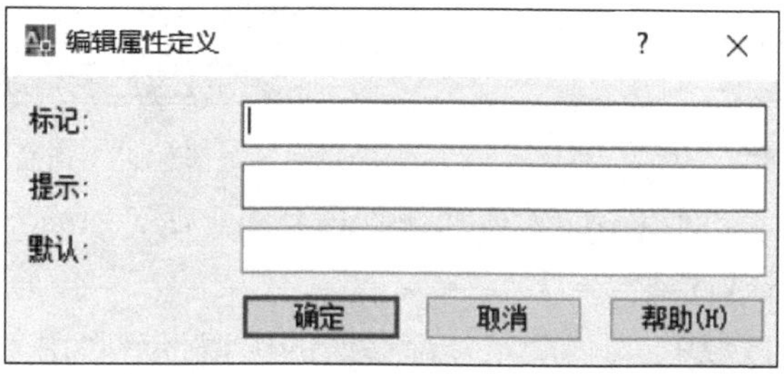

图 6-12 "编辑属性定义"对话框

点击"修改→对象→文本→对正"命令,或输入"JUSTIFYTEXT",或在"文字"工具栏中单击"对正文字"按钮,可以在不改变属性定义位置的前提下重新定义文字的插入基点。

6.3 外部参照

在绘图时,有时需要参照另一个图形来绘制,此时可用 AutoCAD 提供的外部参照功能。所谓外部参照,就是一个图形对另一个图形的引用。一个图形可以作为外部参照同时附着到多个图形中;反之,也可以将多个图形作为外部参照附着到单个图形中。

外部参照与块有相似的地方,但它们的主要区别是:一旦插入了块,该块就永久性地插入到当前图形中,成为当前图形的一部分。而以外部参照方式将图形插入到某一图形(注:称之为主图形)后,被插入图形文件的信息并不直接加入主图形中,主图形只是记录参照的关系,例如参照图形文件的路径等信息。另外,对主图形的操作不会改变外部参照图形文件的内容。当打开具有外部参照的图形时,系统会自动把各外部参照图形文件重新调入内存,并在当前图形中显示出来。

6.3.1 使用外部参照

点击"插入→外部参照",或输入"EXTERNALREFERENCES",将打开如图 6-13 所示的"外部参照"。

选择参照文件后,将打开"外部参照"对话框,利用该对话框可以将图形文件以外部参照的形式插入当前图形中,如图 6-14 所示。

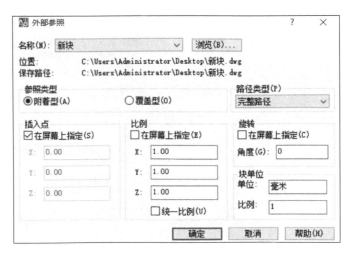

图 6-13 "外部参照"　　　　　　　　图 6-14 "外部参照"对话框

从图 6-14 可以看出,在图形中插入外部参照的方法与插入块的方法相同,只是在"外部参照"对话框中多了几个特殊选项。

在"参照类型"选项区域中,可以确定外部参照的类型,包括"附着型"和"覆盖型"两种类型。如果选择"附着型"单选按钮,将显示出嵌套参照中的嵌套内容。选择"覆盖型"单选按钮,则不显示嵌套参照中的嵌套内容。

在 AutoCAD 2007 中,可以使用相对路径附着外部参照,它包括完整路径、相对路径和无路径 3 种类型。各选项的功能如下。

(1)"完整路径"选项:当使用完整路径附着外部参照时,外部参照的精确位置将保存到主图形中。此选项的精确度最高,但灵活性最小。如果移动工程文件夹,AutoCAD 2007 将无法融入任何使用完整路径附着的外部参照。

(2)"相对路径"选项:使用相对路径附着外部参照时,将保存外部参照相对于主图形的位置。此选项的灵活性最大。如果移动工程文件夹,AutoCAD 2007 仍可以融入使用相对路径附着的外部参照,只要此外部参照相对主图形的位置未发生变化。

(3)"无路径"选项:在不使用路径附着外部参照时,AutoCAD 2007 首先在主图形的文件夹中查找外部参照。当外部参照文件与主图形位于同一个文件夹时,此选项非常有用。

6.3.2 管理和编辑外部参照

(1)管理外部参照

在 AutoCAD 2007 中,用户可以在"外部参照"中对外部参照进行编辑和管理。用户单击选项板上方的"附着"按钮,可以添加不同格式的外部参照文件;在外部参照列表框中显示当前图形中各个外部参照文件名称;选择任意一个外部参照文件后,下方"详细信息"选项区域中将显示该外部参照的名称、加载状态、文件大小、参照类型、参照日期及参照文件的存储路径等内容。

单击选项板右上方的"列表图"或"树状图"按钮,可以设置外部参照列表框以何种形式显示。单击"列表图"按钮，可以以列表形式显示外部参照列表框，如图 6-15 所示。单击"树状图"按钮，可以以树状图形式显示外部参照列表框，如图 6-16 所示。

图 6-15　以列表形式显示外部参照　　图 6-16　以树状图形式显示外部参照

当用户附着多个外部参照后，在外部参照列表框中的文件上右击将弹出快捷菜单，如图 6-17 所示，在菜单上选择不同的命令可以对外部参照进行相关操作。下面详细介绍每个命令选项的意义。

图 6-17　管理外部参照文件

①"打开"命令：单击该按钮可在新建窗口中打开选定的外部参照进行编辑。在"外部参照管理器"对话框关闭后，显示新建窗口。

②"附着"命令：单击该按钮可打开"选择参照文件"对话框，在该对话框中可以选择需要插入到当前图形中的外部参照文件。

③"卸载"命令：单击该按钮可从当前图形中移走不需要的外部参照文件，但移走后仍保留该参照文件的路径，当希望再次参照该图形时，单击对话框中的"重载"按钮即可。

④"重载"命令：单击该按钮可在不退出当前图形的情况下，更新外部参照文件。

⑤"拆离"命令:单击该按钮可从当前图形中移去不再需要的外部参照文件。
⑥"绑定"命令:单击该按钮可将外部参照的文件转换成为一个正常的块,即将所参照的图形文件永久地插入到当前图形中,插入后系统将外部参照文件的依赖符转换为永久符号。

(2)编辑外部参照

图6-18 编辑外部参照

在 AutoCAD 2007 中,用户可以在"外部参照"选项板中对外部参照进行编辑和管理。用户单击选项板上方的"附着"按钮,可以添加不同格式的外部参照文件;在选项板下方的外部参照列表框中显示当前图形中各个外部参照文件名称;选择任意一个外部参照文件后,下方"详细信息"选项区域中将显示该外部参照的名称、加载状态、文件大小、参照类型、参照日期及参照文件的存储路径等内容,如图6-18 所示。

裁剪外部参照方法如下。
命令行:XCLIP。
菜单单击"修改(M)→裁剪(C)→外部参照(X)"。
命令别名:XC。

6.3.3 参照管理器

AutoCAD 2007 图形可以参照多种外部文件,包括图形、文字字体、图像和打印配置。这些参照文件的路径保存在每个 AutoCAD 2007 图形中。有时可能需要将图形文件或它们参照的文件移动到其他文件夹或其他磁盘驱动器中,这时就需要更新保存的参照路径。

Autodesk 参照管理器提供多种工具,列出了选定图形中的参照文件,可以修改保存的参照路径而不必打开 AutoCAD 2007 中的图形文件。点击"开始→程序→Autodesk→AutoCAD 2007→参照管理器"命令,打开"参照管理器",可以在其中对参照文件进行处理,也可以设置参照管理器的显示形式,如图6-19 所示。

图6-19 参照管理器

6.4 AutoCAD 设计中心

AutoCAD 2007 设计中心(AutoCAD 2007 Design Center, ADC)为用户提供了一个直观且高效的工具,它与 Windows 资源管理器类似。用户利用设计中心能够有效地查找和组织图形文件,并且可以查找出这些图形文件中所包含的对象。

用户还可以利用设计中心进行简单的拖放操作,将位于本地计算机、局域网或互联网上的块、图层、外部参照等内容插入到当前图形中。如果打开多个图形文件,在多个文件之间也可以通过简单的拖放操作,实现图形、图层、线性及字体等内容的插入。

通过选择下拉菜单"工具"命令中的"设计中心"命令,或在标准工具栏中单击设计中心按钮,系统将会弹出"设计中心",如图 6-20 所示。

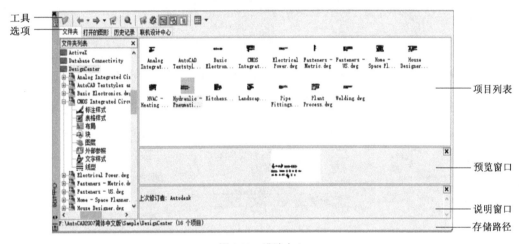

图 6-20 设计中心

6.4.1 设计中心功能

在 AutoCAD 2007 中,使用 AutoCAD 2007 设计中心可以完成如下工作。

(1)对频繁访问的图形、文件夹和 Web 站点创建快捷方式。

(2)根据不同的查询条件,在本地计算机和网络上查找图形文件,找到后可以将它们直接加载到绘图区或设计中心。

(3)浏览不同的图形文件,包括当前打开的图形和 Web 站点上的图形库。

(4)查看块、图层和其他图形文件的定义,并将这些图形定义插入到当前图形文件中。

(5)通过控制显示方式来控制设计中心控制板的显示效果,还可以在控制板中显示与图形文件相关的描述信息和预览图像。

6.4.2 打开与观察图形

(1)用设计中心打开图形

设计中心界面中包含一组工具按钮和选项卡,利用它们可以打开并查看图形。可以通过以下几种方式在设计中心中打开图形。

单击"加载"按钮，系统弹出"加载"对话框，如图 6-21 所示，利用该对话框可以从本地和网络驱动器或通过 Internet 加载图形文件。

图 6-21 "加载"对话框

单击"搜索"按钮，系统弹出"搜索"对话框，如图 6-22 所示，利用该对话框可以快速查找对象。

图 6-22 "搜索"对话框

(2) 观察图形信息

AutoCAD 2007 设计中心窗口包含一组工具按钮和选项卡，使用它们可以选择和观察设计中心中的图形。

①"文件夹"选项卡：显示设计中心的资源，可以将设计中心的显示内容设置为本地计算机的桌面，或是本地计算机的资源信息，也可以是网上邻居的信息，如图 6-22 所示。

②"打开的图形"选项卡：显示在当前 AutoCAD 2007 环境中打开的所有图形，其中包括最小化的图形。此时单击某个文件图标，就可以看到该图形的有关设置，如图层、线型、文字样式、块及尺寸样式等，如图 6-23 所示。

③"历史记录"选项：显示最近访问过的文件，包括这些文件的完整路径，如图 6-24 所示。

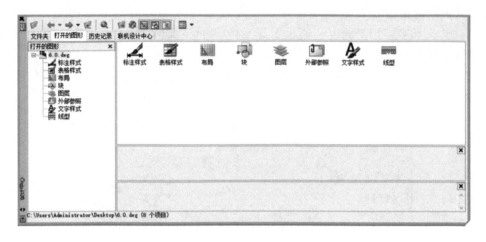

图 6-23　打开的图形

图 6-24　历史记录

④"树状图切换"按钮：单击该按钮，可以显示或隐藏树状视图。

⑤"收藏夹"按钮：单击该按钮，可以在"文件夹列表"中显示"Favorites/Autodesk"文件夹（在此称为收藏夹）中的内容，同时在树状视图中反向显示该文件夹。可以通过收藏夹来标记存放在本地硬盘、网络驱动器或 Internet 网页上常用的文件。

⑥"加载"按钮单击该按钮：将打开"加载"对话框，使用该对话框可以从 Windows 的桌面、收藏夹或通过 Internet 加载图形文件。

⑦"预览"按钮：单击该按钮，可以打开或关闭预览窗格，以确定是否显示预览图像。打开预览窗格后，单击控制板中的图形文件，如果该图形文件包含预览图像，则在预览窗格中显示该图像；如果选择的图形中不包含预览图像，则预览窗格为空。也可以通过拖动鼠标的方式改变预览格的大小。

⑧"说明"按钮：打开或关闭说明窗格，以确定是否显示说明内容。打开说明窗格后，单击控制板中的图形文件，如果该图形文件包含有文字描述信息，则在说明窗格中显示出图形文件的文字描述信息；如果图形文件没有文字描述信息，则说明窗格为空。可以通过拖动鼠标的

方式来改变说明窗格的大小。

⑨"视图"按钮 ▦▾:用于确定控制板所显示内容的显示格式。单击该按钮将弹出一快捷菜单,可从中选择显示内容的显示格式。

⑩"搜索"按钮 ᴏ:用于快速查找对象。单击该按钮,将打开"搜索"对话框,如图6-25所示,可使用该对话框快速查找诸如图形、块、图层及尺寸样式等图形内容或设置。

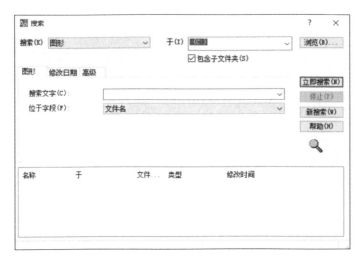

图6-25 "搜索"对话框

6.4.3 在文档中插入设计中心内容

使用 AutoCAD 2007 设计中心,可以方便地在当前图形中插入块,引用光栅图像及外部参照,在图形之间复制块、复制图层、线型、文字样式、标注样式以及用户定义的内容等。

下面介绍几种常用的向已打开的图形中添加对象的方法。

(1)插入保存在磁盘中的块。先在设计中心窗口左边的文件列表中单击块所在的文件夹名称,此时该文件夹中的所有文件都会以图标的形式列在其右边的文件图标窗口中;从内容窗口中找到要插入的块,然后选中该块并按住鼠标左键将其拖到绘图区后释放,AutoCAD 2007将按照下拉菜单"工具"中的"选项"对话框的"用户系统配置"选项卡中确定的单位自动转换插入比例,然后将该块在指定的插入点按照默认旋转角度插入。

(2)加载外部参照。先在设计中心窗口左边的文件列表中单击外部参照文件所在的文件夹名称,然后再按住鼠标右键将内容窗口中需要加载的外部参照文件拖到绘图窗口后释放,在弹出的快捷菜单中选择"附着为外部参照"命令,在系统弹出的"外部参照"对话框中,用户可以通过给定插入点、缩放比例及旋转角度来加载外部参照。

(3)复制文件中的图像。利用 AutoCAD 2007 设计中心,可以将某个图形中的图层、线型、文字样式、标注样式、布局及块等对象复制到新的图形文件中,这样既可以节省设置的时间,又保证了不同图形文件结构的统一性。操作方法为:先在设计中心窗口左边的文件列表中选择某个图形文件,此时该文件中的标注样式、图层、线型等对象出现在右边的窗口中,单击其中的某个对象,然后将它们拖到已打开的图形文件中后松开鼠标左键,即可将该对象复制到当前的文件中。

本章习题

1. 先简述块的特点,然后举例说明创建块与插入块的一般操作步骤。
2. 块属性的特点是什么?如何定义块属性?
3. 外部参照与块有何区别?如何附着和剪裁外部参照?
4. 先创建如图 6-26 所示的表面粗糙度符号图形,再根据该图形创建一个块 B1;然后利用所创建的块 B1,使用 INSERT 命令在如图 6-27 所示图形中标注表面粗糙度符号。操作后回答:使用块来创建重复图形与使用复制命令来创建重复图形相比,有什么区别和优势?

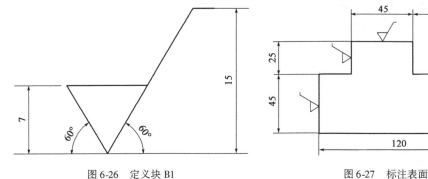

图 6-26 定义块 B1　　　　　　　图 6-27 标注表面粗糙度符号

5. 绘制如图 6-28 所示的连接件视图,并创建带有名称、材料和绘图日期字样的块属性,然后让块插入到当前视图中。

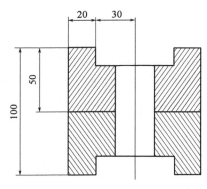

图 6-28 连接件视图

第 7 章
图纸的打印与输出

打印输出是将绘制好的图形用打印机或绘图仪绘制出来。本章主要讲解图纸打印和输出的方法。通过本章的学习,读者应该掌握如何添加与配置绘图设备、如何设置打印样式、如何设置页面,以及如何打印绘图文件。

本章学习要求

(1) 掌握如何在图形空间中利用布局进行打印设置,主要包括布局的创建及其打印设置。

(2) 理解 AutoCAD 2007 中打印样式的概念、定义和使用,以及打印样式表和打印管理器的作用。

(3) 了解在模型空间和布局空间打印图纸的方法。

7.1 图 形 输 出

7.1.1 导入图形

当 AutoCAD 2007 的菜单命令中有"输入"命令时,点击"插入点→输入→输入文件→文件类型"(注:系统允许输入"图元文件"、ACIS 及 3DStudio 图形格式的文件)。

当 AutoCAD 2007 的菜单命令中没有"输入"命令时,点击"插入→3DStudio""插入→ACIS 文件"及"插入→Windows 图元文件",分别输入上述 3 种格式的图形文件。

7.1.2 插入 OLE 对象

点击"插入→OLE 对象",打开"插入对象"对话框,可以插入对象链接或者嵌入对象,如图 7-1 所示。

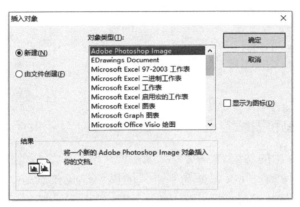

图 7-1 "插入对象"对话框

【例 7-1】 在 AutoCAD 2007 中插入道路图像。

解:
(1)选择"插入→OLE 对象",打开"插入对象"对话框。
(2)选择"由文件创建"单选按钮,对话框中将显示"浏览"按钮。
(3)点击"浏览"按钮,在打开的对话框中选择需要插入的图像,然后点击"打开"按钮返回"插入对象"对话框,在"文件"文本框中将显示插入图像的路径和名称。
(4)点击"确定"按钮关闭"插入对象"对话框,即可将图像插入文档中,结果如图 7-2 所示。

图 7-2 插入道路图像

7.1.3 输出数据

在菜单栏点击"文件→输出",打开"输出数据"对话框,可以在"保存于"下拉列表框中设置文件输出的路径,在"文件"文本框中输入文件名称,在"文件类型"下拉列表框中选择文件的输出类型,如图元文件、ACIS、平板印刷、封装 PS、DXX 提取、位图、3DStudio 等。

设置文件的输出路径、名称及文件类型后,点击对话框中的"保存"按钮,将切换到绘图对话框中,可以选择需要以指定格式保存的对象。

7.2 布　　局

7.2.1 模型空间和图纸空间

AutoCAD 2007 最有用的功能之一就是可以在两个环境中完成绘图和设计工作,即"模型空间"和"图纸空间"。模型空间又可分为平铺式的模型空间和浮动式的模型空间,大部分设计和绘图工作都是在平铺式模型空间中完成的。而图纸空间是模拟手工绘图的空间,它是为绘制平面图而准备的一张虚拟图纸,是一个二维空间的工作环境,在其中可规划视图的大小和位置,也就是将模型空间中不同视角下产生的视图或具有不同比例因子的视图在一张图纸上表现出来。从某种意义上来说,图纸空间就是为布局图面、打印出图而设计的,还可在其中添加诸如边框、注释、标题和尺寸标注等内容。

AutoCAD 2007 中,图纸空间是以布局的形式来使用的。一个图形文件可包含多个布局,每个布局代表一张单独的打印输出图纸。在绘图区域底部选择"布局"选项卡,可查看相应的布局。

在图纸空间中,用户可随时选择"模型"选项卡来返回模型空间,也可以在当前布局中创建浮动视口来访问模型空间。浮动视口相当于模型空间中的视图对象,用户可以在浮动视口中处理模型空间的对象。在模型空间中的所有修改都将反映到所有图纸空间视口中。

在绘图对话框左下角设置有"模型""布局 1""布局 2"3 个选项卡,点击相应的选项卡,即可切换模型空间和图形空间。

7.2.2 向导创建布局

在 AutoCAD 2007 中,可以用"布局向导"命令来创建新布局,也可以用 Layout 命令以模板的方式来创建新布局。这里将主要介绍以向导方式创建布局的过程,具体有以下两种方法。

(1)点击"插入→布局→创建布局向导"。
(2)在中输入 LAYOUT WIZARD 命令后按下 Enter 键。
执行上述任一操作后,AutoCAD 2007 会打开如图 7-3 所示的"创建布局→开始"对话框。
①点击"工具→向导→创建布局",打开"创建布局-开始"对话框,并在"输入新布局的名称"文本框中输入新创建的布局的名称,如布局 3,如图 7-3 所示。
②点击"下一步",在打开的"创建布局-打印机"对话框中,选择当前配置的打印机,如

图 7-4 所示。

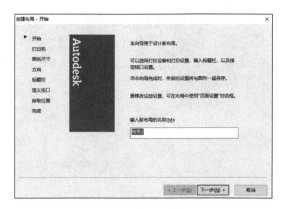

图 7-3 "创建布局-开始"对话框

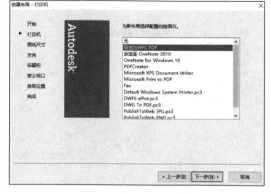

图 7-4 "创建布局-打印机"对话框

③点击"下一步"按钮,在打开的"创建布局-图纸尺寸"对话框中选择打印图纸的大小并选择所用的单位。图形单位可以是毫米、英寸或像素。这里选择绘图单位为毫米,纸张大小为A4,如图 7-5 所示。

④点击"下一步"按钮,在打开的"创建布局-方向"对话框中设置打印的方向,可以是横向打印,也可以是纵向打印,这里选择"横向"单选按钮,如图 7-6 所示。

图 7-5 "创建布局-图纸尺寸"对话框

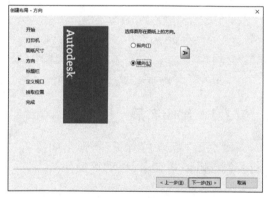

图 7-6 "创建布局-方向"对话框

⑤点击"下一步"按钮,在打开的"创建布局-标题栏"对话框中,选择图纸的边框和标题栏的样式。对话框右边的预览框中给出了所选样式的预览图像。在"类型"选项区域中,可以指定所选择的标题栏图形文件是作为块还是作为外部参照插入当前图形中,如图 7-7 所示。

⑥点击"下一步"按钮,在打开的"创建布局-定义视口"对话框中指定新创建布局的默认视口的设置和比例等。在"视口设置"选项区域中选择"单个"单选按钮,在"视口比例"下拉列表中选择"按图纸空间缩放"选项,如图 7-8 所示。

⑦点击"下一步"按钮,在打开的"创建布局→拾取位置"对话框中,点击"选择位置"按钮,切换到绘图对话框,并指定视口的大小和位置,如图 7-9 所示。

⑧点击"下一步"按钮,在打开的"创建布局→完成"对话框中,点击"完成"按钮,完成新布局及默认的视口创建,如图 7-10 所示。

图 7-7 "创建布局-标题栏"对话框

图 7-8 "创建布局-定义视口"对话框

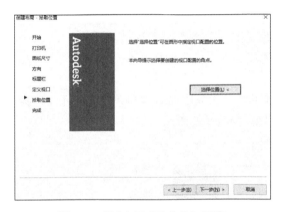
图 7-9 "创建布局-拾取位置"对话框

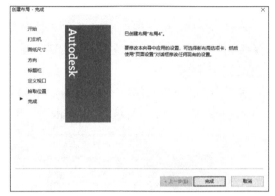
图 7-10 "创建布局-完成"对话框

7.2.3 编辑布局

右键点击"布局 1"标签,将弹出如图 7-11 所示的"布局"对话框,用户可根据需要对布局进行复制、删除、重命名、移动等操作。

图 7-11 "布局"对话框

7.2.3.1 复制布局

复制布局的具体操作步骤如下。

(1)打开图形文件,点击绘图区域下方的"布局"选项卡。

(2)用鼠标右键点击"布局选项卡",在弹出的对话框中选择"移动或复制"命令,打开如图 7-12 所示的"移动或复制"对话框。

(3)在"移动或复制"对话框中选中"创建副本"复选框,然后在"在布局前"列表框中选择要复制到的位置,如图 7-13 所示。

(4)点击"确定"按钮,在绘图区域下方将多出一个布局选项卡。

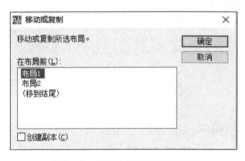
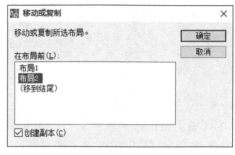

图 7-12 "移动或复制"对话框　　　　图 7-13 "选择要复制的位置"对话框

7.2.3.2 移动当前布局

其操作与复制布局的操作相似,不同的是要移动的布局选项卡必须是当前布局,在"移动或复制"对话框中需要取消选中"创建副本"复选框。

7.2.3.3 删除布局

用鼠标右键点击要删除的布局,在弹出的对话框选择"删除"命令,在打开的对话框中点击"确定"按钮。

7.2.3.4 重命名

用鼠标右键点击要重命名的布局,在弹出的对话框选择"重命名"命令,即可输入新的布局名称。

7.2.4 页面设置

点击"文件(E)→页面设置管理器命令(G)",进入如图 7-14 所示的"页面设置管理器"对话框。点击"新建(N)"按钮,进入如图 7-15 所示的"页面设置",可以在其中创建新的布局。

页面设置是打印设备和其他影响最终输出的外观和格式的设置集合,可以修改这些设置并将其应用到其他布局中。

7.2.4.1 "页面设置"区

(1)名称:显示当前页面设置名称。

(2)图标:从布局中打开"页面设置"对话框后,将显示 DWG 图标;从图纸集管理器中打开"页面设置"对话框后,则会显示图纸集图标。

图 7-14 "页面设置管理器"对话框

图 7-15 "页面设置"对话框

7.2.4.2 "打印机/绘图仪"区

该区域用于指定打印或者发布布局或图纸时使用的已配置的打印设备。

（1）名称：列出可用的 PC3 文件或系统打印机，可以从中进行选择，以打印或者发布当前布局或图纸。

（2）"特性"按钮：点击此按钮，可以显示绘图仪配置编辑器，从中可以查看或者修改当前绘图仪的配置、端口、设备和介质设备。

（3）绘图仪：显示当前所选页面设置中指定的打印设备。

（4）位置：显示当前所选页面设置中指定输出设备的物理位置。

（5）说明：显示当前所选页面设置中指定输出设备的说明文字。可以在绘图仪配置编辑器中编辑此文字。

（6）预览：精确显示相对于图纸尺寸和可打印区域的有效区域。工具栏提示显示图纸尺寸和可打印区域。

7.2.4.3 "图纸尺寸"区

该区域显示所选打印设备可用的标准图纸尺寸，可以从下拉列表中进行选择。

7.2.4.4 "打印区域"区

该区域用于指定要打印的图形区域。在"打印范围"下，可以选择要打印的图形区域。

（1）布局/图形界限：打印布局时，将打印指定图纸尺寸的可打印区域的所有内容，其原点从布局中的(0,0)点计算得出。

（2）范围：打印包括对象的图形的部分当前空间，当前空间内的所有几何图形都将被打印。打印之前，可能会重新生成图形以重新计算范围。

（3）显示：打印"模型"选项卡当前视口中的视图或"布局"选项卡当前图纸空间视图中的视图。

（4）视图：打印以前使用 VIEW 命令保存的视图，可以从列表中选择命名视图。如果图形中没有已保存的视图，此选项不可用。

（5）窗口：打印指定的图形部分。指定要打印区域的两个角点时，"窗口"按钮才可用。点击"窗口"按钮,可以使用定点设备指定要打印区域的两个角点,或输入坐标值。

7.2.4.5 "打印偏移"区

该区域根据"指定打印偏移时相对于"选项中的设置,指定打印区域相对于可打印区域左下角或图纸边界的偏移。

(1)居中打印:自动计算 X 偏移和 Y 偏移值,在图纸上居中打印。

(2)X:相对于"打印偏移定义"选项中设置制定 X 方向上的打印原点。

(3)Y:相对于"打印偏移定义"选项中设置制定 Y 方向上的打印原点。

7.2.4.6 "打印比例"区

该区域用于控制图形单位与打印单位之间的相对尺寸。

(1)布满图纸:缩放打印图形以布满所选图纸尺寸。

(2)比例:定义打印的精确比例。

(3)英寸=/毫米=/像素=:指定与指定的单位数等价的英寸数、毫米数或像素数。

(4)单位:指定与指定的英寸数、毫米数或像素数等价的单位数。

(5)"缩放线宽"复选框:设置与打印比例成正比缩放线宽。

7.2.4.7 "打印样式表"区

该区域用于设置、编辑打印样式表,或者创建新的打印样式表。

(1)名称列表:显示指定给当前"模型"选项卡或"布局"选项卡的打印样式表,并提供当前可用的打印样式表的列表。

(2)"编辑"按钮:显示打印样式表编辑器,从中可以查看或修改当前打印样式表中的打印样式。

(3)"显示打印样式"复选框:控制是否在屏幕上显示指定给对象的打印样式的特性。

7.2.4.8 "着色视口选项"区

该区域用于指定着色和渲染视口的打印方式,并确定它们的分辨率级别和每英寸点数(dpi)。

(1)着色打印:指定视图的打印方式。

(2)质量:指定着色和渲染视口的打印分辨率。

(3)dpi:指定渲染和着色视图的每英寸点数,最大可为当前打印设备的最大分辨率。

7.2.4.9 "打印选项"区

该区域用于指定线宽、打印样式和对象的打印次序等选项。

(1)打印对象线宽:指定是否打印为对象或图层指定的线宽。

(2)"按样式打印"复选框:指定是否打印应用于对象和图层的打印样式。如果选择该选项,也将自动选择"打印对象线宽"。

(3)"最后打印图纸空间"复选框:首先打印模型空间几何图形。

(4)"隐藏图纸空间对象"复选框:指定隐藏操作是否应用于图纸空间视口中的对象。

7.2.4.10 "图形方向"区

(1)纵向:放置并打印图像,使图纸的短边位于图形页面的顶部。

(2)横向:放置并打印图像,使图纸的长边位于图形页面的顶部。

(3) 反向打印：上下颠倒地放置并打印。

(4) 图标(A)：指示选定图纸的介质方向并用图纸上的字母表示页面上的图形方向。

7.2.4.11 "预览"按钮

用于以预览的方式显示图形。

7.3 打印样式

使用打印样式，即可以修改打印图像的外观，如对象的颜色、线型和线宽，也可以指定端点、连接和填充样式，还可以产生一些特殊的输出效果。

7.3.1 打印样式表

打印样式表用于定义打印样式。打印样式表主要分为与颜色相关的打印样式表和与命名相关的打印样式表。与颜色相关的打印样式表以.ctb为扩展名保存，而与命名相关的打印样式表以.stb为扩展名保存。

7.3.1.1 创建颜色打印样式表

创建与颜色相关的打印样式表的步骤如下。

(1) 选择"工具(T)→向导(Z)→添加颜色相关的打印样式表(D)"菜单命令，进入如图7-16所示的"添加颜色相关打印样式表-开始"对话框。

(2) 如图7-16所示，如果选择"创建新打印样式表(S)"选项，可以从开始创建新的打印样式表；如果选择"使用CFG文件"选项，则使用acadrl3.cfg文件中的"笔设置"信息来创建新的打印样式表；如果选择"使用PCP或PC2文件"选项，则使用PCP或PC2文件中存储的"笔设置"信息创建新的打印样式表。

(3) 设置好"开始"选项后，点击"下一步"按钮，进入图7-17所示对话框，在该步骤中可以从CFG、PCP或PC2等文件中输入相应的定位信息。

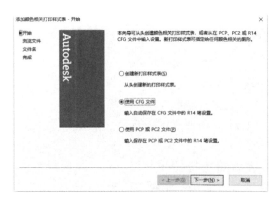
图7-16 "添加颜色相关打印样式表-开始"对话框

图7-17 "添加颜色相关打印样式表-浏览文件名"对话框

(4) 设置"浏览文件"选项，点击"下一步"按钮，进入"文件名"对话框，以便指定新建的打印样式表的名称。

（5）设置好"文件名"后,点击"下一步"按钮,进入"完成"对话框,在完成创建工作前,还可点击"打印样式表编辑器"按钮,用打印样式表编辑器对该文件进行编辑。如果选中"对当前图形使用此打印样式表"复选框,便可以将新建的打印样式表应用于当前图形;如果选中"对 AutoCAD 2007 以前的图形和新图形使用此打印样式表",则可按默认的规定附着打印样式到所有新图形和早期版本的图形。设置完成后,将创建一个新的.ctb 文件,并将其保存在 AutoCAD 2007 系统主目录中的 Plot Styles 中。

7.3.1.2　创建命名打印样式表

创建与命名相关的打印样式表的步骤如下。

（1）选择"工具(T)→向导(Z)→添加打印样式表(S)"菜单命令,点击"下一步"按钮,进入如图 7-18 所示的对话框中。

（3）点击"下一步"按钮,进入"表类型"对话框,从中可以选择创建命名打印样式表还是创建颜色相关打印样式表。

（4）点击"下一步"按钮,进入如图 7-19 所示的对话框,如果要从已存在的文件或 CFG、PCP、PC2 等文件中输入信息,可以在该对话框中进行定位。

图 7-18　"添加打印样式表-开始"对话框

图 7-19　"添加打印样式表-浏览文件名"对话框

（5）点击"下一步"按钮,进入如图 7-20 所示的对话框,应在此输入打印样式的文件名。

（6）点击"下一步"按钮,进入"完成"对话框,只需点击"完成"按钮,系统便能创建一个新的.stb 文件,并将其保存在 AutoCAD 2007 系统主目录中的 Plot Styles 子文件夹中。

图 7-20　"添加打印样式表-文件名"对话框

7.3.2 使用打印样式

如果 AutoCAD 2007 的图形对象工作在命名打印样式模式下,可以修改对象或图层的打印样式。具体方法是选择"工具(T)→选项(N)"菜单命令,在如图 7-21 所示的"选项"对话框中选择"打印和发布"选项卡,点击其中"打印样式表设置"按钮,进入"打印样式表设置"对话框,可以选择新建图形所使用的打印样式模式。在命名模式下,还可以设置"0"层和新建对象的默认打印样式。

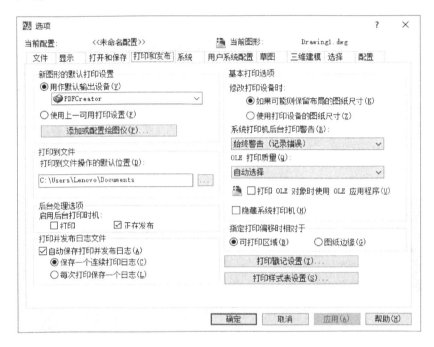

图 7-21 "打印和发布"对话框

7.4 打印图形

7.4.1 打印预览

在将图形发送到打印机或绘图仪之前,最好先生成打印图形的预览。生成预览可以节约时间和材料。用户可以从"打印"对话框预览图形。预览显示图形在打印时的确切外观,包括线宽、填充图案和其他打印样式选项。预览图形时,将隐藏活动工具栏和工具选项卡,并显示临时的"预览"工具栏,其中提供打印、平移和缩放图形的按钮。在"打印"和"页面设置"对话框中,缩微预览还在页面上显示可打印区域和图形的位置。

进行打印预览的步骤如下。
(1)点击"文件(F)→菜单→打印(P)"。
(2)进入如图 7-22 所示的"打印"对话框中,点击"预览(P)"按钮打开预览对话框,光标将改变为实时缩放光标。

（3）点击鼠标右键可显示包含以下选项的对话框：打印、平移、缩放、缩放对话框或缩放为原对话框（缩放至原来的预览比例）。

（4）按 Esc 键退出预览并返回到"打印"对话框。

（5）如果需要，继续调整其他打印设置，然后再次预览打印图形。

图 7-22 "打印"对话框

7.4.2 打印输出图形

在 AutoCAD 2007 中，可以使用"打印"对话框打印图形。当在绘图对话框中选择一个布局选项卡后，选择"文件(F)→菜单→打印"命令进入"打印"对话框。在打印预览设置正确之后，点击"确定"按钮以打印图形。AutoCAD 2007 将按照当前的页面设置、绘图设备设置及绘图样式表等在屏幕上绘制最终要输出的图纸。

本章习题

1. 在 AutoCAD 2007 中，如何使用"打印"对话框设置打印环境？
2. 什么是布局？模型空间和图纸空间有什么区别和联系？
3. 什么是打印样式？如何创建打印样式表？
4. 如何使用打印样式？
5. 在 AutoCAD 2007 中，如何将图形发布为 DWF 文件？
6. 在打印输出图形之前，可以预览输出结果，检查设置是否正确，预览输出结果的方法有哪些？

7.绘制如图 7-23 所示图形,并将其发布为 DWF 文件,然后使用 Autodesk DWF Viewer 预览发布的图形。

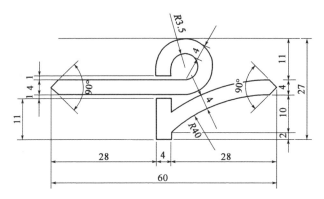

图 7-23　道路标志图案(尺寸单位:cm)

ARTICLE | 下篇

CAD设计应用

第8章
鸿业市政道路设计软件概述

本章学习要求
(1)认识鸿业市政道路设计软件。
(2)掌握鸿业市政道路设计软件的基础设置,能够完成一些基础命令。

8.1 软 件 简 介

鸿业市政道路设计软件简称"HY-SZDY",是属于北京鸿业同行科技有限公司旗下的道路设计产品之一,其用途主要是为市政道路设计部门提供一套完整的、智能化的、自动化的解决方案。该软件以市政道路专业的最新国家标准和权威部门的市政专业技术资料为开发依据,开发内容覆盖市政道路专业设计的各个层面,可以实现道路平纵横设计、交叉口设计、地形图处理、场地土方计算等功能,同时也提供了大量的设计计算与出图工具,提供设计过程中的实时规范调查,可以辅助快速完成施工图设计以及工程量自动统计出表等工作,支持平纵横修改的数据智能联动,也为施工图设计过程中数据修改提供了方便,可极大地提高设计效率。

鸿业市政道路设计软件采用最新的软件设计模式进行开发,比较贴近用户的设计习惯,可以支持 WinXP、32 位和 64 位的 Xin7/Win8,以及 AutoCAD 的所有版本。

8.2 道路设计流程

道路设计的主要流程如下。
(1)先选择新建道路或者打开工程。
(2)原始地形的处理。
(3)平面设计:平面设计包括确定道路等级、车速,并对其进行绘制、定义、编号等。
(4)纵断面设计:纵断面设计包括输入或提取自然标高、动态拉坡和竖曲线设计、生成纵断数据文件等。
(5)横断面设计:横断面设计包括输入或提取自然标高、边坡定义和挡土墙设计、纵断面设计绘图、出土方表等。
(6)交叉口设计:交叉口设计包括定义交叉口的属性、划分板块、板块的处理、定义控制点的标高、绘制计算线和等高线等。

8.3 软件的安装

本书将以鸿业市政道路设计软件 9.0forR17 为例,着重介绍鸿业市政道路设计软件的应用。该软件的安装流程如下。
(1)选择"HY-SZDYforR17 安装",出现如图 8-1 所示界面。
(2)点击下一步,则出现"许可证协议"对话框,如图 8-2 所示。

图 8-1　软件安装界面

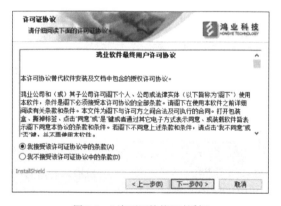

图 8-2　"许可证协议"对话框

(3)阅读最终用户许可协议后,并选择"我接受该许可证协议中的条款",点击下一步则出现用户信息表格,如实填完则点击下一步,出现"选择需要安装的产品内容"对话框,如图 8-3 所示。
(4)点击下一步,则出现"许可证入口",选择该软件的许可类型,点击下一步,则出现"安装路径"对话框,如图 8-4 所示。

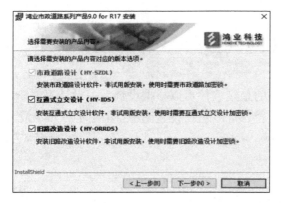
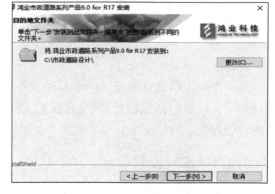

图 8-3 "选择需要安装的产品内容"对话框　　　　图 8-4 "安装路径"对话框

（5）选择文件的安装位置后，点击下一步则出现"选择工程保存路径"对话框，如图 8-5 所示。

（6）点击下一步就会出现"安装确认"对话框，如图 8-6 所示。

图 8-5 "选择工程保存路径"对话框　　　　图 8-6 "安装确认"对话框

（7）点击安装。安装成功后，该软件与另外两个附带软件会自动在桌面上形成快捷方式，共计 3 个快捷方式，如图 8-7 所示。

横断面数据植入工具　　鸿业土石方调配 for R17

鸿业市政道路系列产…

图 8-7 快捷方式图标

8.4 软件的设置

鸿业市政道路设计软件区别于其他设计软件的是该软件可以根据设计者的设计习惯来设置软件。其设置包括工程设置、综合设置、图层设置、标注设置、设置图框、图框向导、简化命令和配置管理等。

8.4.1 工程设置

工程设置主要是设置工程名称和存放数据的工程目录。

(1) 新建工程

"新建工程"用于建立一个新的工程。单击"设置→新建工程",弹出"新建工程"对话框,在工程名中给该工程起名后,点击"浏览"选择工程保留路径,点击确定即可,如图 8-8 所示。

(2) 打开工程

如果用户需要在已有的工程上进行下一步工作和完善,则需要单击"设置→打开工程",弹出"打开工程"对话框,选中要打开的工程文件(*.dlproj),再点击打开即可,如图 8-9 所示。

图 8-8 "新建工程"对话框　　　　图 8-9 "打开工程"对话框

(3) 工程管理

工程的概念是 CAD 所没有的,它是为了适应专业软件需求特别建立的一个概念。专业软件涉及大量的计算及自动处理,这就必然产生一些中间数据文件和计算结果文件,比如道路设计时产生的一系列高程数据文件、线型数据文件等。为了方便编辑、查看、管理这些文件,软件提出了工程的概念,并提供了工程管理的功能。点击"设置→工程管理"即可打开工程管理的对话框,可以很方便地建立、打开、查看工程文件,如图 8-10 所示。

8.4.2 综合设置

综合设置包括"设计高程线位置""出图位置""文字字型设置"三个部分。单击"设置→综合设置",就可以实现综合设置。

(1) 设计高程线位置

用来设置纵断设计高程在道路平面所处的实际位置,其有三种形式,如图 8-11 所示。

图 8-10 工程管理

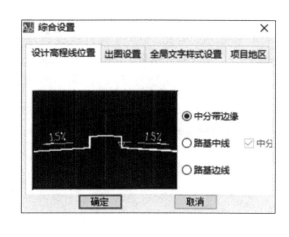

图 8-11 设计高程线位置对话框

(2) 出图设置

出图设置包括设置出图比例、文字大小、标注位数和角度格式四部分。出图比例用于控制图形的文字、图块等,但是实际绘图时是以 m 为单位的,与出图比例无关,出图时在"Plot"绘图命令窗口中点"Scale"设定缩放比例。缩放比例和出图比例的关系是:缩放比例 =1000/出图比例,设定后会在屏幕状态行自动显示。例如,按照 1∶1000 绘制好图纸,"出图比例"设为 <1∶1000>,然后插入 A1 图框(其大小为 841 ×594),打印时"Scale"设为 <1∶1>,则打印出来刚好是 A1 大小;假如还是这张按照 1∶1000 绘好的图纸,想将道路比例设为 1∶500,可先将"出图比例"设为 <1∶500>,然后插入 A1 图框(注:这时打印出来是 420.5 ×297 大小,如还要打印为 A1 大小,则应将"Scale"设为 <2∶1>,此时打印出来的道路比例为1∶500,而图框还原为 A1 大小,文字与 1∶1000 时相同)。

由于条件图的情况比较复杂,按照下面原则来处理条件图:

①如果条件图是. dwg 文件,则直接用 open 命令打开;如果条件图是图像文件,则用 image 命令把它插入图形中。

②找出其中已知距离的两个点,假定图面上表示的距离为 L_1。

③用 AutoCAD 的 DISTANCE 命令测量这两点间的距离,假定为 L_2。

④再用 Scale 命令,选择条件图所有的内容,以条件图中心位置为基准点,输入放缩比例为:L_1/L_2。

文字大小是用来控制坐标、标高、尺寸等标注的文字高度,缺省值为 3mm(注:缺省值可能会随着标注内容的不同而改变),是可以根据标注要求随时进行设置的,后续标注将跟随最新的设置。不同出图比例的文字大小由程序自动换算。标注位数用以控制坐标、竖向标高、尺寸等标注精确至小数点后面的位数,可根据具体标注要求修改,设置仅影响后续操作。角度格式标注显示的格式,十进制度数显示效果如 43.21°,度分秒显示效果如 43°12′36″。精度选项控制标注时的精度。"出图设置"对话框如图 8-12 所示。

(3)文字字形设置

鸿业市政道路设计软件可以设置出图时采用的文字字体及系统当前文字样式,选择想要的字形,点击"确认"按钮后,可将选中文字样式设置为系统当前文字样式,同时将软件内置的文字样式("HyStandard""DimTextStyle""gpshz""szsjbg""HYSZTEXT""gpsxw""HZ""DimTextStyle")设为指定的字体。"全局文字样式设置"对话框如图 8-13 所示。

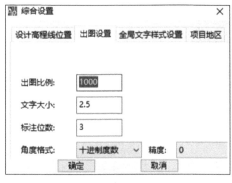 

图 8-12　"出图设置"对话框　　　　　　图 8-13　"全局文字样式设置"对话框

8.4.3　图层设置

单击"设置→图层设置",弹出"图层管理"对话框,可以对图层进行个性化设置,但图层名称和含义不能修改。如果要修改线宽,线宽的更改不会立即生效,还需要结合后面的"工具→图面操作→出施工图"命令。"图层管理"对话框如图 8-14 所示。

图 8-14　"图层管理"对话框

8.4.4　标注设置

如果要对标注进行设置,只需要单击"设置→标注设置",弹出"标注设置"对话框,如图 8-15 所示。

8.4.5 设置图框

单击"设置→设置图框",会弹出"设置图框"对话框,如图8-16所示。

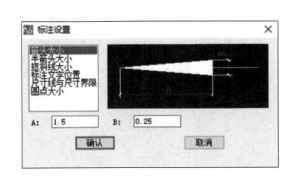
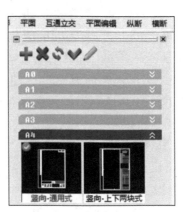

图8-15 "标注设置"对话框　　　　图8-16 "设置图框"对话框

(1)➕代表添加图框样式,其中图框有效绘图区域是指分图时可以填入图形的部分,主要是指除图签和图号区之外的绘图区域,指定时以矩形窗口方式定义;总页数文字插入点、页码文字插入点、桩号范围文字插入点是指一般对应于分图时图框右上角图号区域的各个栏,可根据实际要求点取定位;图框名称则是在图纸面板中唯一识别图框的名称。

(2)❌代表删除图框样式,可以删除选中的图框,只能删除用户自定义图框。

(3)↻代表修改图框样式。

(4)✔代表将选中图框置前。

(5)✏代表预览图框。

8.4.6 图框向导

单击"设置→图框向导",会弹出"图框向导"对话框,如图8-17所示。

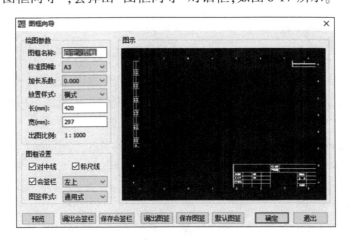

图8-17 "图框向导"对话框

在图框向导图层中可以设置图幅、加长系数、是否有对中线、是否有标尺线、会签栏样式、会签栏位置、图签栏定制修改和会签栏定制修改等内容,具体操作为点击"输入图框名称→图幅大小→图框放置样式→图框尺寸→图框设置参数"。若不需要定制图签和会签,即可点"快速生成此样式的图框",系统会自动把这个图框添加到图框设置面板中,并将此图框置为当前图框。不同的图幅可以有不同的图签样式,修改图签和修改会签栏是指对当前图框的操作。修改任意参数,右方的图框面板会随着变化,显示出定制的图框缩略图。

(1)在右方的图框面板控件中,进行以下技巧操作可查看图框示图。

①按下鼠标中键并拖动,可移动视图。

②滚动鼠标滚轮,可缩放视图。

③拖动鼠标左键,可旋转视图。

④右击鼠标,可恢复原始视图。

(2)图签、会签栏文件存储路径如下。

①会签栏、图签存储目录:USING。

②会签栏文件名称:SZHQL.DWG。

③通用式图签文件名称:sztq_0.dwg。

④下通栏图签文件名称:SZTQ_ + 图幅 + _1.DWG,对不同图幅,只需将图幅名称置换即可,如 A3 图,文件名称为 SZTQ_A3_1.DWG。

⑤上通栏图签文件名称:SZTQ_ + 图幅 + _2.DWG,如 A3 图,文件为 SZTQ_A3_2.DWG。

⑥上下两块式图签文件名称:上部为 SZTQ_3U.DWG,下部为 SZTQ_3L.DWG。

8.4.7　简化命令

简化命令用于查看软件的默认命令及设置对应的自定义命令,其中软件的菜单项和默认命令是不能够修改的,只能进行查看。通过鼠标单击自定义命令栏,可以自行输入命令,然后点击确定即可。单击"设置→简化命令",就会出现"简化命令"对话框,如图 8-18 所示。

8.4.8　配置管理

通过配置管理可完成市政道路系统设置的导入和导出,能够使不同工程或多个计算机之间使用相同的配置,从而提高设计效率。软件中的配置按照作用范围可以分为两大类:一是在当前软件范围内均有效,称为软件设置;二是仅在当前工程内有效,称为工程设置。其中软件中图框设置所涉及的会签栏、图签等文件,会根据 CAD 版本的不同而有所差异,因此导入设置时需要注意版本匹配。打开配置管理界面的方式为单击"设置→导入和导出设置",屏幕出现"导入和导出设置"对话框,如图 8-19 所示。

 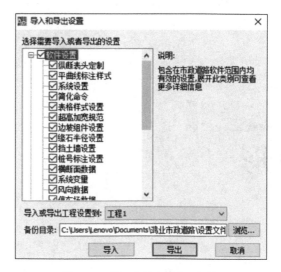

图 8-18 "简化命令"对话框　　　　图 8-19 "导入和导出设置"对话框

本章习题

1. 如何新建一个工程？如何打开一个工程？
2. 如何对出图进行设置？
3. 道路设计的主要流程是什么样的？
4. 标注设置中可以进行哪几部分的设置？
5. 如何增加图框？
6. 简化命令该如何实现？
7. 配置管理的功能是什么？

第 9 章 地形

扫描后的光栅图或经矢量化软件处理的图形文件、经数字化仪处理的地形图等均可直接在 HY-SZDL 软件中调用。HY-SZDL 软件可以对调入的地形图进行相应处理,如跟踪描绘等高线、绘制等高线、定义等高线、定义离散点标高等,并可据此计算任意点高,绘制地形断面图,生成三维地形图。

本章学习要求
(1) 了解地形相关知识。
(2) 熟悉 HY-SZDL 软件地形界面。
(3) 掌握 HY-SZDL 软件中地形的基本操作。

9.1 自然地形的输入

自然地形的输入有两种方式:转化原有的矢量化过的地形图(电子地形图)或直接绘制等高线和定义自然离散点高。

注意:在对电子地形图进行等高线、离散点处理之前,最好先检查一下电子地形图是否具有非常大的厚度。如果有的话,用 CHANGE 命令将厚度变为零。另外,要察看一下地形图的 Z 值范围。如果 Z 值过大,就需要用"工具→Z 坐标转零",将过大的 Z 值转化为零。

9.1.1 自然等高线

利用"自然等高线"工具条可进行自然等高线绘制、定义和转为离散点等操作。点击"地形→自然等高线→自然等高线工具条",弹出"自然等高线"工具条,如图9-1所示。

图9-1 自然等高线工具条

(1)绘制

功能:手工绘制等高线。

命令交互:等高距<2.000>,输入等高距,缺省为2m。

退出(E)/自然标高<20.000>,输入自然等高线高程。

随手画(S)/<第一点>,点选等高线第一点。

回车返回/闭合(C)/<下一点>,可连续点取绘制,并自动圆滑处理。

(2)逐根定义

功能:对于已有等高线的地形图,可对其已有等高线进行标高定义。

命令交互:回车退出/选择同一测量高度的等高线。

选取等高线上任意处在同一测量高度的等高线。

自然标高(m),输入其标高值。

(3)搜索定义

功能:若原地形图等高线由若干直线段构成,选取等高线上任一段,程序自动搜索与该段线相连的所有线段并转化为多义线,然后赋标高值。

命令交互:选取某等高线的任一段。

选取等高线上任一段,程序自动搜索与该段线相连的所有线段并转化为多义线。

自然标高(m)<0.000>,输入其标高值。

(4)快速转化

功能:将图形中某层具有高度的LLNE或POLYLINE转换为软件所能识别的等高线。当原始地形图中的等高线标高已定义时,此命令可将其标高值自动提取出来,并自动转化为软件可识别的等高线。

命令交互:选择样线,点取地形图中任一等高线。

选择**层的LINE/POLYLINE。

选择图中所有要定义的等高线,可用窗选或交叉选取,程序则自动选取**层LINE或POLYLNE等高线。

请稍候……。

程序自动对原始等高线的标高进行搜索并定义。

(5)成组定义

功能:许多等高线是有一定规律的,它们以一个等高距递增或递减,使用此命令可以方便定义。

命令交互:请点取篱笆选择起点P1。

请点取篱笆选择起点 P2。

请输入首根(距篱笆起点最近)与篱笆相交的等高线标高 <12.0>。

输入等高距 <2.0>。

(6)标高检查

功能:对于快速转化得到的等高线,有时可能会存在错误转化多余的线,如河流等其他地貌表示线被误转化的情况,可用此命令检查图面上有无不合适的自然等高线,将标高超出控制范围的等高线剔除。

命令交互:选择对象,选择要进行标高检查的等高线。

请输入最小控制标高,输入等高线最小控制标高。

请输入最大控制标高,输入等高线最大控制标高。

"经过检查,共有 ** 条无效自然等高线!"程序会提示不在标高控制范围内的等高线的条数。

该等高线标高,程序逐个提示在标高控制范围外的等高线高程,可通过此后的命令提示分别对这些等高线进行相应的处理。

退出(X)/全部删除(A)/删除该等高线(E)/<回车下一点>。

提示对当前无效等高线的处理方式。

选择 A 删除所有的不合法等高线,选择 E 删除当前不合法等高线,直接回车对所有不满足的等高线逐条查看。

(7)修改

功能:对已有等高线进行查询和修改。

命令交互:<回车返回>/点取自然等高线:选择自然等高线。

新高度 <12.000>,尖括号内为当前高程,输入新高程。

(8)删除

功能:删除任一等高线及其相关标高标注。

命令交互:回车退出/全部清除(A)/选等高线:选择自然等高线。

(9)标注

功能:用来在等高线上进行标高标注,标注后,等高线标注位置自动断开。

命令交互:回车退出/选取等高线。

垂直等高线标注(C)/<沿等高线方向标注>。

(10)离散

功能:将所有等高线按输入间距生成标高离散点。

离散是指在绘制好的等高线上按一定的离散点间距插入离散点,离散点的存在是计算自然点高程的前提,因此在等高线绘制完成后必须进行离散。

命令交互:离散点间距 <10.0>,输入离散间距。

正在工作,请稍候……。

OK!。

缺省的离散间距值较为合适,太大影响计算精度,太小则会影响生成速度。确认后,自动在原等高线上按照所输入间距生成离散点。

注意:绘制地形断面图、土方计算是根据离散点构造三角网来进行的,所以必须先离散等高线。如果图中已有离散点而等高线没有全部离散,此时,未离散的等高线所反映的高程将不被提取,则有可能造成设计错误。

(11)构三角网

功能:由图面中现有的等高线离散点自动构造三角网。

命令交互:共有 680 个离散点构造三角网！正在构造三角网,请稍候……。

(12)构等高线

功能:由三角网生成有一定高程差的等高线。

命令交互:最小高程＊＊米。最大高程＊＊米。

　　　　>>请输入等高距。

　　　　正在构造等高线,请稍候……。

9.1.2　自然标高离散点

点击"地形→自然标高离散点→显示工具条",弹出"自然标高离散点"工具条,如图 9-2 所示。

(1)逐点输入

功能:定义离散点的自然标高,如原始地形图中有离散点存在,可用此命令定义其自然标高。

命令交互:定义离散点自然标高。

　　　　回车退出/参照线定位(L)/测量坐标定位(C)/<离散点位置>。

　　　　输入 C,用以定义已知测量坐标点的标高。缺省方式为直接在图面上取某点,再输入其标高。

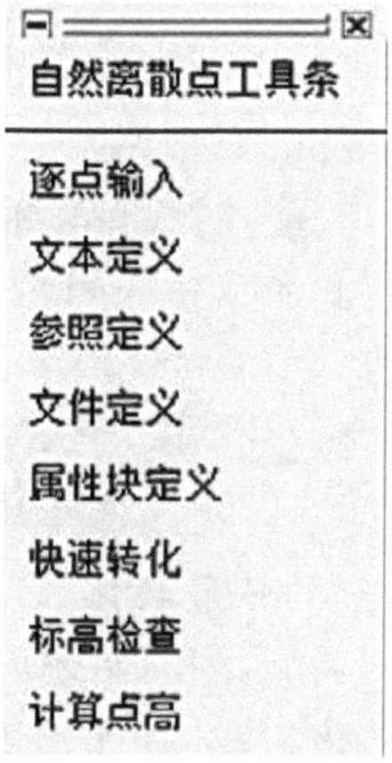

(2)文本定义

功能:矢量化地形图中的自然标高文字自动辨别,并结合文本的定位方式转化为软件可识别的离散点的自然标高。

命令交互:通过图面中表示自然标高高程的文字来定义离散点自然标高。

图 9-2　自然离散点工具条

　　　　回车退出/选择表示自然标高高程的任一文字。

　　　　点定位(P)/块定位(B)/圆定位(A)/圆环定位(D)/点取定位(G)/椭圆定位(E)/<回车文字左下角>。

　　　　选择＊＊层的 TEXT 实体,请选择(注:如范围较大,可用窗口选择,或直接输入"all"命令选取)。

　　　　选择对象。

　　　　转换文字的图层(Y)/<N>。

　　　　正在工作,请稍候……(注:程序自动在文字的周围寻找定位点,并在定位点布置表示此文字值的离散点)。

　　　　已完成 100%。

　　　　OK!。

注意:由于转换是自动的,所以应将在同一个图层中而又不是表示标高的数字删除或将其转到其他图层。

(3)参照定义

功能:选取参照物进行批量的自然离散点转化。可以选择的参照实体包括块参照、圆、圆弧及椭圆,软件会提取块参照的插入点或者圆、圆弧、椭圆的中心点坐标,并根据其 Z 值转化成自然标高离散点。

命令交互:通过图面中表示自然标高的块、圆、圆弧或者椭圆来定义自然标高离散点。

选择表示高程的样本块、圆、圆弧或者椭圆。

选择 **层的**样本**,请选择(注:如范围较大,可用窗口选择,或直接输入"all"命令选取)。

(4)文件定义

功能:将文件中的点数据导入到图形中。

命令交互:点击"文件定义"找到并打开标高文件(*.txt),系统自动将点标高文件中的资料以标高点的形式在图面上表示出。

文件格式:$x1\ y1\ z1$

　　　　…………

　　　　$xn\ yn\ zn$。

(5)属性块定义

功能:对矢量化地形图中的标高属性块自动辨别,并转化为软件可识别的离散点的自然标高。此命令功能同"文本定义",区别是其选择对象为标高属性块,属性块的属性值表示标高值。

命令交互:回车退出/选择任意一个标高块。

选择其他标高块。

(6)快速转化

功能:当原始地形图中的离散点标高已定义时,此命令可将其标高值自动提取出来,并自动转化为软件可识别的离散点。

命令交互:回车退出/选择样点,即点取地形图中任一离散点。

选择 **层的点。

选择图中所有要定义的离散点。可用窗选或交叉选取,程序则自动选择 **层离散点。

请稍候……程序自动对原始离散点的标高进行搜索并定义。

(7)标高检查

功能:对于快速转化得到的离散点,有时可能还存在一些多余点,可用此命令检查图面上有无自然标高突变点,将标高超出控制范围的点剔除。

命令交互:选择对象,选择要进行标高检查的离散点。

请输入最小控制标高,输入离散点最小控制标高。

请输入最大控制标高,输入离散点最大控制标高。

"经过检查,共有 ** 个无效点!"程序会提示不在标高控制范围内的点的个数。

该点标高,程序逐个提示在标高控制范围外的点高程,可通过此后的命令提示分别对这些点进行相应的处理。

退出(X)/全部删除(A)/删除该点(E)/<回车下一点>。

提示对当前无效点的处理方式。

选择 A 删除所有的不合法点,选择 E 删除当前不合法点,直接回车对所有不满足的点逐点查看。

(8)计算点高

功能:当图中已有离散点时,此命令可查询和计算图中任一点的自然标高。

命令交互:计算任意点自定标高。

回车退出/测量坐标定位(C)/<点位置>,输入点的位置,可以使用测量坐标定位。

是否标注(Y/N)<N>,提示用户是否标注高程。

缺省方式为在图面上任意点取点的位置,自动计算出该点的自然标高,并可以自动标注出来。

9.2 地形陡坎

(1)定义陡坎

功能:定义地形图上的陡坎,使之成为软件可以识别的信息。可定义垂直陡坎和坡度陡坎两类地形陡坎,如图9-3所示。

命令交互:见表9-1。

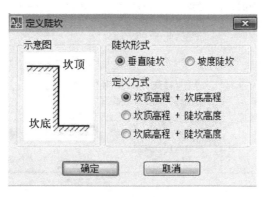

图9-3 "定义陡坎"对话框

命令交互　　　　　　　　　　　　　　　表9-1

陡坎类型	定义方式	说　明
垂直陡坎	坎顶高程+坎底高程	请选择需要定义为陡坎的多线段。 点取陡坎线高程高的一侧。 请输入坎顶高程,逐点定义(T)。 默认方式为坎顶为统一高度方式,可从关键字 T 转为逐点定义方式。 请输入坎底高程,逐点定义(T)。 默认方式为坎底为统一高度方式,可从关键字 T 转为逐点定义方式

续上表

陡坎类型	定义方式	说　　明
垂直陡坎	坎顶高程 + 陡坎高度	请选择需要定义为陡坎的多线段。 点取陡坎线高程高的一侧。 请输入坎顶高程,逐点定义(T)。 默认方式为坎顶为统一高度方式,可从关键字 T 转为逐点定义方式。 请输入陡坎高度
	坎底高程 + 陡坎高度	请选择需要定义为陡坎的多线段。 点取陡坎线高程高的一侧。 请输入坎底高程,逐点定义(T)。 默认方式:坎底为统一高度方式,可从关键字 T 转为逐点定义方式。 请输入陡坎高度
坡度陡坎	坎顶高程 + 坎底高程	请选择需要定义为坎顶的多线段。 请选择需要定义为坎底的多线段。 请输入坎顶高程,逐点定义(T)。 默认方式为坎顶为统一高度方式,可从关键字 T 转为逐点定义方式。 请输入坎底高程,逐点定义(T)。 默认方式为坎底为统一高度方式,可从关键字 T 转为逐点定义方式
	坎顶高程 + 陡坎坡度	请选择需要定义为坎顶的多线段。 请选择需要定义为坎底的多线段。 请输入坎顶高程,逐点定义(T)。 默认方式为坎顶为统一高度方式,可从关键字 T 转为逐点定义方式。 请输入陡坎坡度
	坎底高程 + 陡坎坡度	请选择需要定义为坎顶的多线段。 请选择需要定义为坎底的多线段。 请输入坎底高程,逐点定义(T)。 默认方式为坎底为统一高度方式,可从关键字 T 转为逐点定义方式。 请输入陡坎坡度

(2)编辑陡坎

功能:编辑已定义地形陡坎的高程。

命令交互:请选择已经定义的陡坎线。

    选择陡坎线后,如果所选的陡坎线是坡度陡坎:
    如果所选的线是坎顶,则提示请输入坎顶高程,逐点定义(T) <原定义值>。
    默认方式为坎顶为统一高度方式,可从关键字 T 转为逐点定义方式。
    如果所选的线是坎底线,则提示请输入坎底高程,逐点定义(T) <原定义值>。
    默认方式为坎底为统一高度方式,可从关键字 T 转为逐点定义方式。
    如果所选的陡坎线是垂直陡坎:提示请输入坎顶高程,逐点定义(T) <原定义值>。默认方式为坎顶为统一高度方式,可从关键字 T 转为逐点定义方式。

请输入坎底高程,逐点定义(T)<原定义值>。默认方式为坎底为统一高度方式,可从关键字 T 转为逐点定义方式。

9.3 地形断面

功能:自动绘制任意剖断方向的地形断面。
命令交互:剖断位置起点。
　　到点。
　　回车返回/<到点>,可绘制一条剖断线,也可以继续绘制多条剖断线,进行阶梯剖。
　　剖视方向。
　　剖视图编号<1>。
　　采样间距(m)<10.0>,是指沿剖断线的标高采样间距(注:间距越小,绘制的断面越精确,运行时间越长)。
　　提取标高信息,请稍候……。
　　地形断面左下角位置。
　　竖向放大系数<10.0>,为便于观察,把标高值放大。竖向放大系数为放大的倍数。
注意:程序提取的是离散点的标高,若要提取等高线所反映的标高,必须先离散等高线。

9.4 视点转换

对三维地形图进行视点转换,可观看其三维效果。点击"地形→视点转换",将弹出"三维视图转换"对话框,如图 9-4 所示。

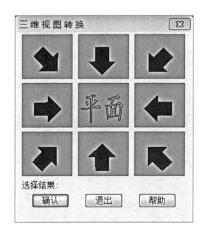

图 9-4 "三维视图转换"对话框

此项提供了 V0、V45、V90、V135、V180、V225、V270、V315、PM 九个方向的视点转换命令。可直接输入以上转换命令,也可以直接点取幻灯。三维视图视点转换后退回平面时,应重新调出此窗口,点"平面"后再点"确定"按钮,或直接输入 PM 命令。

9.5 附 例

假设有一张电子地形图(图9-5)需进行处理,这里就以此为例,结合本章的各个命令,可以按照下面的步骤进行处理。

9.5.1 自然等高线的转化

点击"地形→自然等高线→自然等高线工具条",弹出"自然等高线"工具条,点选"成组定义"选项,如图9-6 所示。

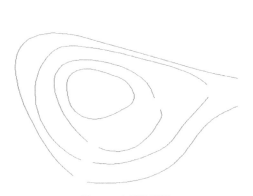

图9-5 电子地形图　　　图9-6 "自然等高线"工具条

命令交互如下:
请点取篱笆选择起点(如图9-7 所示,在图面上 A 处点一下)。
请点取篱笆选择终点(如图9-7 所示,在图面上 B 处点一下)。
请输入首根(距篱笆起点最近)与篱笆相交的等高线标高,<12>100(注:默认值是 12,用户人为输入了 100)。
等高距,<2.0>0.5(注:默认为 2,人为输入了 0.5)。
此时,应该看到左边四根等高线变为绿色,表示已转化成功;对于右边的三条等高线,可试着用其他方式。
点选"搜索定义"选项。命令交互如下:
选取某等高线的任一段。
自然标高(m),(输入)100.5。
选取某等高线的任一段。
自然标高(m),(输入)101。

选取某等高线的任一段,自然标高(m),(输入)101.5。
选取某等高线的任一段。
至此,自然等高线转换完成。

9.5.2 离散点的转化

点击"地形→自然标高离散点→文本定义",命令交互如下:
通过图面中表示自然标高高程的文字来定义离散点自然标高。
回车退出/选择表示自然标高高程的任一文字(注:任选一标高文字)。
选择**层的 TEXT 实体,请选择(注:可窗选或交叉选取范围)。
Select objects:Other corner:46 found。
Select objects:。
可用 Undo/Back 命令取消上次操作。
转化完后,可看到每个文字的插入点处会多出一个绿点。
注意:选择文字时,程序是根据第一次选的文字的图层来进行过滤的。因此,如果此图层还有其他无关的文字,要先将其删除或转到其他图层。

9.5.3 地形断面

点击"地形→地形断面",命令交互如下:
剖断位置起点(如图 9-8 所示,选点 A)。

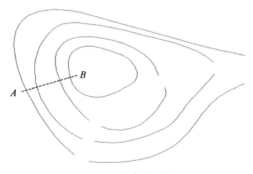
图 9-7 等高线示例

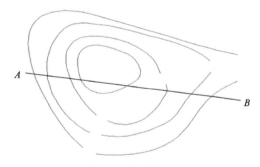
图 9-8 剖断位置

到点(如图 9-8 所示,选点 B)。
回车返回/<到点>。
剖视方向(注:选向上或向下)。
剖视图编号 <1>。
采样间距(m) <10.0>。
提取标高信息,请稍候……。
地形断面左下角位置。
竖向放大系数 <10.0>。

本章习题

1. 等高线有几种识别方法，分别适用于什么情况？
2. 自然标高离散点有几种识别方法，分别适用于什么情况？
3. 使用"快速转化"进行等高线识别的条件是什么？
4. 使用"文本定义"进行自然标高离散点识别的条件是什么？
5. 自然地形处理后，若有被误转化的标高点，应如何检查？如何保证自然地形识别后的准确性？

第 10 章
道路平面设计

二维平面图形是工程图形的基础。本章节主要学习鸿业市政道路软件在道路平面设计方面的功能,如道路线形的设计、道路绘制、桩号的定义、道路平面自动裁图等功能。这是整个道路设计的基础,因此要熟练掌握它们。

本章学习要求

(1)掌握道路定线、线形设计、道路绘制、桩号定义、道路平面编辑、道路交叉口处理、绿化带绘制、标注工具使用的方法。

(2)熟悉平面定位设置、道路平面自动裁图、道路辅助设施设置的方法。

10.1 定 位 设 置

(1)坐标关系

坐标关系包含"两点定义坐标"和"点方向定坐标系"两种方式。通过点击"平面→定位设置→坐标关系",可打开坐标关系功能选项卡。

①两点定义坐标系。

在地形图上任意找两个点(已知实际坐标值的点),分别输入它们的计算机坐标(在 CAD 对话框底部状态区显示的坐标)和测量坐标来确定其坐标关系;或者也可以直接在图中点选,然后再将这两点的实际坐标值输入测量坐标栏中,点击回车键,即可自动实现计算机与测量坐标两个坐标系的转换,并自动计算出图面上任一点的计算机坐标与测量坐标。

②点方向定坐标系。

与两点定义的功能类似,在这里需要已知某一坐标和两个坐标系的夹角。输入同一点的计算机坐标和测量坐标以及两坐标系之间的夹角,即可自动实现计算机坐标与测量坐标两坐标系之间的转换(注:北方向缺省为正上方,即"90°")。调整图面水平方向,便于查图。

(2)坐标网格

通过点击"平面→定位设置→坐标网格"绘制坐标网格。在底部命令栏依次输入网格间距、网格左下角、网格右上角、网格方式及图面线长度,即可生成坐标网格。

(3)指北针

通过点击"平面→定位设置→指北针",弹出"指北针图库"对话框,从中选取合适的图块,点击"确定",在图中选择合适的点,点击鼠标左键插入选择的指北针。

(4)风玫瑰

点击"平面→定位设置→风玫瑰",弹出"布置风玫瑰"对话框,图库中已存有各重要城市的风玫瑰,可从中选取合适的图块插入图中,如果需要修改,则点击"改数据"。

(5)自动定线

自动定线功能用于确定定线设计阶段的各导线点位置。点击"线形→自动定线"命令,即可弹出自动定线对话框。

①交点编号前缀设置:设置在标注交点时的交点前缀。

②三点共线设置:设置系统中图面提取、沿线搜索时的精度。一般情况下用默认值即可。自动定线可以通过 5 种定线方法进行,如表 10-1 所示。

5 种 定 线 方 法　　　　　　　　表 10-1

设 计 方 式	操 作 方 法
图面提取	把从图面点取的导线点及从选择的圆曲线提取出的交点添加到对话框中的交点数据列表中,也可以结合手工编辑,最后点取"绘制"按钮,在图面完成导线定线。命令行提示:回车结束/选择曲线段 s/选择参考点。 　　直接选择参考点时,程序把点取的交点直接加入交点列表中,输入 S,命令行提示:回车退出/<选择道路曲线段>。 　　程序自动提取所选圆曲线的交点,添加到定线对话框中的交点列表中
动态绘制	动态绘制导线。命令行提示:>>请确定导线起点。 拖动过程如图所示: 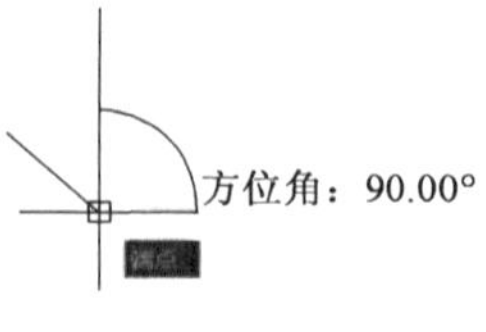 方位角:90.00°

续上表

设计方式	操 作 方 法
沿线搜索	命令行提示:回车退出/<选择道路中心线>。 与图所示方向相反 S/<回车沿图所示方向>。 选择道路中心线后,程序会自动搜索与其相连接的所有中心线,并自动提取导线交点信息(注:软件只可提取自身可识别曲线的导线信息。如果所选择的道路已经定义过桩号,则以桩号顺序提取)
读取	如果有平面导线交点数据文件(*.rcd),则可以直接点击"读取"来得到导线信息,然后点取"绘制",即可完成定线
手工编辑	手工编辑对话框中的交点坐标和转弯半径,点取"绘制",完成定线

10.2 线形设计

10.2.1 导线法线形设计

导线法线形设计中的线形分为基本形缓和曲线、同向复曲线、凸形曲线、回头曲线和 S/C 形曲线五种形式。

(1)基本形缓和曲线

基本形缓和曲线主要用在只有一个曲线单元时的缓和曲线设计,点击"基本形缓和曲线"命令,根据提示先后点取第一根和第二根直线导线,或者选取已设计好的基本形曲线单元,弹出基本形曲线设计对话框。在这里根据图面的标示输入相应的数据,点"设计"后,程序自动在图面上绘制出需要的缓和曲线。有 4 种方法控制基本形缓和曲线设计,如表 10-2 所示。

控制基本形缓和曲线设计　　　　表 10-2

设计方法	说　　明
基本参数	通过设计参数,来控制圆曲线和缓和段参数
切线控制	通过控制参数组合框中的参数和拖动切线,来控制曲线参数
外距控制	通过控制参数组合框中的参数和拖动外距,来控制曲线参数
动态设计	动态设计方法框亮显,通过动态拖动控制设计参数。可选择步长控制拖动精度

(2)同向复曲线

用于设计道路中的同向曲线(包括带缓和曲线的复曲线和不带缓和曲线的复曲线)和卵形曲线,按照命令行提示选择导线,弹出复曲线对话框。有基本参数、动态设计两种设计方法控制同向复曲线设计。

(3)凸形曲线

主要用于设计出一段完全由两段缓和曲线构成的弯道。这两段缓和曲线可以是对称的,也可以是不对称的。按照命令行提示选择导线,弹出对话框。有基本参数、动态设计两种设计方法控制凸形曲线设计。

(4)回头曲线

回头曲线是连接上下两条路的一种特殊平曲线,特点是半径小、偏角大(大于180°),其交点多为虚交。因此,回头曲线实质上属于交点虚交的曲线。

(5)S/C 形曲线

该命令用于布置两个连续的反向弯道之间的 S 形或两个同向的连续弯道之间的 C 形曲线。可选择连续弯道的三根导线设计,也可支持曲线的二次设计。S/C 形曲线设计有缓和段控制、切线控制和外距控制三种方法。调整完设计参数后,点击"确定",即可生成设计线形。

10.2.2 曲线法设计

(1)直圆形缓和段:用于一根直导线和一个圆或者是弧相切时的设计。

命令行交互:

请选择一条直线:回车可退出选择直线。

请选择一个弧或圆:回车可退出选择圆或者弧。

弹出曲线法设计直圆缓和曲线对话框,说明:

①可以选择已完成设计的缓和段进行二次设计。

②如果选择导线某一段已转成道路,则设计完成后将所有圆弧和缓和段都转成道路。

③点击"刷新图形"按钮,可根据输入的参数绘制缓和段,刷新图形。

④可以直接输入或者动态拖动缓和曲线的参数和长度,程序根据下面的"移动圆""移动直线"选项来反算圆或者直线的位置。

⑤点击"锁定曲线参数"选项,可锁定当前的设计成果,再进行设计时只改变曲线的位置,不改变曲线的参数。

⑥按"确定"退出对话框并绘制缓和段、处理圆弧,修正桩号、线转道路;按"取消"则不做任何修改,直接退出对话框。

(2)卵形缓和段:用于设计卵形缓和曲线。

命令行交互:

请选择一个弧或者圆:回车可退出。

请选择另一个弧或者圆:回车可退出。

弹出曲线法设计圆卵形缓和曲线对话框,与直圆形缓和段对话框说明相比略有区别:

①可以直接输入或者动态拖动缓和曲线的参数和长度,程序根据下面的"移动圆1"和"移动圆2"选项来反算圆的位置。

②当两圆相离或相交时,转为 C 形曲线;此时 C 形曲线 Ls1/Ls2 = 1;当两圆相含时,再转为卵形曲线。

(3)S 形缓和段:用于 S 形缓和曲线的设计。

命令行交互:

请选择一个弧或圆:回车可退出。

请选择另一个弧或圆:回车可退出。

弹出曲线法设计圆圆 S 形缓和曲线对话框,与直圆形缓和段对话框不同的是:当两圆相离时,为 S 形曲线;当两圆相交时,转为 C 形曲线;当两圆相含时,转为卵形曲线(注:此时不受"参数设置"影响)。两种设计方式说明见表 10-3。

定缓和段参数和定圆参数设计方式说明　　　　　　表 10-3

设 计 方 法	说　　　　明
设计方式 1： 定缓和段参数	直接输入或者动态拖动缓和段参数,程序根据下面的"移动圆 1"和"移动圆 2"来反算圆的位置,或者不移动圆。 　　①"移动圆 1"或"移动圆 2"时,某一段缓和段参数变化,则保持另一段参数不变。 　　例如:修改了 Ls1,如果选择的是"移动圆 1",则保持 A2 和 Ls2 不变,移动圆 1 的位置来匹配 Ls1。 　　②"不移动圆"时,某一段缓和段参数变化,另一段缓和段参数也同时变化,但是保持圆的位置不变。 　　例如:修改了 Ls1,则程序根据 Ls1 和圆的位置重新计算 Ls2、A2
设计方式 2： 定圆参数	可以输入或者拖动半径,以及拖动两个圆心位置,程序根据"缓和段控制"当中的选项来计算缓和段。 　　"缓和段控制"有 3 种控制方式:锁定参数比例、锁定 Ls1、锁定 Ls2。 　　①锁定参数比例:改变圆参数时,根据"比例(A1/A2)"编辑框中的数值,锁定 A1 与 A2 的比例不变。 　　②锁定 Ls1:改变圆参数时,按照左边"缓和段长度 Ls1"编辑框中的数值,锁定 Ls1 不变。 　　③锁定 Ls2:改变圆参数时,按照左边"缓和段长度 Ls2"编辑框中的数值,锁定 Ls2 不变

(4)C 形缓和段:用于 C 形缓和曲线的设计。

命令行交互:

请选择一个弧或圆:回车退出。

请选择另一个弧或圆:回车退出。

弹出曲线法设计圆圆 C 形缓和曲线对话框,当两圆相离或者相交时,为 C 形曲线;当两圆相含时,转为卵形曲线(此时不受"参数设置"影响)。其他特性与 S 形曲线相同。

10.2.3　中心线定义

就是选择需要定义为中心线的曲线,把其定义成道路中心线。如果用户的道路平面是用其他专业软件绘制的,甚至是用 AutoCAD 2007 绘制的道路平面,这时必须转化成鸿业市政道路设计软件可识别的道路中心线,才能进行后面的平、纵、横设计。转化时可以逐根选择,也可以框选(注:只有在程序可以识别的中心线上才能定义桩号)。

命令行交互:

Z 图面搜索/回车手工选择。

输入 Z。

请选择搜索实体。

程序自动搜索和所选实体相连的所有实体,并将其转化为中心线。

回车手工选择。

请选择需定义的导线,选择需要转化为中心线的实体。

10.3 道路绘制

10.3.1 桩号

(1)定义桩号

桩号:直观来讲就是道路中心线的长度。作用就是准确标示出道路上的某一位置。软件要求同一桩号序列在图面上必须是连续的。

桩号代号是桩号序列的标识。既然是标识就应具有唯一性,也就是说同一工程中某一桩号代号仅能对应于一条连续的中心线。另外,桩号代号关系到对应道路相关的中间数据文件及成果文件的文件名(注:桩号代号和文件名对应会省去很多麻烦)。中心线的相关信息记录在其扩展数据中。

鉴于以上原因,为了保证桩号代号在同一工程中的唯一性,在设计过程中尽量不要复制已经定义过桩号的道路中心线。如果必须复制的话,一定要在复制后用"平面→实体数据取消"命令清除其桩号信息。

点击"平面→桩号→定义桩号",命令行交互:

回车退出→选择要定义桩号的道路中心线。

选择要定义桩号的道路中心线,如果选择的中心线已经定义过桩号,软件会询问是否取消现有的桩号定义。

回车退出→设定捕捉(O)→点取桩号基点:确定桩号的起始位置。

起始桩号 <0.0>。

桩号沿图中箭头所示方向:减小(S)/回车增加。

回车后弹出"桩号代号输入"对话框。

注意:桩号代号的设置是为了便于对同一图面上多条道路的管理。桩号代号和道路名称要设定好,后面的设计过程中产生的标高文件等数据文件会与桩号代号对应,若不对应,会出现错误。选中"设为主桩号",可直接把当前定义的桩号设置为系统的当前操作桩号。

(2)定义主桩号

在进行城市道路设计时,往往在同一工程下同时存在数条道路。为了标示当前状态下设计的是哪一条道路而引进了"主桩号"的概念。所谓主桩号,是指当前设计道路的桩号,即在同一工程中不同设计阶段,主桩号可能不同。当然,如果工程中仅有唯一的桩号代号,那就无所谓主桩了。

点击"平面→桩号→定义主桩号",弹出"定义主桩线"对话框,从列表中选择要定义为主桩号的桩号代号,点击确定即可;也可以点击"图中点取"按钮,从图面提取桩号代号并设置为主桩号。

对选中的道路,可确定是否与对应的断链文件关联,默认为关联;若不关联,后期的软件操作中将认为无断链设置。定义完主桩号后,后面"横断"和"纵断"等操作都是针对这条道路。

注意:①在进行平纵横设计前,应事先确定主桩号道路是否与断链相关联,若设计途中修改道路与断链文件的关联性,会导致第一个断链桩以后的桩号计算结果出错。②系统默认断链文件名与桩号代号对应。

(3) 取消桩号定义

此命令功能是取消图面上桩号代号。要注意的是，此命令是对全图操作，虽然提示的是选择道路中线，但只要是与选择的道路中心线桩号代号相同的中心线均被取消定义。当桩号定义有误时，可先用此命令取消定义，再重新定义。

(4) 自动标注桩号

即程序按照前面的"标注设置"形式进行标注。除"整桩间隔"外，平曲线的特征点也同时标出。

(5) 输入标注桩号

点击"平面→桩号→输入标注桩号"，命令行交互：

回车退出/输入要标注的桩号。

输入要标注的桩号值，然后点击回车，程序自动在图面上找到此桩并标注此点桩号。

(6) 点取标注桩号

点击"平面→桩号→点取标注桩号"，命令行交互：

回车退出/设定捕捉(O)/点取桩号标注点。

点取要标注桩号的点，程序自动在中心线上找到对应的点，并且标注出此点的桩号。

(7) 清除桩号代号

点击"平面→桩号→清除桩号代号"，弹出"清除桩号代号"对话框，选中要删除的桩号代号，点"删除"即可。此命令与"取消桩号定义"完全不同，它是用来清除工程中记录的桩号代号。有时图面上已经没有某一代号的道路，但在工程中还记录有此信息，比如删除了图面某一条已经定义过桩号的道路后就会产生这种情况。

注意：此命令只是用来清除工程中记录的代号，而与图面无关。

(8) 生成桩号列表

依据已经生成的中桩平曲线数据生成桩号列表，并可保存为桩号文件，供其他设计环节使用。点击"平面→桩号→生成桩号列表"，弹出"生成桩号列表"对话框，如图10-1所示。

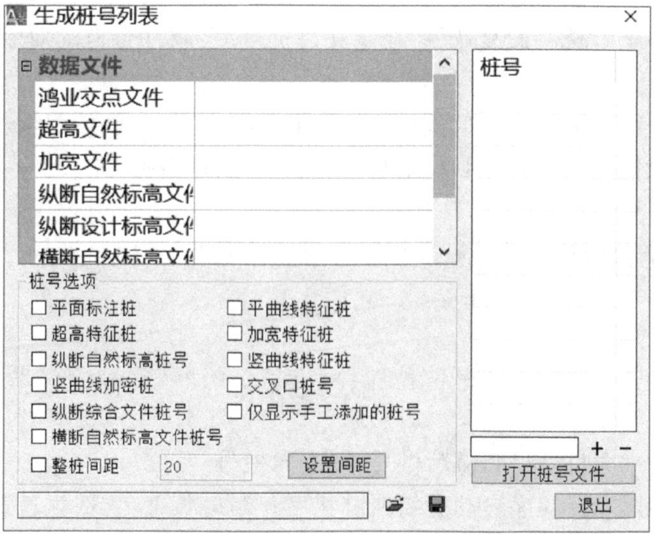

图10-1 "生成桩号列表"对话框

从桩号选线复选框中选择需要添加的特殊桩,桩号会自动添加到右侧列表中。如果需要,用户可以在复选框下侧手动添加桩号。选中"整装间距"复选框,可以手动设置普通桩间距。点击"保存"保存桩号数据。可以使用桩号列表的地方有:①纵断面绘制;②标准土方断面定义;③横断计算绘图;④逐桩坐标表。

(9)桩号标注设置

点击"平面→桩号→桩号标注设置",弹出"桩号标注设置"对话框,如图10-2所示。

图10-2 "桩号标注设置"对话框

注意:

①破桩即非整桩,即"+"号后不是0,如设为千米桩号时,1+050等。

②当选择加注自然、设计标高时,程序会将其标注在标注短线下,括号内的是自然标高。

③在"基本参数"栏中设定的"整桩间隔",将作为以后"横断提取自然标高"和"逐桩坐标表"等的依据。如将"整桩间隔"设置为50,则在后面的"横断→地形图提取自然标高"中每隔50m提一处,"表类→逐桩坐标表"的间隔同为50m。

④"自动标注桩号":选中此复选框,在定义过桩号后,软件会自动对刚定义过桩号的道路进行桩号标注。

⑤"加注缓和曲线前缀":选中此复选框,平曲线特征点桩号标注前缀。

⑥"标注样式设置":可以根据自己的设计习惯来选择定制。

(10)特征点标注设置

使用此命令设置软件中平曲线特征点字符代号。点击"平面→桩号→特征点标注设置",弹出"特征点标注字符设置"对话框。

(11)设置断链

用来设置道路设计工程中的断链位置,可支持多级断链。点击"平面→桩号→设置断链...",对话框数据如下。

断链前桩号:即来向桩号。断链后桩号:即去向桩号。

修改断链后桩号以后,程序自动更新断链长度。断链长度:正数为长链,负数为短链(注:此处的"断链前桩号",均为加上上一个断链以后的桩号)。

注意：

①除了在纵断和横断出图时可以选择断链文件以外，其他需要使用到断链的地方都是根据桩号代号或者文件名称来自动搜索断链文件。

②有断链存在时，软件中输入桩号的地方均以断链桩号表示。1个断链将桩号里程分为2个区间，同理，n个断链将桩号里程分为$n+1$个区间，这$n+1$个区间分别冠以首字母加以区别，从 a~z 以及 A~Z，软件共支持52个断链区间。

10.3.2 倒角设置

用来设置道路交叉口自动倒角时转弯半径的大小，可根据车速或者路宽两个限制条件来自动匹配道路倒角的半径或者切角的值。在对话框的列表区右键点击，可以新建倒角项目。

10.3.3 道路绘制操作

点击"平面→道路绘制"，弹出"道路绘制"对话框。

(1)选择或者自定义板块类型：

道路绘制可以选择标准板块类型绘制，也可以任意定义板块内容。左右板块不对称时，取消"☑左右对称"项目前的对勾，然后分别设置左右板块的参数。当需要绘制非标准板块类型道路时，在板块列表区"板块名称"上点击鼠标右键，即可弹出编辑对话框。需要修改板块类型的，在相应"板块名称"上点击左键即可选择。

(2)输入道路名称、设计车速，选择道路等级。设计车速影响后续的超高加宽计算。

(3)道路绘制时若选择"☑交叉处理"，则道路相交时程序可自动处理，缘石半径是根据前面倒角设置时设置的倒角规则来处理的。

(4)道路绘制时若选择"☑转弯处理"，则在转弯的地方会提示输入倒角半径并自动进行倒角。

(5)设置好后，点击"绘制道路"，就可以在平面上一次把道路各板块都绘制出来。在绘制时可以直接在图面点取定位，也可输入交点坐标来定位道路。

10.3.4 线转道路

点击"平面→线转道路..."，命令行交互：请选择要作为道路中心线的实体。

如果选择的中心线已经定义过桩号，则直接弹出对话框。如果没有定义过桩号，则有如下提示：是否对连续部分线转道路(Y/N)。

程序从选择集中寻找出一组连续的中心线，并将它们的颜色变成红色。

选择完实体，弹出"线转道路"对话框。

(1)对已经定义过桩号的中心线"线转道路"

选中已经定义过桩号的中心线中的任何一个曲线实体，软件会找到该桩号所有的实体并弹出对话框。对话框中会显示该道路的初始化信息，例如车速、桩号范围等。

对于前后路幅不同的道路，可在左侧的列表中分段。点"增加"，在列表中会增加一段。

编辑每段起止桩号，然后分别定义每一段的板块参数。最后点取"线转道路"，程序就会自动把整条中心线转化为道路。两段道路中间的过渡部分要配合下面的"路幅变宽"命令来完成。

(2)对普通的曲线"线转道路"

选中普通的曲线时,软件会随机找出一组连续的实体,并弹出图对话框。此时红线括起来的区域是不可用的。操作过程同"道路绘制、保存"。使用"调入"按钮可以保存和打开设置好的道路文件。

10.3.5 路网线转路

路网线转路类似于"线转道路",区别在于"线转道路"要求选中的实体必须连续,而"路网线转路"可以任意选择连续或者不连续的实体。点击"平面→路网线转路",命令行交互:选择线转道路路网。

选择完实体后,弹出"路网转路"对话框。点击"路网转路"按钮后,程序自动将选中的所有实体转成道路。

10.3.6 路网交叉处理

点击"平面→路网交叉处理",命令行交互:选择交叉处理路网。

选择路网以后,程序自动对已转成道路的路网进行交叉处理。

10.3.7 超高加宽设计

超高加宽设计如图10-3所示。

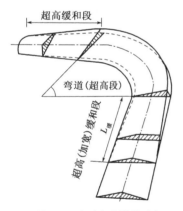

图10-3 超高加宽设计示意

软件目前提供的超高加宽功能仅能自动处理基本形缓和曲线和单弧曲线,而对于复曲线的超高加宽,目前只能手工编辑文件实现。并且,软件仅对距离中线最近的行车道进行超高计算。加宽只对弯道最内侧车道。道路的设计速度必须是超高规范库所包含的,否则就必须扩充。点击"平面→超高加宽"出现对话框,此对话框包括横断面形式、技术参数、单弯道设置、规范查询扩充、输出文件。在计算前,首先要确定道路的横断面形式。

(1)参数输入

①横断面参数输入。

a. 桩号列表:桩号列表框中列出各临界桩号。临界桩号表示板块内容或排列次序发生变化的桩。桩号可由参数提取框中"自动提取"自动填入,也可直接输入(右键增加项)。如果板块没有变化,则只需输入首尾两桩桩号。

b. 板块参数:此区域用来定义、输入及显示各临界桩号的板块参数。在列表框中可直接选择板块类型,输入宽度、坡度、层厚、道牙高、道牙宽、加宽等参数。除加宽外,其他各项参数性质与标准土方断面尺寸相同。加宽项用来定义板块是否加宽,数值为"是"或"否"。若板块类型为绿化带,则此项缺省值为"否"且不可设置。同一道路中的同一类型板块,此值相同。计算加宽时,由此值判断该车道加宽与否。

c. 参数提取:包括"手工提取"和"自动提取"两项内容。

"自动提取":点取此按钮后,程序自动提取桩号列表内各临界桩号参数。

"手工提取":点取此按钮后,程序关闭"横断面形式"对话框。

命令行交互:退出(E)/图面提取(T)/桩号(＊＊)。

直接按回车键,则程序自动提取＊＊桩号处横断面参数(注:＊＊为桩号列表中处于激活状态的桩号。若桩号列表中为空,则不显示)。

若输入其他桩号,按回车键,程序提取相应桩号处参数。若选择T,则直接由图面选择桩号并提取参数。

d. 图示:此区域显示处于激活状态的临界桩号的横断面示意图。参数设定后,应点取"保存"按钮将设置好的参数保存为文件,然后退出;若不保存,则设置参数将丢失。如果在此处设置了横断面形式并保存了文件,那么在后续的横断设计中则不需要再设置"标准土方断面"。

②技术参数输入。

技术参数区包括进行超高加宽计算所需的所有基本参数的输入。鸿业市政道路设计软件可对公路、城市道路分别计算。首先要确定所计算的道路类型(公路还是城市道路),然后是公路等级、地区、设计车速、高程设计线位置、超高旋转轴、加宽方式、加宽类型的设置(注:若选择城市道路,则公路等级、地区情况、加宽类别变暗,不可设置)。超高横坡、超高渐变率、加宽渐变率及加宽值为可选设置项,若选中,则程序不再计算相应值而以设定值为准。

"高程设计线在路基中线"及"超高旋转方式绕路基中线"的说明如下:

设计高程线位置有中分带边缘、路基中线、路基边线三个选项。超高旋转方式有中分带边缘、路基中线、内侧行车道边缘三项。在设定高程线位置后,超高旋转轴自动确定。对应关系为:中分带边缘对中分带边缘、路基中线对路基中线、路基边线对内侧行车道边缘。

③单弯道设置。

点击"单弯道设置"弹出对话框,如图10-4所示。

此对话框中显示了该道路中所有满足超高加宽规范的弯道,对话框中相关参数是从规范中提取的,用户也可以自己修改。CK表示该弯道按照规范既满足超高,也满足加宽;C表示仅满足超高规范;K表示仅满足加宽规范。

图10-4 "超高加宽设置"对话框

④规范查询扩充。

在此功能中可以对超高加宽规范进行查询扩充。选择车速,在对话框中输入相关的数据后,点击"扩充"按钮,即可对当前车速进行修改或者扩充。

(2)计算

横断面参数及基本技术参数输入后,即可点击"计算"按钮进行计算。计算后生成加宽文件、超高文件、超高图文件,点击"查看"按钮,即可查看相应的文件。

直线加宽公式：

$$K = \frac{L_x}{L} \tag{10-1}$$

式中：L_x——该点距离加宽缓和段起点的距离；
　　　L——加宽缓和段全长。

$$E_x = E \times K \tag{10-2}$$

式中：E——圆曲线部分的加宽值；
　　　E_x——任一点的加宽值。
曲线加宽公式：

$$E_x = (4K^3 - 3K^4) \times E \tag{10-3}$$

10.3.8　生成超高图文件

超高图文件由标准土方断面定义文件、超高文件及加宽文件生成。点击"平面→生成超高图文件..."，弹出"生成超高图文件"对话框。

10.4　辅 助 工 具

10.4.1　布局裁图

(1)页面定义
点击"平面→布局裁图→页面定义"定义裁图框，供裁图命令使用。
命令行交互：选择已定义桩号的道路中心线＜单个定义＞。
回车单个定义：由用户点取一个矩形范围作为裁图框，沿道路中心线定义。
(2)页面编辑
页面编辑指编辑裁图框。
命令行交互：选择图幅。
指定定位点[左上(TL)/中上(TC)/右上(TR)/左中(ML)/正中(MC)/右中(MR)/左下(BL)/中下(BC)/右下(BR)＜BL＞]。
出图比例1:?　＜1000.000＞。
(3)页面编号
对定义过的页面进行编号，裁图会按这个顺序出图。选择要编号的图幅，弹出裁图框编号对话框。裁图框编号有两种方法：直接输入编号和沿线编号。点击列表，可在图面定位列表选中项的位置。页面编号见表10-4。

页面编号　　　　　　　　　　　　　　　　　　　　表10-4

选项	说明
沿线编号	提示在图面选择一条多段线，根据选择的曲线自动编号并更新左侧的编号列表
预览顺序	预览编号的顺序

续上表

选　项	说　明
编号反向	裁图框在选择的曲线上反向编号
视区缩放	点击后隐藏对话框,此时可以进行视区的缩放和平移,操作完成后回到对话框
确定	点击后按列表框中的编号顺序开始编号

(4)裁图

满足以下规则时将不提示选择绘图基点:①选择的裁图框只有一个;②选择的裁图框有多个,都是水平放置且比例相同。

此时布局中裁图框的中心点为模型空间中裁图框的中点,软件自动在此处绘制图形。若不满足上述规则,则提示用户选择绘图基点,并把图框水平放置。

10.4.2　自动裁图

一般设计时的平面道路都较长,可用此命令将道路按照指定图幅裁开,其包括模型空间或者布局空间两类裁图方式,布局空间裁图包括单布局空间和多布局空间两种方式。

点击"平面→自动裁图",选中要进行裁图的道路中心线,弹出"平面裁图"对话框,如图 10-5 所示。

图 10-5　"平面裁图"对话框

功能说明:

(1)出图方式:设定是在哪个空间进行裁图及裁图的方式。单布局空间采用将裁出的分图全部放在一个布局中的方式;选中多布局空间进行裁图时,会将裁图的每一分图分别放在单独的布局中。

(2)裁图方式:"固定长度"是指每幅图中裁图长度固定。"按裁图线"是指每幅图按照定义的裁图线裁图。

(3)固定分图长度:当选择固定分图长度方式裁图时,起作用(否则设为不可用)。

(4)列表框:在"固定长度"裁图方式下点击生成桩号列表,列表框中根据不同的固定分图长度和桩号范围生成裁图桩号段。

(5)首桩延伸长度:开始桩沿道路方向向前延伸长度。
(6)尾桩延伸长度:结束桩沿道路方向向后延伸长度。
(7)裁图线路外长:裁图线在道路外侧的长度。
(8)打断线路外:打断线在路外的长度。
(9)附加标注:在裁图中左右标打断线、路宽。

10.4.3 绘制裁图线

用于绘制裁图线,裁图线长200,垂直于桩号线。运行"平面→绘制裁图线",命令行交互:回车退出/点取要绘制裁图线的桩号线。

退出(E)/输入桩号(Z)/点取(D)/<自动绘制>。

(1)"Z"输入桩号,程序在指定的桩号位置绘制裁图线。
(2)"D"点取绘制,程序在鼠标指定的地方绘制裁图线。
(3)回车默认自动绘制。

输入起始桩号(0.0~1418.1)<0.0>。
输入每幅分图上的桩号数<200.0>:程序按照指定的起点桩和桩号间隔绘制裁图线。

10.4.4 编辑裁图线

裁图线可以通过普通的CAD命令进行修改,软件也提供了程序用于编辑裁图线,运行"平面→编辑裁图线",命令行交互:

回车或空格退出/选择要定位的第一条裁图线。

选择要调整的裁图线最靠前的一根,程序调整时会将后面的裁图线同时做相应的移动。

拖动定位(T)/点取(D)/输入目标桩号<0.0>:

(1)"T"拖动定位,即动态拖动裁图线。
(2)"D"点取,即点取第一根裁图线新的位置。

括号里显示了当前裁图线的桩号,直接输入目标桩号,回车即做调整。

10.4.5 批量打印

该命令用来批量打印模型空间或者图纸空间的分图。点击"平面→批量打印...",弹出"批量打印"对话框,可设置打印机参数、打印比例、打印旋转和份数。

对模型空间以及单布局空间,选择对应的范围。

选中"框选范围"并点击▣,在图中选择打印范围后,会将打印范围内的图纸按照打印参数打印在一张图纸上。

选中"选择图框"并点击▣,在图中选择要打印的图框,点击"打印"后,系统会将所有选中图框及对应图框中的内容分别打印在不同的图纸上。

选中"自动搜索"并点击▣,在图中选择要搜索的图框,系统会自动从当前图面中搜索一致的图框(显示页码范围),点击"打印",分别将各个图框及对应图框中图形打印在不同的图纸中。

对多布局空间,选择需要打印的布局空间,点击"打印"后,将各个选中布局中的内容分别打印在不同的图纸上。

10.4.6 统计平面工程量

统计方式:
(1)所有道路,即程序自动选中当前图形中所有的道路。
(2)手工选择边线,即由用户手工逐条选择需要统计的边线。
(3)单条道路,命令行交互:请选择道路中心线或<主道路>→回车自动提取左右最大路宽/手工指定(S)。

程序自动选中整条道路,并根据路宽绘制一个红色的多边形,将整条道路包括在内,以指示统计范围。需要注意的是,选择"单条道路"统计方式时,如果选择的道路上存在交叉口,并且指定的路宽不够大,则交叉口部分一些没有完全被红色多边形包括在内的实体将不会被列入计算,此时最好使用"手工选择边线"的方式来选择或者手工指定大一些的路宽,以确保精确的结果。

命令行交互:请点取工程量表左上角点。
指定点以后,程序就以该点为左下角点,绘制平面工程量表。

10.4.7 修改道路信息

点击"平面→修改道路信息...",命令行交互:选择需修改的道路(中心线)。
选中需要修改的道路中心线实体后,弹出"修改道路信息"对话框,可以在此对话框中对道路的专业信息进行修改。

10.4.8 实体数据取消

用于将选中实体的定义数据取消。点击"平面→实体数据取消...",弹出"实体扩展数据删除"对话框,如图 10-6 所示。

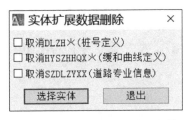

图 10-6 "实体扩展数据删除"对话框

选中"☑取消 DLZH*(桩号定义)",然后点击"选择实体",选择要操作的实体即可。此工具的主要功能:
(1)取消实体的桩号定义:此功能主要用在用户通过某种方式复制了定义过桩号的道路中心线(例如 Offset 和平面裁图),此时在进行和该桩号相关的操作时会出现错误,可以用此工具取消复制出来的道路中心线的桩号定义。
此功能与"平面→桩号→取消桩号定义"的区别是,此功能仅取消所选实体的桩号定义;而"平面→桩号→取消桩号定义"是取消整个图中的该桩号的定义。
(2)取消缓和曲线定义:此功能和上面功能类似。

(3)取消道路专业信息定义。

10.4.9 控制点编号

是指对道路端点、交叉点或转弯弧顶点进行编号。

点击"平面→控制点编号",命令行交互:

回车退出/交点编号(J)/编号修改(G),输入 G。

回车返回/选择要修改道路交点编号,输入编号 <1>。

回车返回/<选择要修改道路交点编号>,输入 J。

回车返回/改标注形式(G)/弧交点编号(H)/交点自动编号(Z)/请点取道路控制点。

10.4.10 改标注形式

用于改变交点编号标注形式,从对话框中选择。

弧交点编号:空选或回车返回/选择道路中线弧。

输入编号 <1>。

输入标注位置。

自动绘出转弯弧连接两道路中心线的延长线及表示交点符号。

弧参数是否标注(Y/N)?。

弧参数是指转弯半径 R、转角 α、曲线长 L、切线长 T、外距 E。

10.4.11 交点自动编号

是指选取连续道路,程序自动搜索其端点或交叉点,并用一圆加箭头标记指示,用户可按顺序输入交点编号。直接点取道路端点或交叉点,并逐个编号,捕捉方式为端点和交叉点。若输入的编号已经存在,程序会自动判断并提示图中已有输入编号,后面的编号将自动记忆和累加,并作为缺省值予以提示。

10.5 路口处理

10.5.1 渠化与变宽

10.5.1.1 路幅变宽

路幅变宽命令是用来处理道路变宽部分的过渡段,以直线或者高次抛物线的形式平滑连接路幅不同的两段道路,同时对绿化带进行相应的连接或者断开处理。需要注意的是,处理时选择的两段道路必须属于同一条道路而且定义了桩号,否则程序不能处理。

点击"平面编辑→渠化与变宽→路幅变宽",命令行交互:请选择道路中心线,回车选择主道路。

弹出"道路路幅变宽"对话框,如图 10-7 所示。

起止桩号的初始值是选择中心线时选择点对应的桩号。操作步骤如下:

(1) 点击"选道路 1"按钮,选择第一段道路。
(2) 点击"选道路 2"按钮,选择第二段道路。
(3) 选择过渡方式。
(4) 选择定位方式。程序提供了 4 种定位控制方式,除了"起止桩号"控制方式以外,其余 3 种控制方式都可以进行动态拖动。
(5) 点击"确认",完成设计。

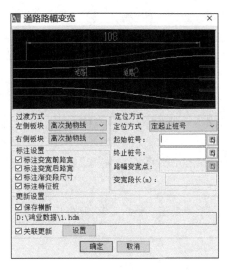

图 10-7 "道路路幅变宽"对话框

10.5.1.2 中心路幅变宽

中心路幅变宽时,道路中心线必须属于同一条道路而且已经定义了桩号,否则程序不能处理。点击"平面编辑→渠化与变宽→中心路幅变宽",命令行显示:请选择定义桩号的道路中心线。

选中道路中心线后,弹出中心路幅变宽对话框,选中变宽方向,输入基本参数,选择定位方式后,可以输入起始桩号和终止桩号,也可以点击 按钮拾取起始桩号和终止桩号,点击"变宽"按钮完成中心路幅变宽。

10.5.1.3 手工加宽

对于手工加宽,选择的道路中心线必须属于同一条道路而且定义了桩号。点击"平面编辑→渠化与变宽→手工加宽",命令行交互:请选择定义桩号的道路中心线。

选中道路中心线后,弹出"手工加宽"对话框,输入各个加宽参数,选择过渡方式后,点击"选择中心线弯道弧"按钮,选择中心线弯道,点击"加宽"按钮,完成加宽。

10.5.1.4 直线路幅变宽

点击"平面编辑→渠化与变宽→直线路幅变宽",弹出直线渐变段对话框,输入起点半径和终点半径,点击"确定"按钮,依据命令行显示,依次选择起点所在边线、终点所在边线、指定渐变段起点、指定渐变段终点,完成命令。

10.5.1.5 曲线路幅变宽

点击"平面编辑→渠化与变宽→曲线路幅变宽",弹出曲线渐变段对话框,选择过渡方式,输入等分分数,点击"确定"按钮,依据命令行显示,依次选择起点所在边线、终点所在边线、指定渐变段起点、指定渐变段终点,完成命令。

10.5.2 路口处理操作

10.5.2.1 喇叭口

交叉路口某支路加宽时调用此命令。

点击"平面编辑→路口处理→喇叭口",弹出"路口渠化"对话框。

有3种可选择的渠化形式,点击选中其中一项,参数可任意调整设定。点击确定以后,程序会根据缓和段长和缓和段宽来检查缓和段起终点处倒圆半径 R1、R2 的数值是否合理,如果不合理,程序会有提示并返回对话框;如果参数合理,则对话框隐藏。

命令行交互:

回车退出/请在道路边线或人行道线上点取渠化起点。

回车退出/请点示渠化方向。

注意:靠近道路交叉口选道路边线;点取渠化方位要朝向交叉口方向。

10.5.2.2 右转车道

用来在交叉口设计右转车道。点击"平面编辑→路口处理→右转车道"运行该命令后,弹出"右转车道"对话框。

10.5.2.3 导流岛

导流岛分为右转导流岛和交叉分流岛两个部分。点击"平面编辑→路口处理→导流岛"运行该命令后,弹出"导流岛设计"对话框。右转导流岛操作示例:

(1)在对话框中设置好参数,按下"确定"按钮。
(2)选择出口道中心线。
(3)选择右转车道边线,之后程序开始处理。
(4)在对话框中设置好参数,按下"确定"按钮。
(5)选择出口道边线。
(6)选择交叉车道边线,选择完毕之后程序开始处理。

10.5.2.4 通道设计

通道设计包括掉头通道设计和进出通道设计两个部分。两板块路上,在中央分隔带宽度不小于4m或单向机动车道不少于3条的情况下,一般可设置掉头通道和掉头车道,以解决路段上左转进出问题。掉头通道命令用来在分隔带上设置掉头通道,需要注意的是,该命令只能作用于分隔带,即"Road-1"图层上的实体。

如果选择了"图中点取通道宽度",则"通道宽度"编辑框会被禁用不能输入,而且已经输入的值也将失效。选择了这个选项意味着在选择掉头通道的起点后还必须选择终点;不勾选这个选项程序,将按照给定的通道宽度和方向(注:与进出口边线的位置有关,默认的判断规则是从起点到终点的方向,进口道在右边,出口道在左边)自动寻找终点,只需指定起点即可。

掉头通道操作示例:

(1)在对话框中设置好参数,按下"确定"按钮。

(2)对话框自动隐藏。

命令行交互:选择入口侧分隔带边线,可以多选,选择完毕后点击右键或者回车确认。

(3)选择出口侧分隔带边线,可以多选,选择完毕后点击右键或者回车确认。

进出通道命令用来在分隔带上设置进出通道,需要注意的是,该命令只能作用于分隔带,即"Road-1"图层上的实体。

注意:该部分程序有参数检查的功能,即检查入口半径和出口半径是否合理。在选择进口侧和出口侧边线以后,程序会根据两根边线的距离判断用户输入的入口半径和出口半径是否合理,如果半径不合理,会出现提示,根据实际情况的不同,该提示也会不同。

仔细阅读该提示,按下"确定",进出通道对话框会再次出现,用户可以按照提示的建议修改参数后重试。需要注意的是,如果用户指定的角度不合适,程序依然会提示用户半径不合理,这时用户可以尝试一下更改角度。

进出通道操作示例:

(1)在对话框中设置好参数,按下"确定"。

(2)对话框自动隐藏。

命令行交互:选择入口侧分隔带边线,可以多选,选择完毕后点击右键或者回车确认。

(3)选择出口侧分隔带边线,可以多选,选择完毕后点击右键或者回车确认。

(4)点取进出通道起点。

(5)指定通道方向。

(6)如果选择了"图中点取通道宽度",则这一步骤还必须选择通道的终点位置。

10.5.2.5 坡道

运行该命令后,弹出"坡道"对话框,"对象编组"选项用于将单面坡道的所有线段(标注除外)进行编组。

单面坡道操作示例:

(1)在单面坡道对话框中设置好参数,按下"确定"按钮。

(2)对话框自动隐藏。

命令行交互:请选择道路边线,可以多选,选择完毕后点击右键或者回车确认。

(3)指定单面坡道中心点。

(4)指定坡道的布置方向。

三面坡道操作示例:

(1)在三面坡道对话框中设置好参数,按下"确定"。

(2)对话框自动隐藏。

命令行交互:请选择道路边线,可以多选,选择完毕后点击右键或者回车确认。

(3)指定三面坡道中心点。

(4)指定坡道的布置方向。

10.5.2.6 视距三角形

用于在交叉口按照两车道的停车视距绘制视距三角形。操作示例:

(1)在视距三角形对话框中设置好参数,按下"确定"按钮。

(2)对话框自动隐藏。

命令行交互:选择第一条车道轴线。

(3)选择第二条车道轴线。

10.5.2.7 交叉处理

绘制道路时如果"交叉处理"选项关闭,道路交叉未倒角或由线转的道路需交叉处理时选用此命令。点击"平面编辑→路口处理→交叉处理",命令行交互:

回车退出/点取交叉道路中心位置:可在交叉处区域内任意点取。

回车退出/选取范围:用鼠标拖动圆,使其经过交叉处所有道路线。

倒角半径(最大半径为207.63)<34.50m>:可以采用鼠标拖动的方式,也可以采用直接在命令行输入半径的方式。

缺省值可由鼠标拖动显示或输入。当交叉道路均附带人行道时,首先提示确定道路边线倒角半径,再提示人行道倒角半径。其他类型道路交叉时,则只进行道路边线的倒角。

10.5.2.8 环形交叉

道路交叉口为环形时,点击"平面编辑→路口处理→环形交叉"可调用此命令,并显示"环形交叉"对话框,如图10-8所示。

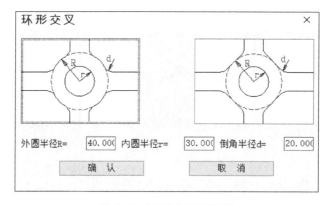

图10-8 "环形交叉"对话框

对话框中显示了两种环形交叉形式,一种是道路边线圆弧(简称"道弧")倒角,另一种是道路边线直线段倒角,点取道路中心线交叉点后,环形交叉自动进行。

10.5.2.9 改缘石半径

该命令用来修改相交道路的道弧半径。

10.5.2.10 切人行道

用于将道路交叉口的人行道弧转成直线。

10.5.2.11 交互切角

用于交互进行两条道路线或道弧的切角处理。

10.5.2.12 切角修改

用于修改两条线之间的切角。

10.6 辅助设施

10.6.1 绿化带处理

(1)沿线绘绿化带:点击"平面编辑→绿化带处理→沿线绘绿化带",命令行交互:
请选择道路中心线或边线。
请移去不画线段:选中某线段,则该线段不绘制绿化带。
偏离线距离<0>m:绿化带的中心线偏离所选道路中心线或边线的距离。
绿化带宽度<2>m:输入绿化带的宽度。
程序根据输入的参数沿线绘制绿化带。
(2)自由绘绿化带:即按任意方向绘出绿化带,可以是直线形的,也可以是弧形的。
(3)自动断绿化带:即将选定绿化带按指定段长、指定距离断开。
(4)断绿化带:在绿化带上点取两点,将两点间的绿化带断开。
(5)割绿化带:指在绿化带两侧点取两点以割断绿化带。

10.6.2 辅助设施绘制

10.6.2.1 港湾停靠站

用于在道路边线上设置港湾停靠站,程序没有限制实体所在的图层,可以在任意图层上使用本命令。

点击"平面编辑→辅助设施→港湾停靠站",如图10-9所示。

各个参数的含义可参考对话框左侧图片中的示例(注:本对话框有参数检查的功能,即检查减速段和加速段设置的半径是否合理。在按下"确定"按钮后,程序会检查用户所输入的半径,如果半径不合理,会出现提示,根据实际情况的不同,该提示也会不同)。

操作示例:
(1)在"港湾停靠站"对话框中设置好参数,按下"确定"按钮。
(2)对话框自动隐藏。
命令行交互:选择路边线,可以多选,选择完毕后点击右键或者回车确认。
(3)选择港湾停靠站中点。
(4)指定行车方向。

10.6.2.2 路边停车场

点击"平面编辑→辅助设施→路边停车场",弹出"道路车港"对话框,对应输入参数值,点击"确定",选择道路边线,确定车场中心位置,点示车港方向即可。

10.6.2.3 大型停车场

点击"平面编辑→辅助设施→大型停车场",弹出"停车场"对话框,如图10-10所示。

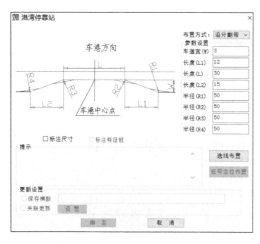
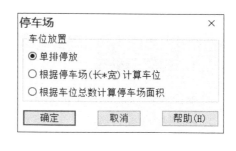

图 10-9 "港湾停靠站"对话框　　　　图 10-10 "停车场"对话框

点击"确定",弹出"停车场"对话框,选择"设计车型"或"停车方式"或"进车方式"等,输入停车场尺寸,点击"绘制"即可。

10.6.2.4　回车场

点击"平面编辑→辅助设施→回车场",弹出"道路回车场"对话框,直接点图例选择形式,点击"确定",程序提示选择道路端点,弹出"回车场参数设定"对话框。

10.6.2.5　道路桥涵

点击"平面编辑→辅助设施→道路桥涵",弹出"绘制桥涵"对话框,在弹出的"绘制桥涵"对话框中,输入参数值,点击"绘制",选择道路中心线、标注位置即可。

(1)结构类型:指要绘制的桥涵类型,包括桥梁、分离式立交(主线上跨)、分离式立交(主线下穿)、通道、箱涵、盖板涵、圆管涵、拱涵。

(2)宽度:指桥或涵在沿道路方向上的宽度。

(3)跨径:

①如果是桥梁和分离式立交(主线上跨),其值为跨数×跨径×上部结构高+⋯。

②如果是分离式立交(主线下穿),其值为1×跨径×桥下净空。

③如果是箱涵、盖板涵和箱形通道,其值为孔数×孔径×高度。

④如果是圆管涵和拱涵,其值为1×孔径×高度。

⑤跨径确定的是桥或是涵在垂直道路方向上的宽度。

(4)斜交角度:指桥涵与主线的夹角。

(5)标注文字:指桥涵的名称或者是一些说明性的文字。

10.6.2.6　编辑道路桥涵

点击"平面编辑→辅助设施→编辑道路桥涵"。

命令行交互:选取平面桥涵。

选择图面上绘制的桥涵,弹出"绘制桥涵"对话框,即可重新编辑。

10.6.2.7　出入口

点击"平面编辑→辅助设施→出入口",弹出"出入口"对话框。在对话框中设定好参数后,按照提示依次选择内外侧路幅边线,指定出入口中心点即可。

10.6.2.8 人行横道线

根据输入的参数绘制人行横道线。

命令行交互:回车退出/回退(U)/输入人行横道线起点,输入人行横道线终点,输入横道线宽度<5.00>,回车与长度方向垂直/选择平行线(X)/输入宽度方向,输入横道线间距<0.50>。

10.6.3 人行道树池

用来在人行道上布置树池。点击"平面编辑→人行道树池",运行命令后,弹出"人行道树池"对话框,按下"确定"按钮。

命令行交互:回车退出/选择路幅边线:选择一条需要布置的边线。

点布置方向用来指示树池布置在边线的左侧还是右侧。选择方向后,程序将按照设定的参数布置树池。

10.7 标 注 工 具

10.7.1 主要标注工具

标注工具主要用于坐标、道路平面、平曲线等的标注。

(1) 平曲线参数标注(New)

新增的平曲线参数标注方式,可灵活定制平曲线参数标注各种相关参数。点取"平曲线参数标注",弹出"平曲线参数标注"对话框,如图10-11所示。

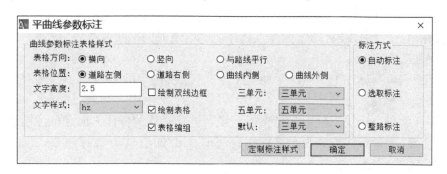

图 10-11 "平曲线参数标注"对话框

数据操作说明见表10-5。

数 据 操 作 说 明　　　　　　　　　　　表 10-5

选 数 据	说　　　　明
表格方向	平曲线参数表格的方向设置项
表格位置	设置平曲线参数标注相对于路线的标注位置

续上表

选 数 据	说 明
表格的文字设置	包括高度、文字样式等
绘制双线边框	控制表格的外边框是否为双线,可根据各单位图面要求设置
绘制表格	控制是否绘制表格线
表格编组	控制是否将表格编成CAD的组,编组可利于标注表格的整体编辑。一般情况下建议此项选中
三单元	设置三单元曲线的标注样式。系统默认为"三单元",这个三单元标注样式是系统内置的
五单元	设置五单元曲线的标注样式。系统默认为"五单元",这个五单元标注样式是系统内置的
默认	对于不能确认为是三单元或五单元的曲线,以"默认"样式标注
标注方式	自动标注:标注选取曲线的平曲线参数,表格位置取决于对话框中的设置。 选取标注:标注选取曲线的平曲线参数,表格位置由使用者指定。 整路标注:自动标注选定路线上所有平曲线参数
确定	点击确定后,命令行提示用户选取标注曲线,根据当前标注设置和标注方式,提示选取需要标注的路线位置
定制标注样式	可定制平曲线标注样式,并可保存个人常用的标注样式

注:为方便用户多次标注,点击图10-11对话框中"确定"按钮不会自动关闭对话框,只有点击"取消"按钮才会关闭对话框。

(2)平曲线参数标注(Old)

点击"平面编辑→标注工具→平曲线参数标注(Old)",程序自动标出各处曲线参数值,包括自动标注和选取标注两种方式。

①自动标注:选择曲线段,程序自动标注所有选中的平曲线的参数。

②选取标注:选择曲线段,指定标注点标注所选的道弧的平曲线参数。

(3)绘平曲线交点

点击"平面编辑→标注工具→绘平曲线交点",可绘制平面曲线交点,可在图形中显示。

(4)测量坐标标注

点击"平面编辑→标注工具→测量坐标标注",选择相应的标注方向和标注前缀。

命令行交互(当前标注方式为水平标注):回车退出/回退(U)/改标注方式(G)/输入测量坐标标注(S)/点取或输入标注点:

①键入G后会重新进入测量坐标标注对话框,在此进行标注方式定制。用户可以逐一试验一下。

②键入S。

命令行交互:回车退出/回退(U)/改标注方式(G)/点取或输入标注点(D)/输入测量坐标<X,Y>。

输入测量坐标进行标注。

③标注方式确定后,可以直接输入测量坐标或者在屏幕上点取任意一点,可标出其测量

坐标。

(5) 坐标标高标注

点击"平面编辑→标注工具→坐标标高标注",弹出"坐标标高标注"对话框,选择相应的标注方向和标注前缀、是否"自动提取标高"。如果选择了"自动提取标高",当选择点进行标注时,会自动提取选择点的标高值;否则需选定标注点,交互输入标高值。

命令行交互:

输入标高值。

回车退出/输入该点标高值<0.0>。

(6) 道宽自动标注

点击"平面编辑→标注工具→道宽自动标注"。

命令行交互:当前标注位置为端点;当前箭头形式为半箭头,当前小数点后保留位数是3位回车退出/回退(U)/标注设置(S)/栏选标注(F)/在道路中心线上点取标注点:

①输入S,对当前标注形式进行重新设置,主要是对箭头形式的设置[箭头(A)/半箭头(B)/短斜线]。

②输入F,进行栏选标注。如果方向不合适,则按照命令行的提示[调整方向(T)/回车返回:]输入T,进行方向调整。

(7) 道宽交互标注

即标出任意两条线之间距离。点击"平面编辑→标注工具→道宽交互标注"。

命令行交互:当前标注位置为端点;当前箭头形式为半箭头,当前小数点后保留位数是3位回车退出/回退(U)/标注设置(S)/点取第一条线。

用S对当前标注样式进行重新设定;不设定,则对所选两条线之间的距离进行标注。

(8) 车道标注

点击"平面编辑→标注工具→车道标注"。

命令行交互:

回车退出/回退(U)/栏选标注(F)/选择道路中心线引出标注点。

点示标注位置(注:引出线会垂直于道路中心线)。

点击"平面编辑→标注工具→车道边线标注",对车道边线进行标注。

(9) 方位角标注

点击"平面编辑→标注工具→方位角标注",选择道路中心线,点取方向,自动标出方位角。

(10) 路口道弧标注

可标注任意道弧,点击"平面编辑→标注工具→路口道弧标注",弹出对话框,如图10-12所示。选择标注方式后,点击"确定"。

命令行交互:回退(U)/选取路边弧线。

自动标注:箭头法和国标法都是只标半径。

交互标注:箭头法可以只标半径,也可以全标。

国标法只标半径;双线引出法只标半径;系统定位全标采用箭头法。全标是指标注以下参数:转向角、半径、切线长度、道弧长度、外距。

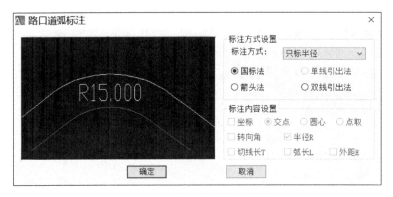

图 10-12 "路口道弧标注"对话框

(11)路口切角标注

点击"平面编辑→标注工具→路口切角标注",使用此功能或者选择道路人行道切角即可自动标注。

10.7.2 道路延伸

点击"平面编辑→道路延伸",选取要延长的道路中心线端点,在图面上拖动延伸道路。对于定义过桩号的道路,延伸后,软件会把道路的桩号定义取消(注:只能沿直线方向延伸)。

10.7.3 道路板块划分

点击"平面编辑→道路板块划分"。

命令行交互:选择一条道路中心线。

选取要进行板块划分的道路,出现板块设置对话框,根据自己的需要填写对话框上的各个参数,点击"确定",对话框隐藏。

命令行交互:

点选范围(P)/回车输入桩号。

请输入起始点桩号(0.000—201.021)→请输入结束点桩号(50.000—201.021)(注:括号内提示的是所选道路的起始桩号和结束桩号,程序会按照设置的参数进行板块划分)。

10.7.4 交互倒角

绘制道路时,"☑转弯处理"按钮关闭,道路转弯未做倒角或两条线不相交需倒角处理时调用此命令。点击"平面编辑→交互倒角"。

命令行交互:回车退出/回退(U)/请选择第一条道路中心线,请选择第二条道路中心线,尖角(Z),输入标记处道路转弯半径(m)(最小 24.000m,最大 45.000m) < 45.000 >,如果是 Z 则尖角,如果圆角则输入圆角倒角半径(注:在交互倒角之后如果转弯半径不合适,则改转弯半径)。

10.7.5 改转弯半径

点击"平面编辑→改转弯半径",对已有道弧修改其半径。先点取修改的道弧,再输入新的倒角半径。

10.7.6 其他

点击"平面编辑→其他",使用其他功能。

(1)挡土平面:

命令行交互:齿长度方向(相对于前进方向齿在左负,在右正)<4.00>,回车退出/起点,回车退出/弧(A)/到点,程序即按照指定的参数绘制挡土墙。

(2)挡土转弧:

命令行交互:请选择挡土墙1,请选择挡土墙2,选择完毕,程序为两段挡土墙做倒角处理。

(3)护坡:

命令行交互:长齿长度(相对于前进方向齿在左负,在右正)<5.00>,回车退出/起点,回车退出/弧(A)/到点,选择护坡界线(S)/回车无界线/绘制护坡界线起点,程序即开始按照指定的起终点和边界绘制护坡线。

(4)锥坡:

命令行交互:请点取路肩边缘点,请点取锥坡中点,请点取坡脚边缘点,程序即开始按照指定的路肩边缘点、锥坡中点和坡脚边缘点绘制护坡线。

本章习题

1.导线法线形设计包括哪几种?曲线法设计包括哪几种?

2.绘制一条道路,具体要求如下:道路等级为主干路;设计速度为60km/h;板块类型为四块板;要求有绿化带、慢行道、快车道、人行道;车道宽度自由定义。

3.为图10-13定义主桩号及其他桩号。

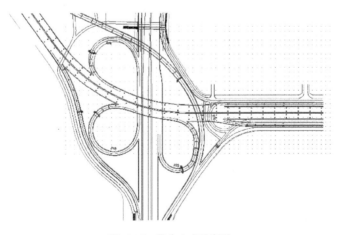

图10-13 综合立交示意图

4.选择图10-13中任意基本缓和曲线绘制的道路并进行超高加宽设计,并输出超高图文件。

5. 为图 10-13 中主桩号道路进行平曲线参数标注。

6. 自主绘制如图 10-13 所示的综合立交示意图平面部分。

7. 为题 2 绘制的道路绘制港湾停靠站及路边停车场。

设计实例

本章所学知识点的相关工程设计实例如图 10-14、图 10-15 所示。

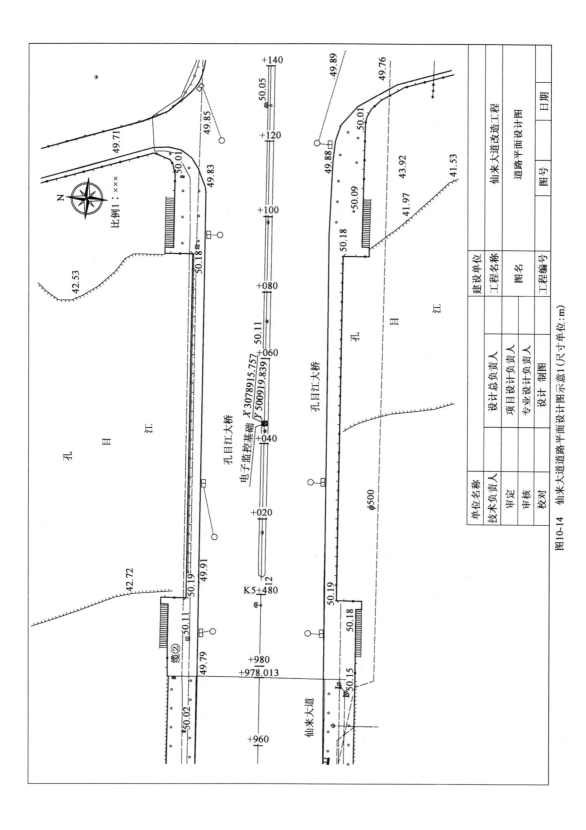

图10-14 仙米大道道路平面设计图示意1(尺寸单位:m)

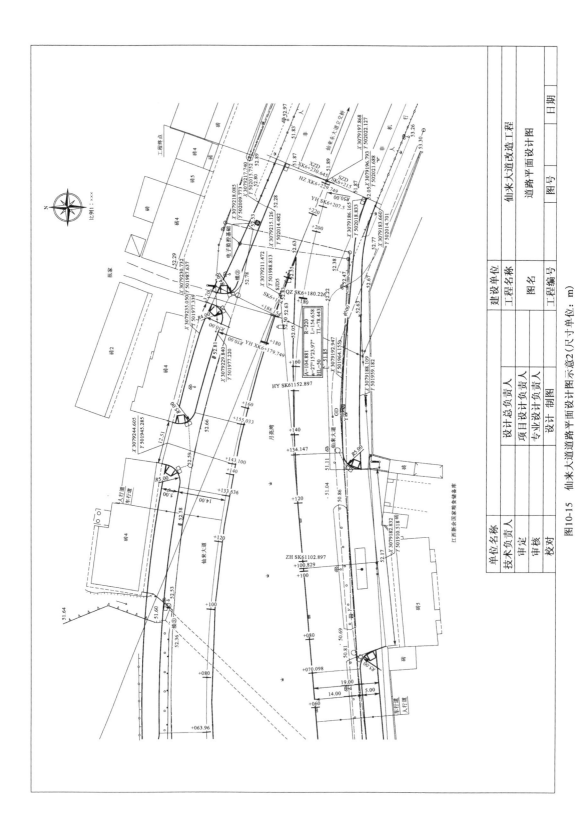

图10-15 仙来大道道路平面设计图示意2（尺寸单位：m）

第11章
道路纵断面设计

　　道路的纵断面是指沿车行道的中心线的竖向剖面。道路的中心线在纵断面上是一条折线，一般在折线的折点处要设置竖曲线。在道路纵断面图上，表示原地面标高的线称为地面线；表示道路设计标高的线称为设计线。设计线上各点的标高与地面线上各对应点标高之差称为施工高度(填挖高)。城市道路的设计标高一般指建成后路面的中心线高度。因此，在计算路基的填挖高度时需要加减路面的结构厚度。公路的设计标高一般是指路基中线的高度。

　　纵断面设计包括三大环节：

　　(1)获得现状(自然)标高。

　　(2)获得设计标高。

　　(3)绘制纵断面图。

　　软件提供了"交互输入""地形图提取""通过横断文件获得""通过测量图提取"等多种获得现状标高的方法，可以根据不同情况选择使用。

　　交互输入适用于现状标高已经通过实地测量等手段已知的情况，地形图提取适用于具备电子地形图的情况，通过横断文件获得适用于已有横断现状文件的情况。

　　测量图提取就需要具备中桩现状标高的测量图(即道路现状地形的纵断面图)。其中用得最多也是效率最高的是地形图提取和通过横断文件转换两种方式。关于获得设计标高，软件提供了"动态拉坡"和"交互输入"两种方式。

　　动态拉坡是指动态进行道路纵坡设计。所谓动态就是随着鼠标的移动，软件实时计算出前后坡长、坡度、设计标高以及填挖标高等重要数据。

交互输入设计标高的作用是如果道路的纵坡比较简单或已知设计标高,可以用此功能直接输入变坡点标高及竖曲线半径。

纵断设计的基本任务:
(1)确定路线适当的标高。
(2)设计各路段的纵坡及其坡段长度。
(3)保证视距要求,选择适当竖曲线半径,配置竖曲线。
(4)计算施工高度,包括标定桥涵、立交路口、平交路口等位置。
(5)绘制纵断面设计图等。

纵断竖向线形设计的要求:
(1)线形能够平顺,保证行车安全、舒适与设计速度。
(2)路基稳定,工程量小。
(3)保证与相交的道路、广场、街坊和沿路建筑物的出入口平顺衔接。
(4)保证道路两侧的街坊以及道路上地面水的顺利排泄。道路最小纵坡应大于0.5%,困难地段可大于或等于0.3%。
(5)设计标高、坡度和位置的确定应考虑沿线各个控制点的要求,如相交道路的中线标高、与铁路交叉点的标高、沿路建筑物的底层地坪标高等。

本章学习要求
(1)掌握自然标高的输入方法。
(2)学会绘制拉坡草图,掌握动态拉坡方法。
(3)掌握设计标高交互输入方法。
(4)掌握合成坡度计算方法。
(5)熟悉纵断面各项参数检查。
(6)掌握纵断面图设计线上设计标高值对应桩号的计算方法。

11.1 自然地形的输入

11.1.1 交互输入自然标高(ZDSRBGZ)

单击"纵断→交互输入自然标高",命令行提示:<回车主道路/Z自由输入/选取桩号线>,之后弹出"自然标高编辑"对话框(图11-1),输入各点的桩号及其对应的自然标高。

点击上方的按钮+或者使用右键菜单中的"增加一行"命令都可以增加一行。

点击上方的按钮-或者使用右键菜单中的"删除一行"命令都可以删除一行。

点击上方的按钮☞或者使用右键菜单中的"打开文件"命令都可以打开自然标高或者设计标高文件进行编辑。

点击上方的按钮■或者使用右键菜单中的"保存文件"命令都可以保存当前编辑的自然标高或者设计标高数据。

保存文件时,程序会把没有输入标高的行过滤掉。

11.1.2 地形图提取自然标高(ZDDXTBGZ)

根据处理好的地形图提取道路纵断自然标高。

单击"纵断→地形图提取自然标高",命令行提示:"回车退出/点取要提取标高的桩号线",随后弹出"地形图提取纵断面自然标高"对话框,如图11-2所示。

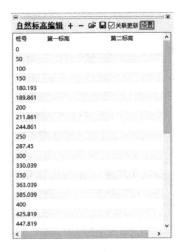

图11-1 "自然标高编辑"对话框　　图11-2 "地形图提取纵断面自然标高"对话框

先注意这里的桩号代号是否与要处理的道路一致。软件根据"桩号标注设置"里面设置的整桩间距生成桩号列表,并把平曲线特征桩等特征桩加入。

可以点击"+"或"-"修改桩号列表,最后单击"提取标高"程序,可自动从图中提取标高值,并打开图11-1所示的"自然标高编辑"对话框,提取到的标高将会显示在对话框里面。之后保存文件,地形图提取自然标高就完成了。

11.1.3 由横断文件转化自然标高(ZDBGHBGZ)

如果横断自然标高文件定义过,则此命令可以从横断自然标高文件中提取道路中心线处的标高值,转化为纵断自然标高文件。

单击"纵断→由横断文件转化自然标高",弹出"横断自然标高生成纵断自然标高文件"对话框,如图11-3所示。

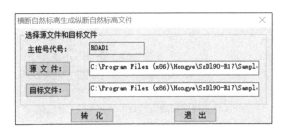

图11-3 "横断自然标高生成纵断自然标高文件"对话框

单击"源文件",在弹出的"打开"窗口中找到道路的横断自然标高文件。源文件中支持两种格式的横断面自然标高文件:*.Bgh 和 *.Bghn。

单击"目标文件",在弹出的"打开"窗口中找到道路的纵断自然标高文件(已有文件要替换),或者直接输入带路径的文件名,然后单击"转化"完成转化。

11.1.4 测量图提取(ZDCLTBGZ)

如果已有测量单位提供的沿桩号中心线展开的自然地面线,则可从中提取自然标高。单击"纵断→测量图提取自然标高"。

选择任一条自然地面线(注:先选地面线的任意一段)。
过滤"PP-BG-SET"层的"LINE/POLYLINE/LWPOLYLIN"E 实体。
点取地面标高基准点(注:一般选端点)。
输入标高值(注:直接输入此点标高值)。
点取桩号基准点<同标高基准点>。
输入桩号值。
输入横向比例和竖向比例。
转化完后会打开图 11-1 所示的"自然标高编辑"对话框,提取到的标高将会显示在对话框里面。之后保存文件,测量图提取自然标高就完成了。

11.2 纵断面动态设计

11.2.1 定义拉坡参考点(DYLPCKD)

即定义特殊的控制点,在动态拉坡"关联参考点"进行设计控制。

单击"定义→纵断→定义拉坡参考点",弹出"纵断面动态拉坡参考点定义"对话框,如图 11-4 所示。

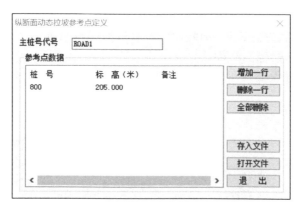

图 11-4 "纵断面动态拉坡参考点定义"对话框

11.2.2 纵断面设计(ZDSQXSJ)

单击"定义→纵断→纵断面设计",弹出"纵断面设计"对话框,如图 11-5 所示。
纵断设计步骤概述:

①选择前提数据。
②绘制草图。
③动态拉坡。
④竖曲线设计。
⑤保存文件。

图 11-5 "纵断面设计"对话框

操作步骤详解：

（1）指定前提数据

"设计开始→指定前提数据→单击右键弹出菜单→前提数据"，弹出如图 11-6 所示对话框。

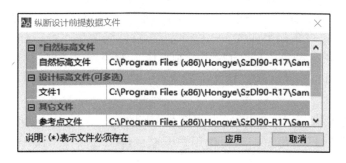

图 11-6 "纵断面设计前提数据文件"对话框

在对话框中可以清楚看到自然标高文件、参考点文件、鸿业交点文件和将要设计出的设计标高文件存放的位置，使用户始终清楚所存文件的位置。

对话框的初始值显示的是当前工程中主桩代号所对应的文件的位置。一般情况下程序能自动寻找到需要的前提数据文件，不需要再进入此对话框手工进行选择。

请注意"自然标高文件"是进行纵断面设计所必需的文件，如果程序没有找到该文件，绘制草图时该对话框会自动弹出来。用户必须手工指定该文件，否则设计无法继续。

鸿业交点文件用来绘制直线和平曲线栏。如果该文件不存在，绘制时会从图面上搜索道路的平面线形信息；如果搜索失败，直线和平曲线栏将为空。

文件 1 为设计标高文件的主设计文件，可以有一个或多个作为设计过程中参考的设计标高文件。

点击右键菜单中的"添加文件"时，可在文件 1 的位置添加一个新文件，作为主设计标高文件。

可以通过右键菜单中的"向上""向下""最上"来调整设计文件顺序。

设计标高文件中也可选择左右边沟文件(*.zbg、*.ybg),对边沟进行纵断拉坡设计。设计完成之后,可将边沟设计结果文件保存,供横断面计算绘图使用。

(2)绘制拉坡草图

在右键菜单中选择"绘制草图",或者点击对话框右下角的按钮,这时在图面上任意位置点取拉坡草图基点,软件将按要求自动绘制出拉坡草图,这时就可以进行动态拉坡,如图11-7所示。

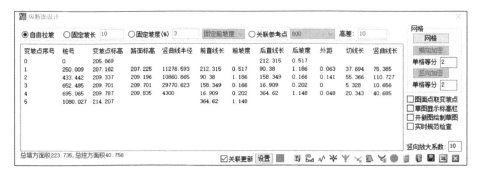

图11-7 "纵断面设计"对话框

注意：

①考虑速度的因素,若当前图形文件较大,建议在绘制草图时打开"开新图绘制草图",系统会自动建立一张新图。在这种情况下,如果在"前提数据"对话框中没有指定"鸿业交点文件",则拉坡草图中的"直线和平曲线"一栏将为空,设计线上也不会标注平曲线信息。因此,用户最好在指定了"鸿业交点文件"以后再绘制草图。如果当前道路没有交点文件,可以使用"平面→自动定线"中的"沿线搜索"功能生成交点文件。设计完毕,退出纵断面设计时该图自动关闭。

②选择草图按钮,可以直接在图上选择草图后在所选草图上继续设计纵断面。

③定义设计线按钮,可识别和转化用户绘制的线。要求这条线上没有竖曲线,而且竖向放大了10倍。

④使用右键菜单中的"增加变坡点"或者按钮,可以在列表和草图中增加变坡点。

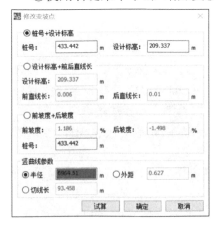

图11-8 "修改变坡点"对话框

⑤右键菜单中的"修改变坡点"或者按钮,提供了多种方式修改变坡点数据,如图11-8所示。

对话框列出当前变坡点相关设计参数,提供了4种变坡点数据修改模式,可通过设定任一设计模式下的已知参数,通过点击"试算"按钮计算其他参数,当参数合理时,点击"确定"按钮完成边坡点数据修改。

4种边坡点数据修改模式："桩号+设计标高""设计标高+前后直线长""前坡度+后坡度""竖曲线参数"。

⑥点击"平面→桩号→桩号标注设置",读取桩号设置信息。

(3)动态拉坡

拉坡设定了"自由拉破""固定坡长""固定坡度"和"关联参考点"4 种控制方式。

选择合适的方式后,在菜单中选择"动态拉坡",或者点击对话框上的图标按钮,然后在草图黄色的设计线上点取要进行拉坡的位置,即可开始动态拉坡。

在点取一个拉坡点进行动态拉坡时,随着鼠标的移动的有一个半透明浮动对话框,在该对话框上显示变坡点桩号、自然标高、设计标高、竖曲线半径、后坡度,作为动态拖动时的参考,如图 11-9 所示。

动态拉坡也可以用于修改已有的变坡点。在草图上选择变坡点或者点击变坡点指示圆(以变坡点为圆心的红色的圆)内部任意一点都可以选中已有的变坡点,之后可以随意拖动进行动态修改,也可以在对话框中直接输入想要修改的参数进行修改。修改完毕后,草图和对话框中的数据都会自动刷新,可以按需要拉出任意多个变坡点。

图 11-9 "拉坡参数"对话框

右键菜单中的"删除变坡点"命令以及对话框右下角的图标按钮用于删除不必要的变坡点,以使设计更符合要求。先在对话框的变坡点列表中选取要删除的变坡点,再点取右键菜单中的"删除变坡点"或者对话框右下角的图标按钮,该变坡点就被删除了,如果该变坡点有竖曲线,则竖曲线也会被同时删除。

在草图的下方设置"直线和平曲线"栏,显示平面线形的信息;在设置一个变坡点以后,设计线上也会显示平曲线的信息。结合这两部分的信息,可以方便直观地在设计时考虑平纵组合。

动态拉坡时,拉坡草图会实时更新设计线与参考点之间的高差数据。

(4)竖曲线设计

先在对话框的列表中选中要进行设计的变坡点,在右键菜单中点取"竖曲线设计",或者点击对话框右下角的图标按钮,草图中对应的变坡点上就会出现一段曲线,并随着拖动而变化,对话框列表中的各项参数也会实时变化。

此时也可以直接在对话框列表中直接输入各种竖曲线参数进行设计,输入完毕后,草图会随着输入立即更新,实时反映出所做的修改。

"竖曲线设计"也可以用于修改已有的竖曲线,在列表中选择变坡点后,即可以开始重新设计。

动态拖动时,竖曲线两端分别有一根直线在"直线和平曲线"栏上面移动,动态反映出竖曲线的范围。竖曲线设计完毕后,草图中竖曲线两端的绿色大括号表示的是竖曲线在设计线上的起点和终点,更明显地指示出竖曲线的范围以及竖曲线和平曲线的关系。

可使用"任意点设计标高求竖曲线半径"工具按钮,根据输入的标高和桩号,反算出竖曲线的半径,并更新纵断面草图,如图 11-10 所示。

(5)保存文件

设计完成后,在右键菜单中点取"保存文件",或者点击对话框右下角的图标按钮,即可保存设计标高文件。

(6)纵断面设计数据还原

满足设计标高中,设计结果回退,单击,弹出"纵断

图 11-10 反算竖曲线

面设计数据还原"对话框,如图 11-11 所示。

图 11-11 "纵断面设计数据还原"对话框

单击"还原",弹出对话框提示,单击"是"后,纵断面设计数据还原到本处修改前的设计数据,如图 11-12 所示。

图 11-12 "还原"对话框

单击"图形预览",在图面上显示回退后的纵断数据。

单击"数据预览",弹出"竖曲线数据"对话框,显示要回滚到的数据。

(7) 辅助设计工具

①视距检查。选择好变坡点后,"视距检查"功能可以以当前变坡点前后坡度差计算视距所需的竖曲线半径。

在列表中的某个变坡点上(起点、终点除外)单击右键选择"视距检查",或者点击对话框右下角的图标按钮,就会弹出"凸形竖曲线视距验算"对话框,如图 11-13 所示。

②网格。网格线控制在纵断面设计对话框的右侧,用来控制拉坡草图上网格线、网格标尺、网格桩号的显示和关闭,如图 11-14 所示。

图 11-13 "凸形竖曲线视距验算"对话框　　图 11-14 "网格"对话框

"网格"按钮用来控制网格(包括粗线和加密细线)的显示与关闭。

呈凸起状态时,草图中不显示网格,同时"横向加密"和"竖向加密"按钮不可用。呈凹陷状态时,草图中显示网格,同时"横向加密"和"竖向加密"按钮可用。此时如果按下"横向加密"按钮,将会按照输入的"单格等分"数对草图中的网格进行横向加密,例如"单格等分"数为2,则每个网格单元将会被横向的分割为2个单元格。如果按下"竖向加密"按钮,将会按照输入的"单格等分"数对草图中的网格进行竖向加密,例如"单格等分"数为2,则每个网格单元将会被竖向分割为2个单元格。

如果绘制好草图和网格后想修改加密的间距也很方便。比如要修改横向加密,在横向"单格等分"编辑框中输入新的等分数值,按一下"横向加密"按钮使之呈凸起状态,这一步是为了删除原来的横向加密网格线;之后再按一下"横向加密"按钮使之呈凹陷状态,此时草图上新的横向加密网格线就绘制好了。

③标尺。在草图的起始端绘制有标尺,如图11-15所示;如果显示了网格,则每间隔200m桩处也绘制有网格标尺,如图11-16所示。

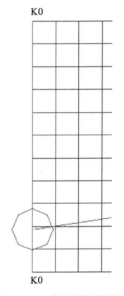
图11-15 草图起始端标尺

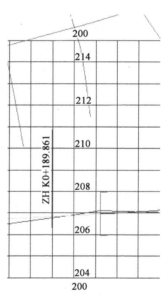
图11-16 网格标尺

④网格桩号。如果显示了网格,则在网格的上方和下方都标注有桩号。不同的桩号有不同的标注样式,具体如图11-17所示。

⑤草图显示标高栏。控制草图表头栏中是否绘制设计标高和自然标高栏,如图11-18所示。

动态拉坡结束时,程序会自动更新设计标高和自然标高。

⑥开新图绘制草图。控制是否新建图形文件绘制草图,如果打开该选项进行纵断面设计,则会打开新图绘制拉坡草图,设计结束后,则自动关闭打开的新图。

变坡点列表导入到Excel表格。

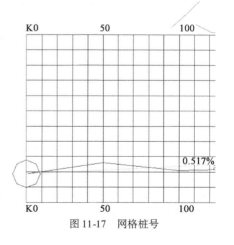
图11-17 网格桩号

11.2.3 交互输入设计标高(ZDSJBG)

单击"纵断→交互输入设计标高",命令行提示:回车主道路/Z 自由输入/选取桩号线。如果回车或者选择了某条道路的中心线,则程序自动将道路的桩号提取出来,之后弹出"设计标高编辑"对话框(图 11-19),输入各点的桩号及其对应的设计标高、竖曲线半径。

点击上方的按钮 + 或者使用右键菜单中的"增加一行"命令都可以增加一行。

点击上方的按钮 – 或者使用右键菜单中的"删除一行"命令都可以删除一行。

使用右键菜单中的"打开文件"命令打开自然标高或者设计标高文件进行编辑。

使用右键菜单中的"保存文件"命令保存当前编辑的自然标高或者设计标高数据。

保存文件时,程序会把没有输入标高的行过滤掉。

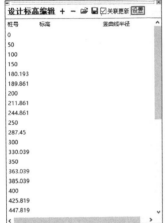

图 11-19 "设计标高编辑"对话框

11.2.4 纵断综合数据定义(DIZHIGAIKUANG)

"纵断综合数据定义"对话框如图 11-20 所示。

图 11-20 "纵断综合数据定义"对话框

对话框上方显示的是当前文件记录的主桩代号及主道路的名称、桩号范围,这些数据是建立纵断综合数据文件时从图形中提取出来的。将这些道路信息与纵断综合数据一起保存,是为了表明数据与道路的对应关系。

11.3 纵断面绘制

11.3.1 纵断表头定制(ZDBT)

在"纵断表头"对话框进行道路纵断表头的定制,如图 11-21 所示。

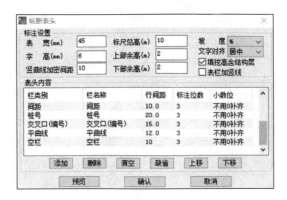

图 11-21 "纵断表头"对话框

各参数及说明见表 11-1。

对话框参数说明　　　　　　　　　　　　　表 11-1

参　　　数	说　　　明
表宽	表头的宽度
字高	表头中文字的高度
竖曲线加密间距	竖曲线处桩号加密的间距
标尺总高	标尺的高度
上、下部余高	标尺上、下端的空余高度,控制标尺的起点高度以及变换标尺
坡度	控制坡度的标注样式:%、‰、小数
文字对齐	控制表头文字的对齐方式:居中、左对齐、右对齐
填挖高含结构层	控制填挖高含不含结构厚度。例如,现状标高 15m,设计标高 14m,结构厚度 0.5m。如果包含结构,则挖深为 1.5m,若不包含,则为 1m。 表头内容中的栏类别决定此栏关联的数据
表头内容	(1)在"栏类别"中任意行点击鼠标左键即可出现选择列表,在其中选择要标注内容。 (2)"栏名称"表示此栏目绘制在纵断面图上时的具体名字。此栏可任意设置。 (3)"行间距"即某一栏的高度。 (4)"标注位数"即标注文字中小数的保留位数。 (5)"小数位"可选择是否用 0 补齐。例如,某处的标注文字为 110.1,如果设置了"不用 0 补齐",则标注为 110.1;如果设置为"用 0 补齐";则标注为 110.100(假设标注位数为 3)

点击"上移"或"下移"可调整各栏顺序。定制完后,可点"预览"查看结果,满意后点"确认"。

注意:把表头做成图块形式,预览时可直接在图面修改,这样一些比较特殊的表头就可以绘制了。

11.3.2 纵断面绘制(ZDHZNEW)

单击"纵断→纵断面绘制",弹出"绘制纵断面"对话框,如图11-22所示。

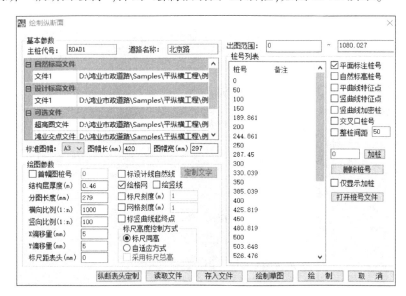

图11-22 "绘制纵断面"对话框

各参数及说明如表11-2所示。

对话框参数说明 表11-2

参　数	分　类	说　明
基本参数	主桩代号	主桩代号
	道路名称	道路名称
	自然标高文件	自然标高文件的存放位置,支持多个自然标高文件
	设计标高文件	设计标高文件的存放位置,支持多个设计标高文件
	超高图文件	超高加宽设计生成的超高图文件的存放位置
	鸿业交点文件	鸿业交点文件的存放位置,用来绘制直线和平曲线栏。如果该文件不存在,绘制时会从图面上搜索道路的平面线形信息;如果搜索失败,直线和平曲线栏将为空
	纵断综合数据文件	纵断综合数据文件的存放位置,包含桥涵构造物、地质概况、需要进行竖向设计的交叉口这些信息
	图幅参数	若为标准图幅,可直接选择图幅号;若为非标准图幅,可直接输入尺寸
绘图参数	首幅图桩号	第一幅纵断面图的终止桩
	结构层厚度	结构层厚度
	分图长度	控制自动分幅的图幅长度。如果设置了首幅图桩号,则第一幅图长不受分图长度控制
	横、竖向比例	用于设置横、竖向比例

续上表

参数	分类	说明
绘图参数	定制文字	可以定制自然线、设计线标注文字的内容和样式
	X、Y 偏移量	控制纵断表头左下角距离图框有效区域左下角的相对位置
	标尺与表头距离	控制标尺底端与表头顶端的竖向距离
	绘网格	控制纵断面图上是否绘制网格
	标尺刻度、网格刻度	控制相邻标尺刻度的距离和网格的长度
	标尺高度控制方式	标尺同高:每幅图计算出各自的有效标尺高度,取其中的最大值作为所有图幅的标尺高度,如果该值小于表头定制的标尺总高,则取表头定制的标尺总高;否则提示用户输入新的有效标尺高度。 自适应方式:每幅图计算出各自的有效标尺高度,如果该值小于表头定制的标尺总高,则取表头定制的标尺总高;否则取计算的有效标尺高度。 采用标尺总高:在自适应方式下,如果选中"采用标尺总高",则表示每幅图标尺高度采用计算出的有效标尺高度
桩号列表	整装间距	选中该项,则按照输入的间距生成整桩桩号列表
	加桩	输入桩号,点击"加桩"按钮可将其加入桩号列表中
	仅显示加桩	若选中该项,则在桩号列表中只显示手工添加的特殊桩号
	删除桩号	在桩号列表中选中某一个桩号,使用该按钮将这个桩号删除
	桩号列表	桩号列表框中显示的桩号即为纵断面图绘制的范围及标出的桩号。 例如一条道路的桩号范围为 0~1000,进入纵断面绘制对话框,系统默认的绘制范围即为 0~1000,桩号列表框中显示起止桩及各特征点桩号。直接点取绘制,系统将绘出整条道路的纵断面图,且桩号列表框中显示的所有桩号都会标注在纵断面图桩号栏中。 若需要绘制 300~600 段纵断面,将小于 300、大于 600 的桩号删除即可(利用 Shift 或 Ctrl 可多选)。 另外,在桩号列表框中增加备注栏。用户可在备注栏中对任意桩号添加备注。 当相邻桩之间的距离小于 3.6m 时,舍弃按整桩间距生成的碎桩(除公里桩、百米桩以外的桩)。如果舍弃后仍有重叠的桩号,程序会自动将标注位置适当拉开
纵断表头定制		打开"纵断表头定制"对话框,可以定制纵断面表头
读取文件和存入文件		用户可以将在"绘制纵断面"对话框中设置的所有内容以文件的形式保存(包括加桩)。在下一次绘制同一条道路的纵断面时,程序可将各项设置值自动读入
绘制草图		按照标尺同高的方式绘制不带图框的纵断面

单击"绘制"按钮即可绘出纵断面。

11.4 纵断面竖向线形设计

11.4.1 旧路补强纵断面设计(JLBQSJ)

"旧路补强纵断面设计"对话框如图 11-23 所示。

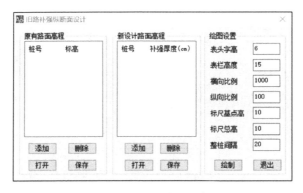

图 11-23 "旧路补强纵断面设计"对话框

11.4.2 求任意桩设计高(ZDCALSJG)

用来计算给定桩号处的设计标高。输入单个或者多个桩号后,这些桩号处的标高就会显示在列表中,对话框如图 11-24 所示。

图 11-24 "计算任意点设计标高"对话框

11.4.3 求任意标高相应桩号(VQUERYSTK)

用来计算纵断面图上的设计线上任意设计标高值对应的桩号,如图 11-25 所示。

图 11-25 "根据标高查询桩号"对话框

11.4.4　计算合成坡度(CALCHCPD)

"合成坡度计算"对话框如图11-26所示。

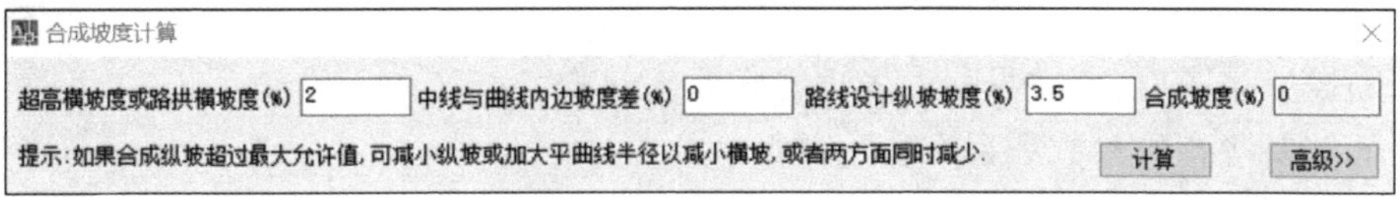

图11-26　"合成坡度计算"对话框

点击"高级"按钮后,对话框的下部将会扩展,并显示合成坡度规范列表和计算公式,如图11-27所示。

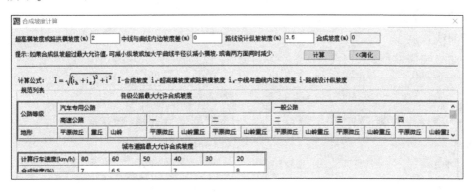

图11-27　"合成坡度计算"对话框

11.4.5　纵断技术指标(ZDJSZB)

用来统计纵断面的各项技术指标,对话框以及统计的项目如图11-28所示。

图11-28　"纵断技术指标"对话框

纵断技术指标需要的前提数据是"纵断设计标高文件"。运行该命令后,程序自动查找并读取主桩号对应的纵断设计标高文件,并进行统计;如果没有找到主桩号对应的文件,则弹出打开文件对话框,这时必须手工指定纵断设计标高文件。

11.4.6 纵断规范检查(ZDMGFJC)

纵断面设计完毕后,检查纵断面各项参数是否符合规范要求。

纵断面需要检查的参数项目有:

①纵坡坡度。

②纵坡坡长。

③合成坡度。

④平均坡度。

⑤竖曲线半径。

⑥竖曲线长度。

⑦平曲线与竖曲线的组合。

图 11-29 "纵断规范检查"对话框

"纵断规范检查"对话框如图 11-29 所示。

(1)对话框说明

数据文件选择:默认显示主桩号对应的纵断设计标高文件。

技术参数输入:选择和输入查规范时需要的一些技术参数。

该项目影响最大纵坡的取值:如果勾选了"高原地区",随后的编辑框将被启用输入海拔高度。如果海拔高度超过 3000m,各级公路的最大纵坡都将进行折减。

冰冻严寒地区:该项目影响最大纵坡的取值,如果选中了"高原地区"而且海拔高度大于 200m,或者选中了"冰冻严寒地区",同时公路等级为四级公路而且车速为 20km/h 即处于山岭、重丘区,则会将最大纵坡限制在 8%。

干旱少雨地区:选中此项则没有最小纵坡 0.3% 的限制。

检查项目设置:设置纵断规范检查的内容,共有 3 个检查项目。

(2)对话框操作流程

①对话框部分:选择数据文件、输入技术参数、选择检查项目。

②开始检查:根据对话框中设置的检查项目检查。

③检查完毕,将检查结果写入"纵断面规范检查结果.txt"文件当中。使用"查看"按钮可以查看结果文件,至此检查完毕。

11.4.7 凸形竖曲线视距计算(ZDMSJJST)

该功能用于凸形竖曲线视距计算。

根据输入检查条件,点击"计算"可查看结论,如图 11-30 所示。

11.4.8 凹形竖曲线视距计算(ZDMSJJSA)

该功能用于凹形竖曲线视距计算。根据输入检查条件,点击"计算"可查看结论,如图 11-31 所示。

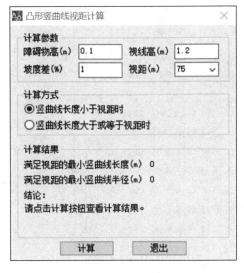 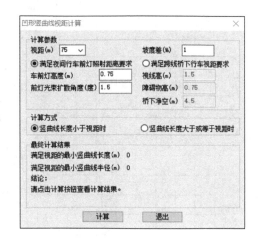

图 11-30 "凸形竖曲线视距计算"对话框　　图 11-31 "凹形竖曲线视距计算"对话框

本章习题

1. 如何从地形图中提取自然标高?
2. 拉坡参考点如何确定?
3. 纵断合成坡度如何计算?
4. 如何添加和删除桩号?
5. 纵断面技术指标有哪些?

设计实例

本章所学知识点的相关工程设计实例如图 11-32、图 11-33 所示。

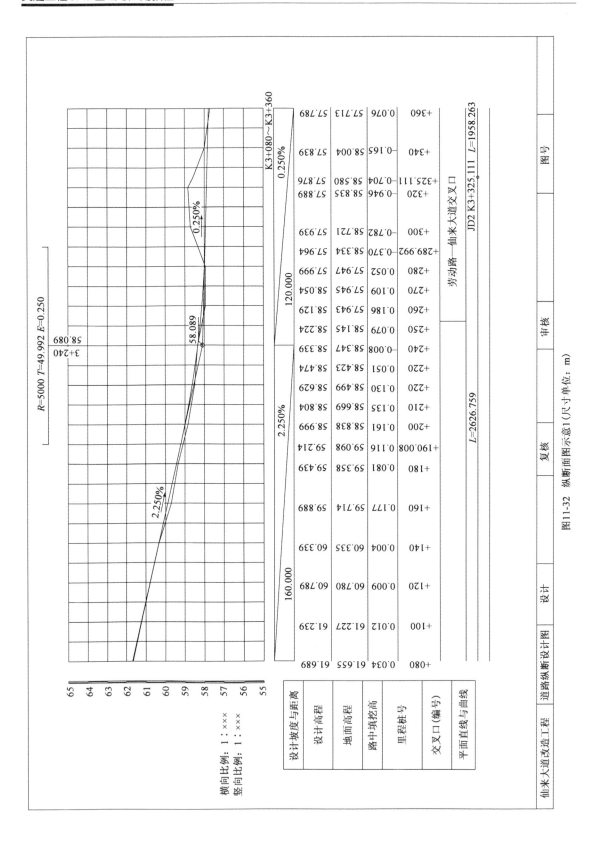

图11-32 纵断面图图示意1(尺寸单位：m)

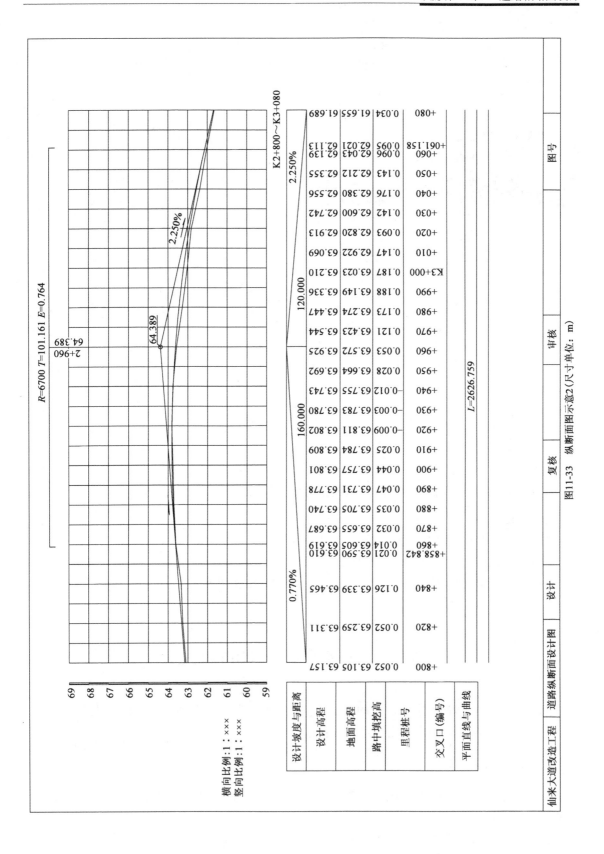

图11-33 纵断面图示意2(尺寸单位: m)

第 12 章
道路横断面设计

本章主要介绍道路横断面出图及道路土方的计算。

本章学习要求
(1) 了解横断面包含的元素,掌握横断面的基本画法。
(2) 能够运用所学知识绘制标准横断面。
(3) 能够根据实际需要提取自然标高,绘制横断布置图和构造图并按照实际添加路面结构。

12.1 自然地形数据的录入

鸿业软件有三种横断数据录入的方法,分别为地形图提取自然标高、测量图提取自然标高、逐桩输入自然标高,用户可按照需求根据情况选择。

12.1.1 地形图提取自然标高

本方法适用于平面图绘制在地形图中(注:必须是矢量化的有高程数据的地形图),可直接从地形图中提取自然标高信息。

(1) 单击"横断→地形图提取自然标高"。

(2)选取要提取标高的道路中心线,即可弹出"地形图提取横断面标高"窗口。
各参数含义解释如下。
(1)横向采样间距:指与道路中心线垂直方向每隔几米采集一个点的数据。
(2)路外外推距离:指设置的采点边界一直到道路横向外边界外的一定距离处。
(3)桩号列表:将要提取标高的桩号列出,其间隔与桩号自动标注时的间隔一致。
(4)新增加桩号:手动输入桩号值,点击"增加桩号"按钮即可将新增桩号加入"桩号列表"中;"删除桩号"可以从"桩号列表"中将不需要的桩号删除。
(5)路宽取值:路宽的取值方式有3种:①横断面文件:通过横断文件(.hdm)计算出来。要求必须已经定义好正确的(.hdm)文件,并且文件名一定要与道路的桩号代号相同。②标准路宽:直接输入道路宽度,简单快速,但不等宽道路不适用。③平面图搜索:不需要进行任何定义即可从图上自动提取道路宽度,但是可能会出现宽度提取不准确的情况。

参数设置完毕后,点击"提取标高"按钮,程序开始提取,并自动打开"横断面数据编辑器",将提取到的数据显示在里面。

12.1.2 测量文件提取自然标高

本方法适用于测量单位已经提供的测量文件,并且可以转化为标高文件。
(1)单击"横断→逐桩输入自然标高",即可弹出"横断面数据编辑器"对话框,如图12-1所示。

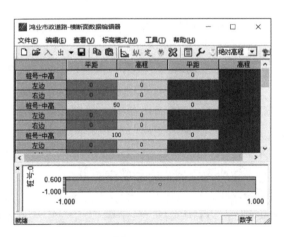

图12-1 "横断面数据编辑器"对话框

(2)单击"横断面数据编辑器→打开",在文件类型中选中"测量文件(.txt)"即可。

12.1.3 逐桩输入自然标高

单击"横断→逐桩输入自然标高",即可弹出"横断面数据编辑器"对话框,如图12-1所示,编辑器各部分功能说明如下。
(1)菜单部分
①文件。
a.打开。横断面自然标高编辑器可以打开3种格式的文件:新格式横断面自然标高文件

(.bghn)、老格式横断面自然标高文件(.bgh)、测量文件(.txt)。

b.导入。横断面自然标高编辑器可以导入多种格式的文件:单行格式(注:一桩处的横断面数据用一行数据表示)、每行数据格式[桩号中高(第二中高)平距标高]、三行格式(注:一桩处的横断面数据用三行数据表示)。

c.导出。可按3种格式导出文件。

例:图12-2所示为60桩处的横断面自然标高数据。

	平距	高程	平距	高程	平距
桩号-中高	60		40.2	40.2	
左边	2	40.2	4	40.2	6
右边	2	40.2	4	40.2	6

图12-2　60桩处的横断面自然标高数据

②标高模式。

切换当前的高程模式。

③工具。

a.纵断面提取:用一个纵断面文件中的高程来代替横断面文件中的中桩高程。

b.图面提取:从测量地面线中提取横断自然标高。

c.图面循环提取:从若干条测量地面线中循环提取横断自然标高。

d.提取定距标高:提取距离中桩指定距离处的标高,将其存为纵断自然标高文件(.bgz)。

e.横断中线偏移:单击"横断中线偏移",将横断自然标高数据按一定规则偏移,得到偏移后的自然标高数据。

f.生成桩号列表:点击"生成桩号列表"。根据输入的起始桩号、终止桩号、整桩间隔,初始化自然标高数据。

g.按桩号排序:单击"按桩号排序",将编辑器中的数据按桩号由小到大排序。

h.设置:点击"设置",在这里可设置单元格的颜色和图表的样式。

i.导出到Excel:将编辑器数据导出到Excel文件中。

j.从Excel导入:从Excel当前表中导入数据到编辑器中。

(2)列表部分

每一桩的自然标高数据都由3行构成:桩号-中高、左边、右边,如图12-3所示。

	平距	高程	平距	高程
桩号-中高	60		40.2	40.2
左边	2	40.2	4	40.2
右边	2	40.2	4	40.2

图12-3　桩自然标高数据

①桩号-中高:由三个单元格构成,即桩号、第一中高、第二中高。

②左边:道路左侧的自然标高数据,由平距和高程单元构成。

③右边:道路右侧的自然标高数据,格式及含义与左边相同。

12.2 道路土方计算

12.2.1 标准土方断面定义

此步骤为的是定义道路的横断面形式，为后续的土方计算、横断面绘图提供基础参数。

(1)单击"横断→标准土方断面定义"，命令行提示:选择已定义桩号的道路中心线/自由输入(Z)。

(2)选中道路中心线，即可弹出"横断面形式"对话框，如图 12-4 所示。

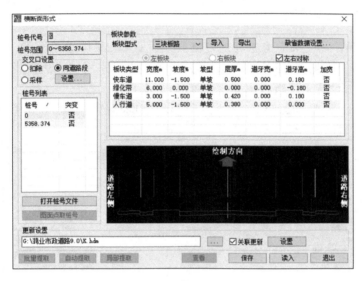

图 12-4 "横断面形式"对话框

对话框参数说明如下。

①桩号列表:桩号列表中存放的是需要定义断面的桩号，有 4 种提取方式:手工输入列表、打开桩号文件、图面点取、自动提取。桩号列表中第二列显示该桩号是否为断面突变桩，有关断面突变桩的定义在后文中解释。

②断面信息:每个桩号的断面信息分为板块类型、宽度、坡度、坡型、层厚、道牙宽、道牙高、是否加宽。除宽度可以自动从图面提取之外，其他信息可以从"缺省数据设置"提取，也可以直接在断面信息中进行编辑，如图 12-5 所示。

③断面数据输入方式:断面数据输入方式分为 3 种:手工输入、复制断面、自动提取。

a. 手工输入:直接在对应桩号的右侧列表中手动输入断面数据。

b. 复制断面:在要复制断面的桩号处点击鼠标右键，选择"复制断面"，选中目标桩号，在右键菜单上再选择"粘贴断面"，即可完成从桩号 1 向桩号 2 复制断面的功能。

c. 自动提取:提供沿主桩号道路自动搜索各特征桩号断面，自动提取可以搜索到的特征桩号断面数据，包括道路起终点桩号、车道变宽渐变段起终点桩号、板块类型变化处桩号等位置处的断面数据。

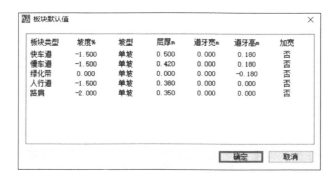

图 12-5 "板块默认值"对话框

12.2.2 边坡参数定义

基本设计思路:手动定义填方桩和挖方桩及分别采用的具体边坡形式。计算时,软件会自动根据每个桩的填挖情况进行匹配(注:只需要指出填方段采用什么边坡、挖方段采用什么边坡即可)。道路边坡设置采用组合边坡的布置形式。

(1)单击"横断→边坡参数定义",命令行提示:请选择已定义桩号的道路中心线/自由输入(Z)。

(2)选取中心线后,即可弹出"边坡参数定义"对话框,如图 12-6 所示。

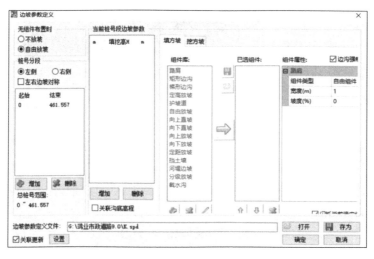

图 12-6 "边坡参数定义"对话框

(3)分别对道路的左右侧根据不同情况(如地质情况、位置等)对边坡进行分段定义。分段定义后,保存文件,即完成边坡参数定义。

(4)点击某一段的序号,即可对界面右侧显示的参数进行编辑。图例的幻灯片会实时更新边坡组件信息。

对话框参数说明如下。

①无组件布置时:该选项适用于控制当仅有桩号段设置而没有放置边坡组件时,系统采用的处理方式。

②桩号分段:该选项用于控制道路两边的边坡是否对称。

边坡类型中分左侧和右侧,如左侧挖方坡和右侧挖方坡,可分别定义其组件。若左右相同则选中"左右对称",此时类型中不出现右侧,仅定义左侧即可。

③当前桩号段边坡参数:设置填(或挖)高差范围,是为了对不同高差范围内设置不同的边坡组件类型。例如,当填挖高度比较大时就要用到挡土墙,而填挖很小时显然是不需要的。这里定义的就是具体到高差范围之内。关联沟底高程选项用于控制道路自动"戴帽"时,是否关联左右最外侧边沟沟底设计高程。

④路肩组件类型:自由组件可换为强制组件。自由组件遇到自然地形即终止,强制组件无论是否遇到自然地形,都严格按照设定参数绘制完毕,而后再自由放坡至地面线。

⑤边沟强制:该选项设置了边沟的默认方式,选中此项后,当组件中增加边沟时(注:包括梯形边沟、矩形边沟以及分级放坡中的边沟),边沟组件默认为强制组件。

12.2.3 换土层厚度

可在指定桩号范围内统一设置一个换土厚度,或者在指定桩号范围内按照断面横向宽度设定不同的换土厚度。

(1)单击"横断→换土层厚度",命令行提示:回车提取主道路信息/自由输入(Z)/选择已定义桩号的道路中心线。

(2)按指令选取后,即可弹出"换土层厚度定义"对话框,如图12-7所示。

图12-7 "换土层厚度定义"对话框

对话框参数说明如下。

①按桩号范围设置:选择的桩号范围内换土厚度一致。

②按横断面形式设置:在选定的桩号范围内,按照横向宽度范围划分不同的换土厚度区域。选中"按横断面形式设置",读取横断面文件时,各宽度默认值从横断面文件提取。

③起始宽度:横向方向上从中心线开始的换土层定义区域开始位置。

④终止宽度:横向方向上从中心线开始的换土层定义区域终止位置。

12.2.4 横断面出图设置

单击"横断→横断面出图设置",即可弹出"横断面出图设置"对话框,如图 12-8 所示。

图 12-8 "横断面出图设置"对话框

12.2.5 横断面计算绘图

单击"横断→横断面计算绘图",即可弹出"横断面计算绘图"对话框,如图 12-9 所示。
横断面计算绘图操作步骤如下。
①选择图幅。
②选择数据文件。若用户定义了主桩号,程序会自动把所需的数据文件找到并列出;若用户没有定义主桩号,则需在图 12-9 所示对话框中手工选择文件。
③核对桩号列表,可以添加桩号或者删除桩号。后面的绘图及计算都是根据桩号列表中的桩号来进行的。
④点击"计算",计算生成绘图所需的数据文件。
⑤若有需要,可以编辑计算结果文件。
⑥输入需要进行绘制的桩号范围。

⑦点击"绘图",对话框隐藏,指定绘图基点后即开始绘制道路横断面图。

⑧点击"绘制草图",对话框隐藏,指定绘图基点后即开始绘制道路横断面草图。

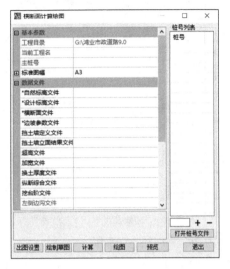

图 12-9 "横断面计算绘图"对话框

12.2.6 更新横断面

当微调某横断面放坡后,或者进行开挖台阶之后,可通过横断面更新对断面的填挖方数据进行修改,同时根据图面修改情况修改横断面自然标高文件、放坡结果数据文件、土方结果文件,以便后期出表使用。

(1)单击"横断→更新横断面",出现如图 12-10 所示界面。

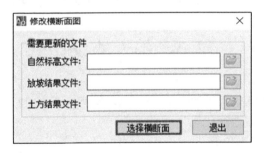

图 12-10 "修改横断面图"对话框

(2)选好自然标高文件、放坡结果文件、土方结果文件后,点击"选择横断面"。

12.2.7 横断交叉口土方

若需要精确计算道路中的交叉口土方量,可在道路横断设计时,对交叉口范围设置为不放坡,并计算道路土方量。结合本功能计算正常横断面之外的交叉口部分的土方量,再进行放坡,并出具交叉口土方量表。

单击"横断→交叉口土方",将出现如图 12-11 所示计算界面。

横断交叉口土方计算步骤如下。

(1)选取前提数据文件。

图 12-11 "路线交叉口定义"对话框

(2)定义交叉口的范围和边界上的控制点高程。
①交叉口位置可以直接从图面提取,或者从纵断综合数据文件提取。
②在列表中设置各个交叉口的前后范围。
③可用"选线定义"或"手工绘制"定义各交叉口相交道路的设计范围。
④用"添加控制点"和"改控制点高"定义相交道路边界上的控制点。
(3)设置相交道路边界上的放坡控制。
(4)点击"计算"按钮计算土方和放坡。
(5)点击"土方结果表"按钮,出现"交叉口土方结果表"。
(6)点击"绘示坡线"按钮,绘制相交道路交叉口边界上的示坡线。

12.3 挡土墙设计

本模块不涉及挡土墙结构计算和验算,只完成选型、横断绘制、挡土墙平立面绘制及由此引起的道路填挖方变化和占地变化。

挡土墙设计流程如图 12-12 所示。

12.3.1 挡土墙定义

(1)单击"横断→挡土墙→挡土墙定义",命令行提示:回车提取主道路信息/自由输入(Z)/选择已定义桩号的道路中心线。

(2)选择结束后,将弹出"挡土墙设计"对话框,如图 12-13 所示。

在图 12-13"挡土墙设计主界面"中先对特殊段进行分段设置,然后再进行全段设置。程序在进行匹配时首先读取分段参数匹配好特殊段,然后再根据全段参数匹配其他桩。如果整条道路所用挡土墙匹配规则均相同,则直接进行全段参数定义即可。

点击"添加",在序号列出现数字"1",双击序号"1"即可进入参数设定界面,如图 12-14 所示。在此界面中可根据填挖高分别定义填方挡土墙和挖方挡土墙。

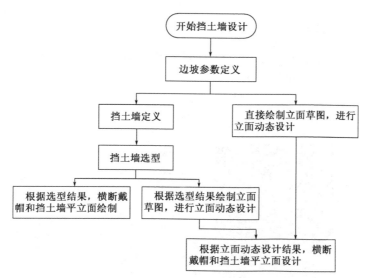

图 12-12 挡土墙设计流程

图 12-13 "挡土墙设计"对话框

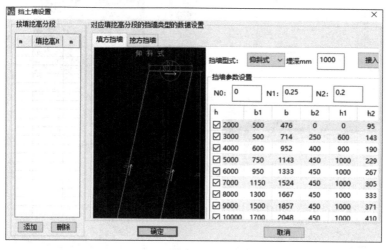

图 12-14 "挡土墙设置"对话框

12.3.2 扩充挡土墙

该功能用于管理挡土墙库,为挡土墙系统选型和立面设计提供合适的数据。界面类似于挡土墙定义中的右侧部分,如图 12-15 所示。

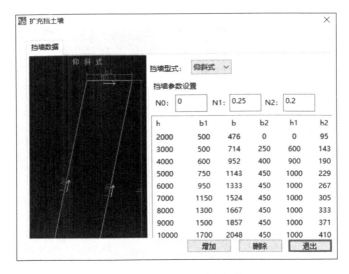

图 12-15 "扩充挡土墙"对话框

12.3.3 管理自定义挡土墙

该功能用于向系统中增加自定义形状的挡土墙,从而扩充原有系统支持的挡土墙库的类型,主界面如图 12-16 所示。

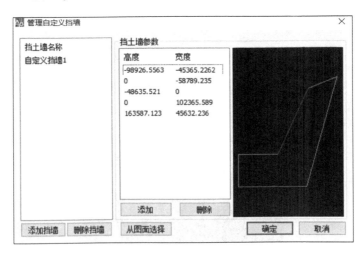

图 12-16 "管理自定义挡墙"对话框

对话框操作说明如下。

(1)添加挡墙:在挡土墙列表中增加一行,默认名称为"自定义挡土墙 n",新添加的挡墙参数为空。

(2)点击"从图面选择",命令行提示:请选择表示挡土墙的多段线。

所选实体完全闭合且输入了名称以后返回主界面中,名称添加到挡土墙列表中,右侧显示其参数。

12.3.4 立面设计

(1)单击"横断→挡土墙→立面设计",弹出如图 12-17 所示界面。

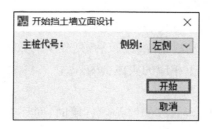

图 12-17 "开始挡土墙立面设计"对话框

(2)选择"侧别"后,单击"开始",弹出"挡土墙立面设计(左侧或右侧)"界面,如图 12-18 所示。

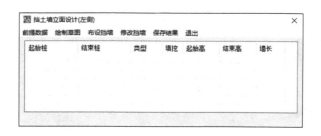

图 12-18 "挡土墙立面设计(左侧)"对话框

对话框说明如下。

①前提数据。

a.带 * 表示该文件是进行立面设计所必需的文件,不带 * 表示该文件是可选的。

b."边坡定义文件":此文件里定义了挡土墙的插入位置。如果没有此文件,软件认为挡土墙的插入位置是道路的板块边缘。

c."挡土墙尺寸库":此数据库中主要存储各个类型、高度的挡土墙的尺寸数据。在动态设计过程中,软件根据挡土墙的高度从此库中选型。

d."放坡结果文件":放坡结果文件中记录了上次边坡设计的结果。如果存在此文件,"绘制草图"时,软件会从此文件中提取上次挡土墙的数据。

e."拖动步长":指动态拖动各个尺寸时的步长。

f.绘制草图:单击"绘制草图"菜单可以在屏幕上绘制挡土墙立面设计草图,可以在此草图上进行动态设计。

②布设挡板。

a.列表中,除"类型"和"填挖"列不能输入和修改外,其他各列均可输入。

b.起始桩的范围为(前段挡土墙起始桩号,本段挡土墙结束桩号),输入完毕,程序会检查输入的数值是否超过该范围,超过则输入无效,自动调整前段挡土墙的范围,如果输入数值小于前段挡土墙结束桩号,则调整前段挡土墙结束桩号为输入值。

c.结束桩的范围为(从本段挡土墙起始桩号到后段挡土墙结束桩号)。输入完毕,程序会检查输入的数值是否超过该范围,超过则输入无效,自动调整后段挡土墙的范围,如果输入数值大于后段挡土墙起始桩号,则调整后段挡土墙起始桩号为输入值。

d.输入"墙长"时,与输入"结束桩"的规则相同。

e.输入完毕,会按照输入的参数更新草图上对应的挡土墙。

f.在草图上修改挡土墙(拖动或删除)结束后,列表中的数据会相应更新。

g.点击列表中某一项,图面上相应的实体会闪烁。

③修改挡土墙。

a.选择要修改的立面实体,当修改的墙是填方墙时,对话框中会出现一个"接入点定位"按钮。当修改的墙是挖方墙时,没有此按钮。

b.单击"接入点定位"。在此对话框中可以修改填方墙的定位方式。

c.各项修改完毕后,点击"确认"即可。

④保存文件。

单击"保存结果"菜单对设计结果进行保存。

⑤平立面出图设置。

单击"横断→挡土墙→平立面出图设置",弹出如图12-19所示对话框,在此可以进行挡土墙平立面出图设置。

12.3.5 伸缩缝设置

单击"横断→挡土墙→伸缩缝",弹出如图12-20所示对话框。

图12-19 "挡土墙平立面出图设置"对话框　　图12-20 "伸缩缝设置"对话框

选择"侧别"和要设置伸缩缝的挡土墙立面设计结果文件(.dtqLM),单击"开始",弹出如图12-21所示对话框,在此可以分段进行伸缩缝设置。

12.3.6 平立面绘制

单击"横断→挡土墙→平立面绘制",弹出如图12-22所示对话框,选择"侧别"和配套的"挡墙立面设计结果文件"及"鸿业交点文件",单击"开始"进行平立面图绘制。

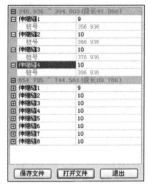

图 12-21　伸缩缝设置开始窗口　　　图 12-22　"挡土墙平立面绘制"对话框

12.4　横断辅助功能

12.4.1　征地线

单击"横断→征地线",出现如图 12-23 所示对话框。

图 12-23　"绘制征地线"对话框

对话框参数说明如下。

① 基本数据中带 * 号的文件为必选文件(放坡结果文件、横断面文件),其他文件为可选文件。

② 外推参数可根据桩号分段来设置不同的外推方式。

a. 普通外推:即软件原有的外推方式,参照路边线或坡脚线进行外推。

b. 按填挖方:填方段和挖方段可以分别设置外推距离。

225

c.左右外推:按道路的前进方向,左侧、右侧分别按设置的距离进行外推。

③引出线:可以根据需要设置是否标注引出线,在选择标注引出线时,引出线的长度也是可以设置的。

④编号标注:控制图面征地线是否标注编号。

⑤绘征地线表:可以设置征地表的行数、是否绘制坐标、是否绘制距中桩的距离;点击"计算绘制"则可以重新计算征地线结果文件,并且在图面上绘制征地线。此外,也可以根据已有的征地线结果文件,通过"由文件绘制"按钮来重新绘制征地线。

12.4.2 示坡线

单击"横断→示坡线",弹出"绘制示坡线"对话框,如图 12-24 所示。

图 12-24 "绘制示坡线"对话框

选择基本数据后,可在平面图上绘制示坡线。

12.4.3 挖台阶处理

在横断面设计绘图完成以后,如果发现个别断面地面线坡度较大,可利用此功能进行地面线的挖台阶处理,操作流程如下。

(1)单击"横断→挖台阶处理",弹出"挖台阶设置"对话框,如图 12-25 所示。

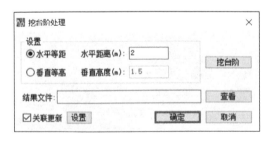

图 12-25 "挖台阶处理"对话框

(2)选择挖台阶的方式:水平等距或垂直等高,然后输入水平距离或垂直高度,点击"确定"按钮。

12.4.4 综合标高计算

单击"横断→综合标高计算",命令行提示:选择已定义桩号的道路中心线或主桩号道路。从图面选择或回车后,弹出"综合标高计算"对话框,如图 12-26 所示。

图 12-26 "综合标高计算"对话框

单击"单点计算",对话框暂时关闭,单击道路范围内一点,或选择输入平距,输入格式为"桩号,平距",对右侧点列表,可点取"图面点取",所点取的点会自动存入列表中,单击"导入",可导入桩号列表,对选中桩号,单击"+",可将此平距添加到列表中,单击"批量计算",将生成点列表文件,单击"查看",可用记事本打开此文件。

12.4.5 设计道路生成等高线

该功能为已经设计好的道路生成等高线,可设置等高线间距,区分首曲线、计曲线,裁剪通过绿化带的等高线,可通过设置桩号范围,生成指定板块的等高线。单击"横断→设计道路生成等高线",命令行提示:选择已定义桩号的道路中心线或回车提取主桩号,之后弹出"设计道路生成等高线"对话框,如图 12-27 所示。

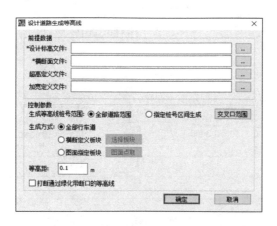

图 12-27 "设计道路生成等高线"对话框

对话框参数说明如下。
①生成等高线桩号范围:在道路的整个桩号范围或在指定桩号的区间绘制等高线。
②生成方式:分为全部行车道、横断定义板块、图面指定板块。
③全部行车道:只绘制行车道的等高线。
④横断定义板块:指定板块绘制等高线。点击"选择板块"按钮,弹出"选择板块"对话框。

⑤图面指定板块:在图面指定板块绘制等高线。点击"图面点取"按钮,命令行提示:请选择板块内一点。

选取板块成功后,按 Esc 键返回到"设计道路生成等高线"对话框,然后设置等高线间距,打断通过绿化带断口的等高线,选中后可以打断通过绿化带端口的等高线。

12.4.6 标准横断面

单击"横断→标准横断面",命令行提示:回车自定义横断面/请选择定义标准横断面参考的中心线。

从图面选择或回车后,弹出"道路横断面设计"对话框,如图 12-28 所示。

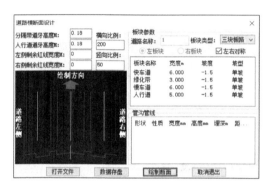

图 12-28 "道路横断面设计"对话框

操作流程如下。

(1)先输入"分隔带道牙高""红线宽""板块"等参数。

(2)如果需要添加管线,在"管沟管线"列表中点击右键选择"增加",在列表框中就会增加管线的信息。在列表框中就可直接修改其各项参数。

(3)设置好后点取"绘制断面",程序即绘出断面,如图 12-29 所示。

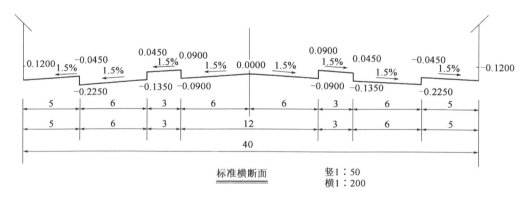

图 12-29 标准横断面示意

12.4.7 横断图库

横断图库用于选择和插入横断面的一些图例。

单击"横断→横断图库",出现如图 12-30 所示对话框。

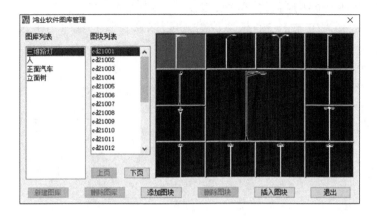

图 12-30 "图库管理"对话框

在选中的图例上双击或者点击"确定",再输入比例和插入点,即可将图例插入到图形中。

12.4.8 横断布置图

单击"横断→横断布置图",出现如图 12-31 所示对话框。

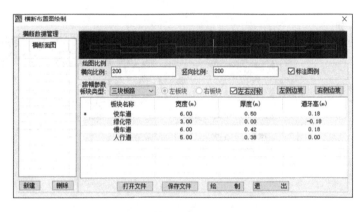

图 12-31 "横断布置图绘制"对话框

操作流程如下。
(1)点击对话框左下角的"新建"按钮,建立一种横断面类型。
(2)在路幅参数列表中输入左右板块数据,也可以从"板块类型"当中选择。
(3)选中"标注图例"。
(4)如果需要保存文件,可以选择"保存文件"。
(5)点击"绘制",可以进行横断布置图绘制。
(6)选择横断布置图插入点。绘制好的图形如图 12-32 所示。

12.4.9 横断构造图

单击"横断→横断构造图",出现如图 12-33 所示对话框。
操作流程如下。

(1)点击对话框左下角的"新建"按钮,建立一种横断面类型。
(2)在路幅参数列表中输入左右板块数据,也可以从"板块类型"当中选择。
(3)如果需要可以保存文件。
(4)点击"绘制"按钮。
(5)选择横断构造图插入点。绘制好的图形如图12-34所示。

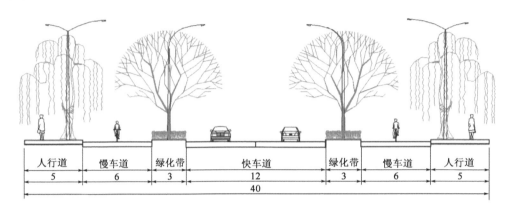

图12-32 横断布置图示意(尺寸单位:m)

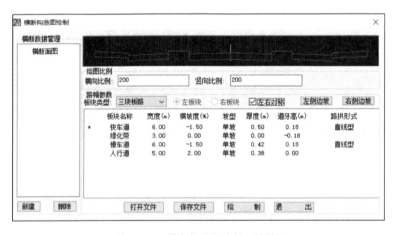

图12-33 "横断构造图绘制"对话框

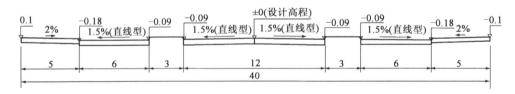

图12-34 横断构造图示意(尺寸单位:m)

12.4.10 横断结构图

单击"横断→横断结构图",出现如图12-35所示对话框。
操作流程如下。
(1)点击对话框左下角的"新建"按钮,建立一种横断面类型。

(2) 在路幅参数列表中输入左右板块数据,也可以从"板块类型"当中选择。
(3) 如果需要可以保存文件。
(4) 点击"绘制"按钮。
(5) 选择横断结构图插入点。绘制好的图形如图 12-36 所示。

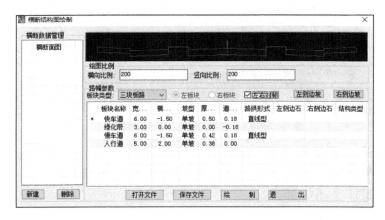

图 12-35 "横断结构图绘制"对话框

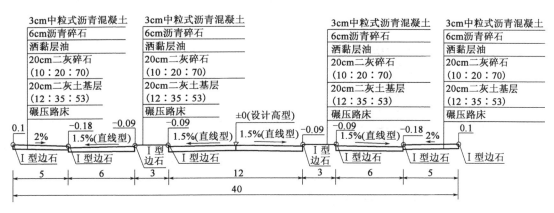

图 12-36 横断结构图示意

12.4.11 路面结构(Old)

单击"横断→路面结构(Old)",出现如图 12-37 所示对话框。

在图 12-37 右侧的编辑框中编辑结构层名、结构层厚等,点击"加入",该参数会被加入结构形式列表中。

单击"选图案",可以选择填充图案。

12.4.12 路面结构(New)

单击"横断→路面结构(New)",出现如图 12-38 所示对话框。

操作流程如下。

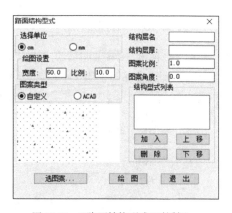

图 12-37 "路面结构型式"对话框

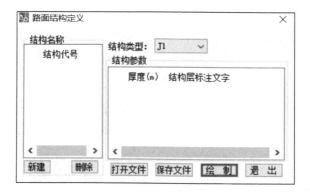

图 12-38 "路面结构定义"对话框

(1)点击对话框左下角的"新建"按钮,建立一种结构名称。
(2)在结构参数列表中输入数据,也可以从"结构类型"当中选择。
(3)如果需要可以保存文件。
(4)点击"绘制"按钮。
(5)选择路面结构图插入点。绘制好的图形如图 12-39 所示。

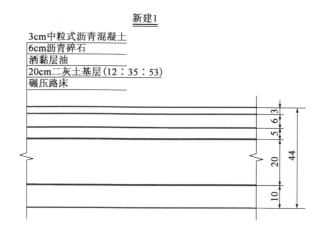

图 12-39 路面结构图示意(尺寸单位:cm)

12.4.13 路拱曲线

单击"横断→路拱曲线",弹出"横断面路拱绘制"对话框,如图 12-40 所示。
对话框左侧的列表框中显示所有的路拱形式,直接单击合适的路拱形式,输入道路参数、出图比例,再点"绘制"即可,如图 12-41 所示。

12.4.14 级配曲线

单击"横断→级配曲线",出现如图 12-42 所示对话框。
操作流程如下。
(1)点击对话框左下角的"新建"按钮,建立一种级配曲线图名称。
(2)在级配曲线参数列表中输入数据,也可以从"标准级配曲线数据"当中选择。

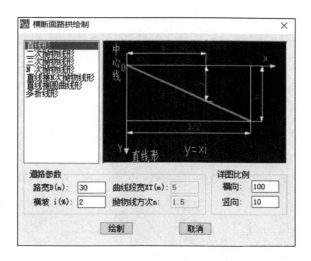

图 12-40 "横断面路拱绘制"对话框

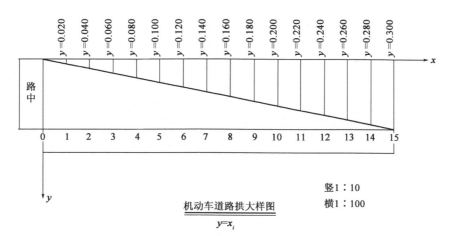

图 12-41 路拱形式图示意

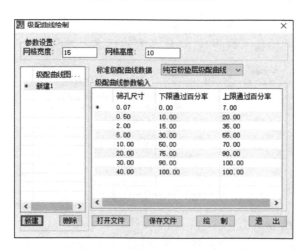

图 12-42 "级配曲线绘制"对话框

（3）如果需要可以保存文件。
（4）点击"绘制"按钮。
（5）选级配曲线图插入点。绘制好的图形如图12-43所示。

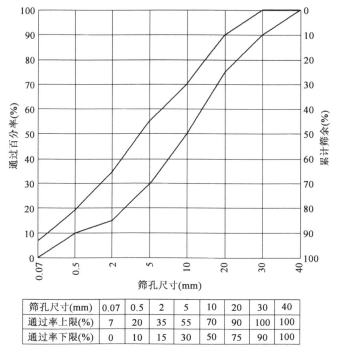

筛孔尺寸(mm)	0.07	0.5	2	5	10	20	30	40
通过率上限(%)	7	20	35	55	70	90	100	100
通过率下限(%)	0	10	15	30	50	75	90	100

图12-43　级配曲线图

本章习题

1. 从地形图中提取自然标高需要进行哪几个步骤？
2. 如何定义和扩充挡土墙？匹配原则是什么？
3. 请参照图12-44所示的板块参数，创建其中的标准土方断面。

图12-44　第3题图

4. 请按要求绘制道路横断面：

两块板路，绿化带宽度为1m，快车道宽度为6m，人行道宽度为5m，坡型均为单坡，坡度均为1.5%，左右对称，分隔带、人行道道牙高度均为0.18m。

5. 请参照图 12-45 所示的参数,绘制横断布置图并加入 cd21001 式三维路灯。

图 12-45　第 5 题图

6. 新建 3cm 中粒式沥青混凝土、6cm 沥青碎石、3cm 厚的黏层油、20cm 厚二灰碎石、20cm 厚二灰土基层和 10cm 厚的碾压路床的路面结构。

设计实例

本章所学知识点的相关工程设计实例如图 12-46、图 12-47 所示。

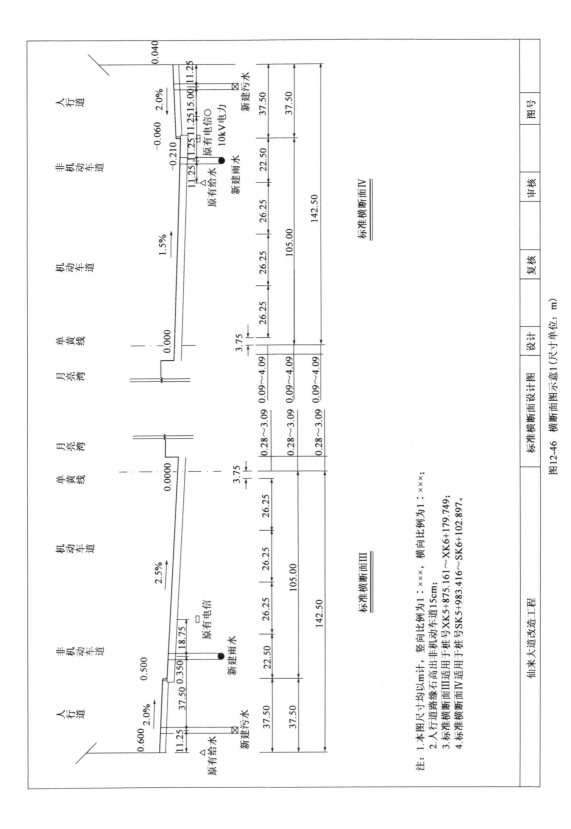

图12-46 横断面图示意1(尺寸单位：m)

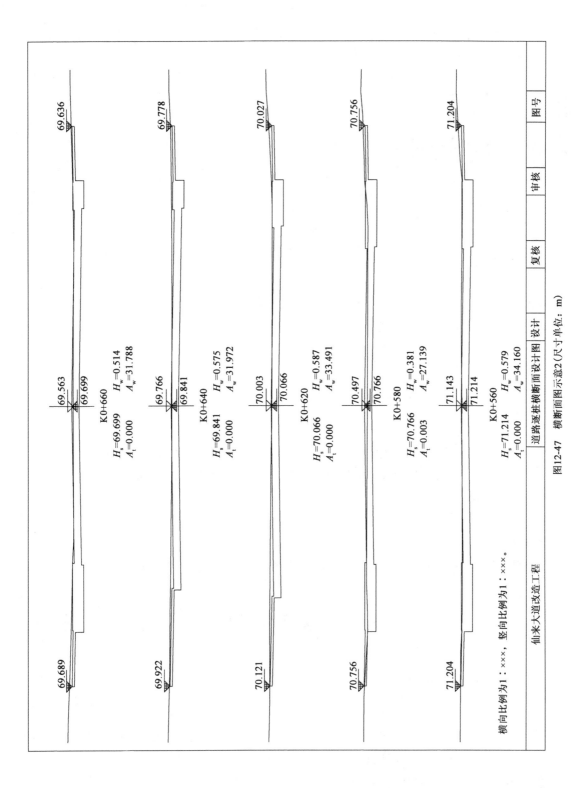

图12-47 横断面图图示意2(尺寸单位: m)

第 13 章 交叉口设计

交叉口程序可设计十字、丁字、环岛、超高交叉、多路交叉等各种平交口,从功能上可分为交叉口形成、板块划分、板块处理、标高设计、编辑工具、三维效果六大板块。

本章学习要求
(1) 了解并熟悉鸿业交叉口设计菜单;理解交叉口设计的流程。
(2) 掌握设计平面交叉口和竖向交叉口的技能。
(3) 掌握环岛交叉的中心控制点的位置及路脊线定义方法。

13.1 交叉口形成

13.1.1 交叉口取样

菜单位置:交叉口→交叉口取样。
功能:为使设计清晰,可用交叉口取样将要做设计的交叉口从原图中取出。用任意多边形或矩形区域框选复制交叉口部分,将其放到合适位置。
命令交互:点击"交叉口→交叉口取样",命令提示:回车退出/任意多边形(R)/矩形区域第一点。

矩形区域第二点。

输入局部图放置点。

注意:不取样,在原图上设计也可以。

13.1.2 构造边界线

菜单位置:交叉口→构造边界线。

功能:构造道路交叉口的边界线,确定交叉口的范围,以作为后续设计的条件。有5种方式构造边界线,可直接左键回车或分别输入 H、X、C、S 选择采用哪种方式定义边界线。

命令交互:点击"构造边界线",命令提示:退出(E)/绘制边界(H)/自定义图素构造边界(X)/道路边线构造边界(C)/逐根选择构造(S)/回车自动构造(注:选择构造边界的方式)。

边界构造方式说明见表 13-1。

边界构造方式说明　　　　　　　　　　　　　　　表 13-1

构造方式	说　　明
绘制边界(H)	由设计人员自由绘制边界。 命令提示: 回车退出/起点(注:起点是道路边界区域的起点)。 回车退出/弧(A)/到点(注:到点是道路边界区域的下一点,如果选择退出,程序根据输入的点构造一个闭合区域作为边界线)。 说明:如果用户绘制的边界线有交叉,不能构成一个闭合区域,则程序会提示用户:"所绘边界有交叉,请重绘!"
自定义图素构造边界(X)	由设计人员自由选择图素构成交叉口边界。 命令提示: 选择构成交叉口边界的图素。 点取交叉口范围内任一点(注:程序需要交叉口内任意一点来判断交叉口的范围)。 变虚的线是交叉口边界线吗(Y/N)。(注:根据前面的条件生成边界线,由用户来确定是否正确)。 说明:如果用户选择的图素过于复杂,不能构成一个闭合区域,则程序会提示用户:"选择图素太复杂,不能形成边界线!"
道路边线构造边界(C)	自动构造比较有局限性,只适用于每条道路边界到缘石切点距离相等的情况。而大多数情况并非如此,一般都是由基础数据定出交叉口施工边界,此时即可用此方法。 输入 C 进入道路边线构造边界,命令提示: 选择构成交叉口边界的道路边线(注:可直接框取,程序会自动进行属性过滤)。 选择构成交叉口边界的封口线(注:选施工边界线)。 点取交叉口范围内任一点。 变虚的线是交叉口边界线吗(Y/N)?(注:要确定边界线)
逐根选择构造(S)	对于复杂的交叉口边界,用其他4种方法可能均不成功,此时可用此方法按顺序逐根选线构造交叉口边界。 使用这种方法需要注意按顺序连续选取,所选线间缺口、重叠小于1m时,程序可自动修正。 完成时程序应提示:边界构造成功

续上表

构造方式	说　　明
自动构造	即手工绘制一个矩形，程序在这个矩形区域内自动构造交叉口范围。 直接回车，即进入自动构造，命令提示： 选择构成矩形交叉口区域的第一点。 矩形区域第二点（注：框选交叉口区域）。 输入交叉口边界到路缘石弧段点的距离(m) <5.00>。 说明：道路边线有断口、重叠、搭接或输入距离不合适均可能造成构造失败

13.1.3　定义路脊线

用于确定道路的路脊线。路脊线可为直线、圆弧、多段线、圆。路脊线不可超出交叉口边界范围。

注意：如果需要自动设计，则所有路脊线必须交于一点。后文对于自动设计与交互设计有详述。

13.1.4　基本参数输入

菜单位置：交叉口→基本参数输入。

功能：输入交叉口的各项基本参数。基本参数是指交叉口结构类型、板块尺寸、各道路纵横坡度、基本控制点数据、交叉口最大横坡、角点标高与等高线的计算方法等交叉口基本参数，这些参数必须预先定义。

"交叉口属性定义"对话框如图 13-1 所示。

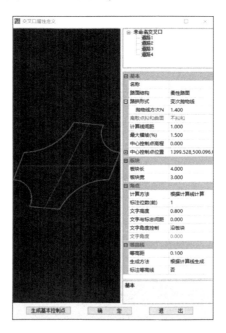

图 13-1　"交叉口属性定义"对话框

基本参数输入完毕，点击"生成基本控制点"，即可生成基本控制点，约定：

(1) 道路顺序为逆时针，入口点 X 坐标最小者为第一条道路（注：右击交叉口名称可进行自动排序)。

(2) 道路横坡:自中心线向两侧,下坡为负,上坡为正。

(3) 道路纵坡:自交叉口中心向外侧,下坡为负,上坡为正。

(4) 道路转折点:由入口向交叉口中心方向,左侧为左,右侧为右。

13.1.5 控制点工具

菜单位置:交叉口→控制点工具。

功能:对控制点进行定义、修改、标注。

控制点工具条如图 13-2 所示。

(1) 控制点定义

菜单位置:交叉口→控制点工具→控制点定义。

功能:修改控制点的标高,添加控制点,使交叉口设计更趋于合理。

命令交互:点击"控制点定义",命令提示:修改标高(C)/点坡度方式定义(G)/两点间内插控制点(D)/回车任意点定义。

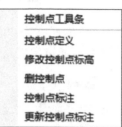

图 13-2 控制点工具条

注意:两点间内插控制点时,控制点不能距控制线太远。

(2) 修改控制点的标高

菜单位置:交叉口→控制点工具→修改控制点标高。

功能:修改控制点的标高。

命令交互:点击"修改控制点标高",命令提示:选择要修改标高的控制点/回车退出。

(3) 删控制点

菜单位置:交叉口→控制点工具→删控制点。

功能:删除交叉口的所有控制标高点。

命令交互:点击"删控制点",点完之后控制点清除,可用 Undo/Back 命令取消这次操作。

(4) 控制点标注

菜单位置:交叉口→控制点工具→控制点标注。

功能:在交叉口边界上相邻控制点之间标注坡度和距离。

命令交互:点击"控制点标注",命令提示:选择标注(S)/边界控制点自动标注。

注意:使用选择标注,可标注边界控制线上任意两个控制点之间的距离与坡度;若使用自动标注,则连续标注边界上的相邻控制点的距离与坡度。

(5) 更新控制点标注

菜单位置:交叉口→控制点工具→更新控制点标注。

功能:更新全部或所选交叉口边界控制点标注,当修改控制点标高之后,利用此命令可快速更新边界控制点之间的标注。

命令交互:点击"更新控制点标注",命令提示:请选择要更新的控制点标注/全部更新。

13.1.6 过渡段定义

菜单位置:交叉口→过渡段定义。

功能:过渡段的作用为生成计算线时,若计算线相交到过渡段,计算线自动在交点处断开,断开处的标高根据过渡段上的控制点通过内插得到。通过过渡段可以解决的问题包括：①对导流岛的处理；②对多横坡交叉口的处理；③对从直路段到交叉口的过渡处理。

命令交互：点击"过渡段定义"，命令提示：选择要定义为过渡段的曲线（注：连续选择要定义成过渡段的曲线）。

约定：

如果过渡段闭合，则过渡段上至少要有两个控制点。

如果过渡段不闭合，则过渡段的两个端点都必须有控制点，否则此过渡段不起作用。

注意：只有在生成可见的计算线时，过渡段才起作用。

13.1.7 路脊线桩号

菜单位置：交叉口→路脊线桩号。

功能：通过定义路脊线桩号，从而处理交叉口中的竖曲线。

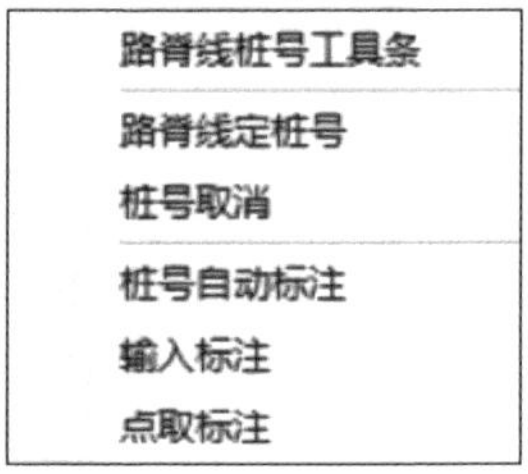

路脊线桩号工具条如图 13-3 所示。

注意：①生成计算线时，系统会自动搜索出交叉口中定义过桩号的路脊线，并提示用户选择"设计标高文件"。这样系统会自动从选择的"设计标高文件"中提取路脊线上的标高，此时定义过桩号的路脊线上的控制点便不起作用了。

②设计标高文件的格式同纵断部分的设计标高文件格式。

(1) 路脊线定桩号

菜单位置：交叉口→路脊线桩号→路脊线定桩号。

图 13-3 路脊线桩号工具条

功能：对路脊线的桩号进行定义。

命令交互：点击"路脊线定桩号"，命令提示：回车退出/选择要定义桩号的交叉口路脊线。

注意：如果路脊线桩号和道路平面部分定义的桩号位置相同，可以直接用道路平面部分的"设计标高文件"。例如，平面部分的交叉口位置从 500 桩开始，则定义对应路脊线时桩号也是从 500 桩开始。

(2) 桩号取消

菜单位置：交叉口→路脊线桩号→桩号取消。

功能：取消交叉口路脊线桩号的定义。

命令交互：点击"桩号取消"，命令提示：回车退出/选择要取消桩号的交叉口路脊线。

(3) 桩号自动标注

菜单位置：交叉口→路脊线桩号→桩号自动标注。

功能：对交叉口路脊线的桩号进行自动标注。

(4) 输入标注

菜单位置：交叉口→路脊线桩号→输入标注。

功能：对路脊线上指定桩号进行标注。

命令交互：点击"输入标注"，命令提示：回车退出/输入要标注的桩号。

(5) 点取标注

菜单位置：交叉口→路脊线桩号→点取标注。

功能:对路脊线上指定点进行标注。

命令交互:点击"点取标注",命令提示:回车退出/设定捕捉(O)/点取桩号标注点。

注意:点取标注时,可点图上任意一点,程序会自动捕捉点取点到路脊线的距离最短点,并在路基线上标出桩号。

13.1.8 生成计算线

菜单位置:交叉口→生成计算线。

功能:生成计算线。

命令交互:点击"生成计算线",命令提示:选择分区(S)/选线生成(H)/环岛圆圆(C)/全部生成。

程序提供了"选择分区(S)""选线生成(H)""全部生成"3种生成计算线的方法。第一和第三种方法为自动生成,区别是第一种方法一次生成一个区,第三种方法为一次全部生成。

需要重点说明的是第二种方法——选线生成(H)。前面讲的两种方法虽然自动化程度高、速度快,但在有些情况下会不成功(因为找不到边界分区不成功)。"H"法实际是由用户手工确定边界的一种方法。

选择此方法后,程序首先提示:回车退出/选择路脊线。

此时应逐根选择一个分区内的所有路脊线(如图13-4所示路脊线1、2),然后回车结束路脊线选择。此时命令提示:

回车退出/选择标高控制点1。

回车退出/选择标高控制点2。

应选择路边线上起始端两个控制点(如图13-4所示控制点1、2)。选择后提示:Esc退出,选择两个控制点之间的一点。这是为了确定在封闭边界的那一侧绘制计算线,点取两控制点间边界线上任意点即可。

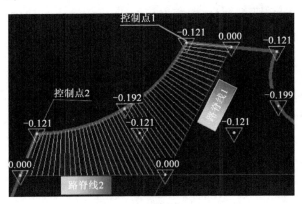

图13-4 生成计算线

注意:无论采用哪种方法生成计算线,路脊线交点、端点,路边线端点必须有控制点。另外,所有在路脊线上、路边线上的控制点均影响计算线,也就是说除基本控制点外,用户还可在路脊线及路边线上任意位置定义控制点。基本控制点标高可通过点击"控制点工具→修改控制点的标高"修改。

13.1.9 计算线工具

菜单位置:交叉口→计算线工具。

功能:对计算线进行修改、操作。

计算线工具对生成的计算线进行检查,使计算线设计更合理,得出的结果更符合实际情况,"计算线工具条"界面如图13-5所示。

(1)断开计算线

菜单位置:交叉口→计算线工具→断开计算线。

功能:将计算线在与过渡段交点处分成两段。

命令交互:点击"断开计算线",命令提示:回车退出/请点取要处理的计算线与过渡段的交点。

图13-5 计算线工具条

注意:断开计算线前,需保证与计算线相交的过渡段上已定义合适的控制点(注:对闭合过渡线进行控制点定义时,最少为3个),否则将无法断开。

(2)任意两线生成计算线

菜单位置:交叉口→计算线工具→任意两线生成计算线。

功能:在两个任意两个边界线之间生成计算线。

命令交互:点击"任意两线生成计算线",命令提示:请选择第一条线。请选择第二条线。

(3)修改计算线标高

菜单位置:交叉口→计算线工具→修改计算线标高。

功能:修改计算线的标高。

命令交互:点击"修改计算线标高",命令提示:回车退出/选择计算线的一端。请输入新标高:<199.452>。

(4)计算线标注

菜单位置:交叉口→计算线工具→计算线标注。

功能:对计算线的长度,两端标高,坡度进行标注。

命令交互:点击"计算线标注",命令提示:选择计算线(S)/全部。

(5)删计算线

菜单位置:交叉口→计算线工具→删计算线。

功能:把图面上已经生成的计算线清除。

(6)删计算线标注

菜单位置:交叉口→计算线工具→删计算线标注。

功能:对图面上所有计算线标注进行清除。

13.2 板块划分与处理

13.2.1 板块划分

菜单位置:交叉口→板块划分。

功能:对交叉口进行板块划分。

板块划分有两种方式供设计人员选择:板块自动划分和交互设计。板块划分工具条如图13-6所示。

(1)板块自动划分

菜单位置:交叉口→板块划分→自动划分。

功能:自动化分板块。程序提供了多种方法,用户可根据不同道路选择使用。

点击"自动划分",出现如图13-7所示对话框。

方法一:适用于等级相差较大的道路形成的十字交叉。程序以主道路为基准绘制板块。

图13-6 板块划分工具条

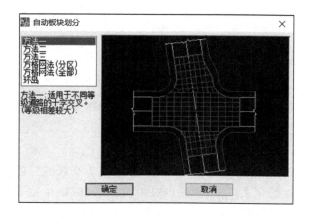

图13-7 "自动板块划分"对话框

方法二:适用于等级相差较小的道路形成的十字交叉。此时仍以主道路为准,但交会区板块尺寸兼顾两条道路。

方法三:适用于相同等级道路形成的十字交叉。这种方法在道路接近正交时效果最好。

方格网法(分区):适用于多条道路形成的任意形状的交叉。

方格网法(全部):适用于多条道路形成的任意形状的交叉。

环岛:专门用于环岛交叉。

(2)板块交互设计

①平行某线划分。

菜单位置:交叉口→板块划分→平行某线。

命令交互:选取某条线作为基准平行线,单击"交叉口→板块划分→平行某线划分",选择板块划分平行基线(已有板块线不能作为基线),一般选道路中心线。点取板块划分基点。输入相对于基线的偏移距离,输入"G"可修改板块大小。划分完毕。

②垂直已有板块线划分。

菜单位置:交叉口→板块划分→垂直已有。

命令交互:单击"交叉口→板块划分→垂直已有板块线划分",命令提示:空选退出/选择已有板块线作为垂直基线(注:最好选道路中线处块线)。

在基线上点取板块划分基点。

输入垂直线间距<4.0>(注:要输入板块大小)。
点示垂直线半宽。
回车退出/点示划分范围。
注意:也可用 ACAD 命令直接划分,划分完后需将其转到"板块划分线图层上"。
③板块修剪。
单击"板块修剪",程序会自动剪去交叉口范围外及绿化带内的板块划线。
④边板修剪。
对于交叉口圆弧过渡处的不规则板块,单击"交叉口→板块划分→边板修剪"进行修剪。
⑤拉伸角点。
可自由拉伸板块线的交点。
⑥删除角点。
删除板块交点。

13.2.2　板块处理

菜单位置:交叉口→板块处理。
命令交互:单击"交叉口→板块处理",程序对板块的角点进行预处理。

13.2.3　交叉口竖向设计

交叉口竖向设计包括角点标高的计算(刚性路面)和等高线的生成。

对于路脊线交于一点的交叉口,可直接点取角点标高计算、生成等高线,由程序根据基本参数自动进行设计。而对于路脊线不交于一点的交叉口(如环岛交叉),要先生成计算线,然后再进行角点、等高线的计算生成。

计算线为在交叉口竖向设计中,自动设计与交互设计产生联系的一个重要的中间环节。下面对它的功能及生成方法进行详细说明。

前文说过,在基本参数输入中输入交叉口的基本参数后,程序可全自动进行交叉口竖向设计。但由于交叉口的复杂性,自动计算的结果不可能百分之百达到最佳,所以要对自动设计进行有效控制。这种控制通过计算线来实现。程序进行自动设计的基础数据是由基本参数计算出的各道路入口、缘石切点中点等基本控制点,只要修改了这些控制点的标高,再由修改后的控制点生成计算线,最后由新的计算线进行设计,就可以达到控制自动设计的目的。

程序运行的步骤:先检测交叉口内是否存在计算线,如果存在计算线,则直接由图面计算线进行计算。如果图面没有计算线,程序根据基本参数自动进行计算。

角点标高计算会提示选择计算方法,共有 3 种计算方法可供选择,具体如下。

①根据计算线计算:根据输入的离散间距,离散计算线生成三角网,得到角点标高。在此选项下可以加入控制点,但是只能用老三角网法计算标高。

②根据控制点计算:根据控制点生成三角网,计算角点标高。在此选项下不可以输入离散间距,不可以加入控制点,只能用老三角网法计算标高。

③根据等高线计算:根据输入的离散间距,离散等高线生成三角网,计算角点标高。在此选项下可以选择是否加入控制点和是否使用新三角网法来计算角点标高。

由于老三角网库无法解决在等高线上自生成三角网(即三角网的顶点全在同一根等高线上)的问题,以及三角网穿越等高线的问题,因此在交叉口部分采用新的三角网库。

因为在 Win2010 + AutoCAD 2007 平台组合下,新三角网库运行不稳定,因此该平台组合下,仍然采用老三角网法,此时即使选择采用新三角网法,程序也仍然会使用老三角网法进行处理;而在其他平台组合下,程序会用根据选择的计算方法确定采用新或老三角网法进行计算。

13.2.4　板块检查

(1)检查项目设置

菜单位置:交叉口→板块检查→检查项目设置。

单击"交叉口→板块检查→检查项目设置",弹出"交叉口板块检查设置"对话框,如图13-8所示,完成设置后点"确认"。

(2)交叉口整体检查

菜单位置:交叉口→板块检查→交叉口整体检查。

单击"交叉口→板块检查→交叉口整体检查",程序自动搜索检查。

图13-8　"交叉口板块检查设置"对话框

(3)检查结果查看

菜单位置:交叉口→板块检查→检查结果查看。

功能:程序依次显示出不符合要求的板块,并标出不合理数据。

(4)清除检查标志

菜单位置:交叉口→板块检查→清除检查标志。

功能:将检查标志清除。

13.2.5　板块与角点工具

板块与角点工具主要用于板块划分后对板块和角点的一些处理与标注,如图13-9所示。

图13-9　板块角点工具条

(1)板块线定义

菜单位置:交叉口→板块角点工具→板块线定义。

功能:定义一条板块线。

命令交互:点击"板块线定义",命令提示:请选择要定义为板块线的曲线。

(2)角点高定义

菜单位置:交叉口→板块角点工具→角点高定义。

功能:定义角点标高。

命令交互:点击"角点高定义",命令提示:两点间成组定义(A)/沿板块线成组定义(B)/单点定义。

(3)修改角点标高

菜单位置:交叉口→板块角点工具→修改角点标高。

功能:重新定义角点标高。

命令交互:点击"修改角点标高",命令提示:选择要修改标高的角点。
(4)角点高标注
菜单位置:交叉口→板块角点工具→角点高标注。
功能:对角点标高进行标注。
命令交互:点击"角点高标注",命令提示:选择要标注的板块角点。
(5)板块线标注
菜单位置:交叉口→板块角点工具→板块线标注。
功能:板块线进行对齐标注。
命令交互:点击"板块线标注",命令提示:请选择板块线。请选择标注位置。
(6)删角点标志
菜单位置:交叉口→板块角点工具→删角点标志。
功能:将图面上所有的角点标志删除。
(7)删角点标注
菜单位置:交叉口→板块角点工具→删角点标注。
功能:将图面上所有的角点标注删除。

13.3 标 高 设 计

13.3.1 生成等高线

在基本参数输入中设置生成方法,可根据计算线、控制点、角点标高几种方式来生成图面的等高线。

13.3.2 等高线工具

等高线工具条如图13-10所示。

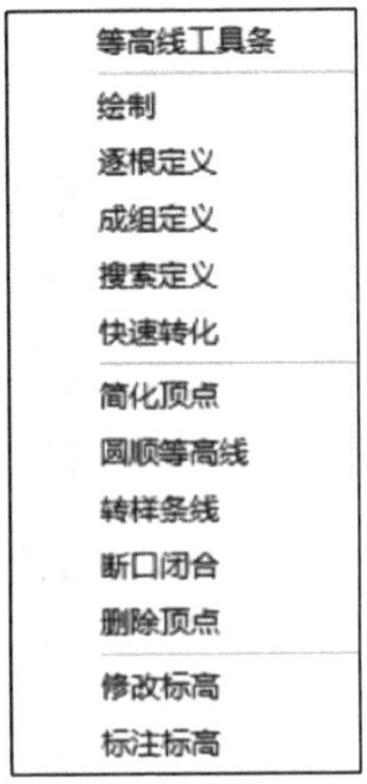

```
等高线工具条
绘制
逐根定义
成组定义
搜索定义
快速转化
简化顶点
圆顺等高线
转样条线
断口闭合
删除顶点
修改标高
标注标高
```

图13-10 等高线工具条

等高线工具条的命令说明见表 13-2。

等高线工具条的命令说明 表 13-2

命　令	说　明
绘制、逐根定义、成组定义、搜索定义、快速转化、修改标高	参照 9.1.1
简化顶点	简化等高线的顶点
圆顺等高线	圆顺等高线
转样条线	将等高线转成样条曲线
断口闭合	将有断口的等高线闭合
删除顶点	手动选择删除等高线上的顶点
标注标高	标注等高线的标高

13.4 编辑工具

13.4.1 交叉口土方

交叉口土方工具条如图 13-11 所示。

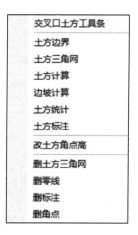

图 13-11 交叉口土方工具条

交叉口土方工具条的命令及说明见表 13-3。

交叉口土方工具条的命令及说明 表 13-3

命　令	说　明
土方边界	根据交叉口边界线生成土方边界,并编号
土方三角网	在土方边界内生成三角网(注:如果图面上有板块角点,则根据板块角点生成三角网;如果没有板块角点,则根据基本参数中的设置的板块长横平竖直网格生成三角网)
土方计算	自动提取土方角点的设计标高和自然标高,计算每个三角网的挖填方量

续上表

命　令	说　明
边坡计算	计算交叉口边坡的土方量。 命令交互1：选坡脚线(S)/固定坡度(注：固定坡度计算,弹出如图所示对话框)。手工生成(H)/全部生成(注：提供两种计算方式)。 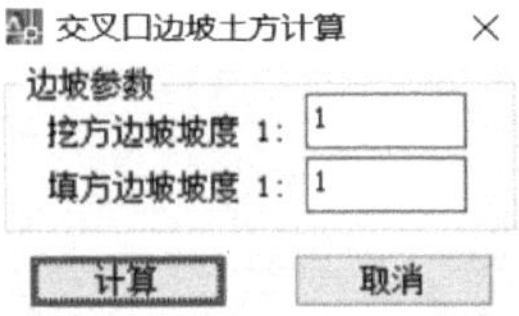 交叉口边坡土方计算 边坡参数 　挖方边坡坡度 1: 1 　填方边坡坡度 1: 1 　　[计算]　[取消] 命令交互2：选坡脚线(S)/固定坡度,回车退出。请选择边界起点(注：选择土方边界上边坡开始计算的点),回车退出。请选择边界终点(注：选择土方边界上边坡结束计算的点)。选择坡脚线(注：连续选择坡脚线)
土方统计	以表格的样式统计交叉口的总土方量和边坡总土方量
土方标注	对每个三角网的土方量进行标注
改土方角点高	修改土方角点(注：土方三角网的顶点)的设计标高和自然标高。 命令交互：回车退出/请选择土方角点(注：选择土方角点后弹出如图所示对话框) 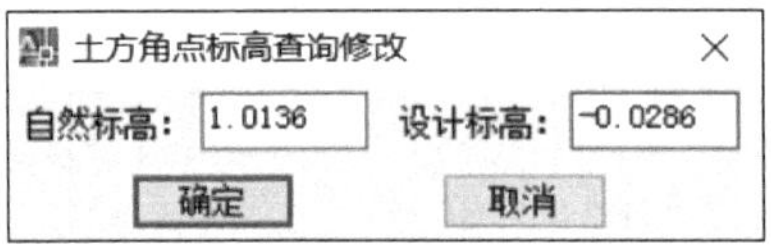 土方角点标高查询修改 自然标高：1.0136　设计标高：-0.0286 　[确定]　[取消]
删土方三角网	删除选定土方边界内的土方三角网
删零线	删除选定土方边界内的土方零线
删标注	删除选定土方边界内的土方标注文本
删角点	删除选定土方边界内的土方角点

13.4.2　交叉口标注

菜单位置：交叉口→交叉口标注。
功能：对交叉口的中心点、交叉口道路宽度、坡度进行标注。
命令交互：点击"交叉口标注",命令提示：选择标注点。

13.4.3　最低点标注

菜单位置：交叉口→最低点标注。
功能：对交叉口的最低点进行标注。
命令交互：点击"交叉口标注",命令提示：回车退出/选择要标注最低点的角点。
说明：输入"all",可得到整个交叉个角点的最低点,并把它标识出来。

13.4.4　任意点标高查询

菜单位置：交叉口→任意点标高查询。
功能：对交叉口内任意一点进行标高查询。

命令交互:点击"任意点标高查询",命令提示:选择交叉口内的点。

13.5 三维效果

13.5.1 三维效果观察

(1)三维曲面

菜单位置:交叉口→三维效果观察→三维曲面。

命令交互:单击"交叉口→三维效果观察→三维曲面",弹出"三维视图"对话框,如图13-12所示。

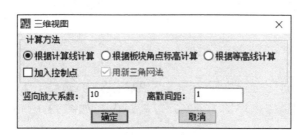

图13-12 "三维视图"对话框

对话框操作说明如下。

①根据计算线计算:根据输入的离散间距离散计算线,而后生成三角网。在此选项下可以把控制点加入计算,但只能使用老三角网法。

②根据板块角点标高计算:根据角点标高生成三角网。在此选项下,只能使用老三角网法,不用输入离散间距,且不用把控制点加入计算。

③根据等高线计算:根据输入的离散间距离散等高线,并用得到的离散点生成三维视图三角网。在此选项下可以使用新三角网法来消除平三角网,并且可以加入控制点来优化计算。

由于老三角网库无法解决在等高线上自生成三角网(即三角网的顶点全在同一根等高线上),以及三角网穿越等高线的问题,因此在交叉口部分采用新的三角网库。

(2)生成三维板块

菜单位置:交叉口→三维效果观察→生成三维板块。

命令交互:单击"交叉口→三维效果观察→生成三维板块"。

输入竖向放大系数<8.0>(注:为使效果便于观察,最好输入一较大值,如10左右)。

(3)视点转换

菜单位置:交叉口→三维效果观察→视点转换。

命令交互:单击"交叉口→三维效果观察→视点转换",弹出"三维视图转换"窗口,观察三维图形。当选择三维视点时,程序自动关闭与网格曲面无关的图层;选择平面时,程序自动打开已关闭的图层并将三维曲面删除,如果想转换到平面视图又保留网格曲面,可输入"PM"

(平面)命令,也可用 AutoCAD 2007 的"DDVpoint"命令进行视图转换。

(4)消隐、着色

菜单位置:分别为"交叉口→三维效果观察→消隐"和"交叉口→三维效果观察→着色",即 ACAD 的"Hide""Shade"命令。

13.5.2 图面管理

菜单位置:交叉口→图面管理。

功能:对交叉口进行图面管理,让图形更清晰。

命令交互:点击"任意点标高查询",弹出对话框,选择要进行的清理操作。

13.6 交叉口设计实例

13.6.1 实例 1

此平交口为刚性路面,中心控制点标高3。纵坡分别为:道路1为3%,道路2为3%,道路3为3%,道路4为3%,道路横坡均为−2%,等高距0.1,如图13-13所示。

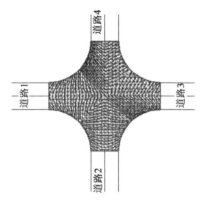

图 13-13　实例1示意图

基本参数如图13-14所示。

13.6.2 实例 2

一环岛交叉平面图如图13-15所示。

环岛交叉与一般交叉最大的区别在于路脊线及中心控制点。环岛交叉中心控制点已变为环岛控制点,即环形路脊线与其余各条路脊线的交点。并且如本例的双面坡环岛交叉,在环岛上最少应有两个控制点。

本例的设计步骤如下。

(1)构造边界:选择逐根构造(S)方式构造边界。

(2)定义路脊线:路脊线如图13-15中道路中心线所示。

(3)划分板块:点取自动划分选择环岛,出现如图13-16所示对话框。

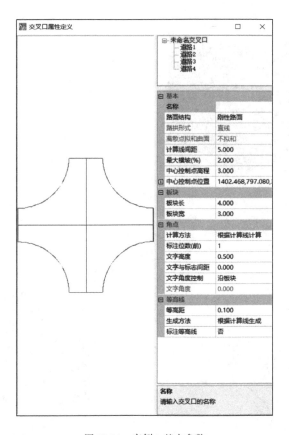

图 13-14　实例 1 基本参数

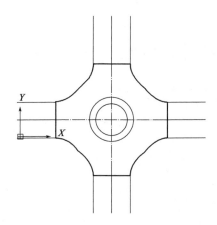

图 13-15　实例 2 示意图

其中,板块宽是指沿环岛直径方向板块尺寸。内圈板块长是指环岛最内侧板块的长度。划分结果如图 13-17 所示。

定义控制点:控制点位置如图 13-18 所示。

生成计算线:对于路脊线不交于一点的交叉口,必须生成计算线后,方可进行角点、等高线的计算。生成计算线如图 13-19 所示。

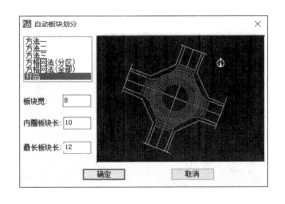

图 13-16 "自动板块划分"对话框

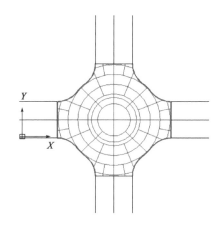

图 13-17 划分结果

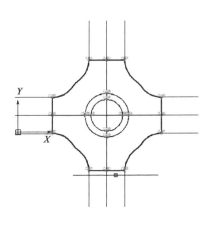

图 13-18 控制点位置

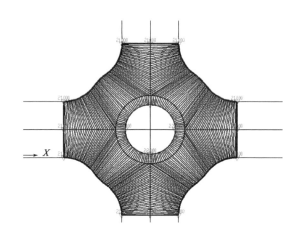

图 13-19 生成计算线

角点标高计算:生成计算线后,即可计算角点标高。角点标高如图 13-20 所示。

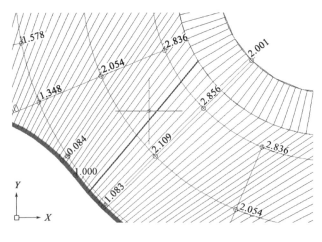

图 13-20 角点标高

本章习题

1. 交叉口设计程序从功能上可以分为哪几个板块?
2. 在设计双面坡环岛交叉时,环岛上应最少有几个控制点?
3. 在定义路脊线时,路脊线可以是哪些形状?路脊线可以超出交叉口边界范围吗?
4. 无论用什么方法生成计算线,路脊线交点、端点,路边线端点必须得有什么?
5. 在设计环岛交叉时,需要用到板块自动划分的哪种功能?
6. 设计题目:某正交的十字形交叉口斜坡地形上,相交道路行车道的中心线及其边线的纵坡 i_1 和 i_3 均为 4%,路拱横坡 i_2 为 3%,车行道宽度 B 为 15m,转角曲线半径 R 为 10m,交叉口控制标高为 3.0m,若等高线 h 采用 0.20m,试绘制交叉口的立面设计图。

设计实例

本实例是利用本章所涉及的知识点绘制的仙来大道部分交叉口平面和竖向设计图,如图 13-21、图 13-22 所示。

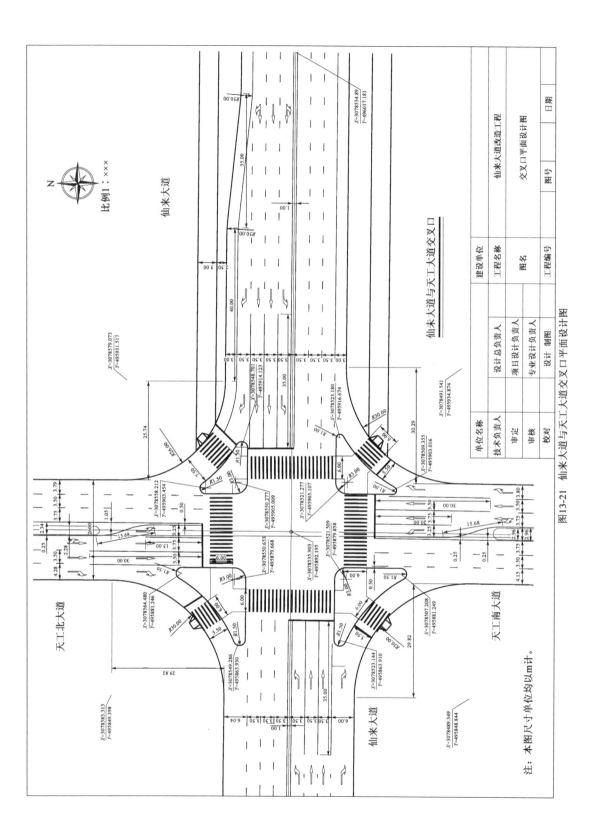

图13-21 仙米大道与天工大道交叉口平面设计图

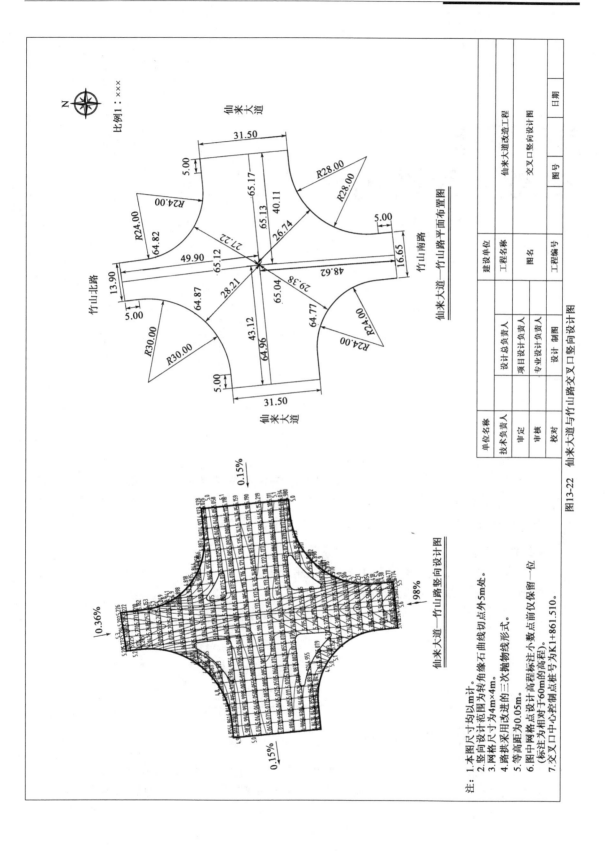

图13-22 仙来大道与竹山路交叉口竖向设计图

第 14 章 交通工程设施设计

鸿业交通标志标线包含现行国家标准的各种图库,可完成各种标志牌和标线的定制设计、图面布置,并自动统计标志标线工程量,采用参数化绘图的设计方法,贴近用户设计习惯,易用性好,可协助设计人员快速完成标志标线设计和统计工作。

本章学习要求
(1) 了解道路交通标志和标线的含义和应用场景。
(2) 熟悉绘制道路交通标志和标线的方法。
(3) 掌握隔离栏杆、路面文字标记及斜线填充的设置方法。

14.1 交通标志

14.1.1 警告标志(JJSS_BZ_JG)

用于在图上插入交通警告标志,点取此项,弹出警告标志图库,如图 14-1 所示。

在对话框中选择要插入的标志,点击确定。对话框隐藏,按照命令的提示逐步操作,即在已绘制好的道路图上布置标志。

命令交互:

回车返回/请点取标志的放置点:在图上点取标志将要放置的位置。
请输入图块的比例<1.0>:用于调整标志图块在图上的大小。
请输入角度<0>:用于调整标志图块在图上的角度。
回车返回/请点取标志的放置点:退出"绘制"命令/重复上述操作。
停止布置可按退出按钮。在命令中间均可使用 Esc 键退出命令。

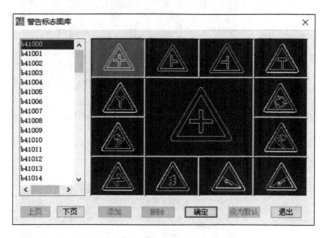

图 14-1　警告标志图库

14.1.2　禁令标志(JJSS_BZ_JL)

用于在图上插入交通禁令标志图块,点取此项,弹出禁令标志图库,如图 14-2 所示。

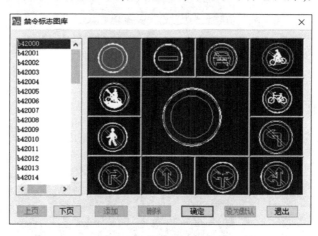

图 14-2　禁令标志图库

用法与"警告标志"用法相同,参考"警告标志"的说明。

14.1.3　指示标志(JJSS_BZ_ZS)

用于在图上插入交通指示标志图块,点取此项,弹出指示标志图库,如图 14-3 所示。

14.1.4　指路标志(JJSS_BZ_ZL)

用于在图上插入交通指路标志图块,点取此项,弹出指路标志图库,如图 14-4 所示。

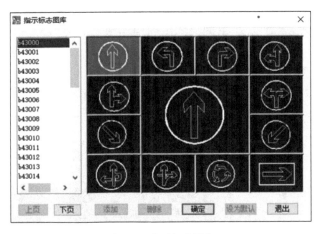

图 14-3　指示标志图库

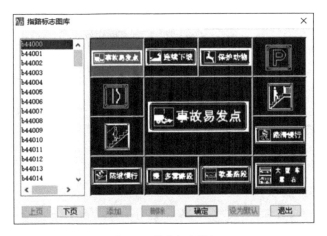

图 14-4　指路标志图库

14.1.5　旅游区标志（JJSS_BZ_LYQ）

用于在图上插入交通旅游区标志图块，点取此项，弹出旅游区标志图库，如图 14-5 所示。

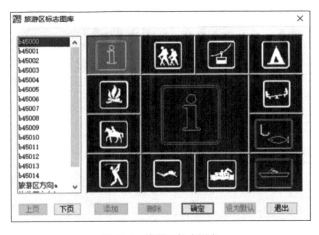

图 14-5　旅游区标志图库

14.1.6 交通施工安全标志(JJSS_BZ_SG)

用于在图上插入交通施工安全标志图块,点取此项,弹出施工安全标志图库,如图 14-6 所示。

图 14-6　施工安全标志图库

14.1.7 辅助标志(JJSS_BZ_FZ)

用于在图上插入道路辅助标志图块,点取此项,弹出辅助标志图库,如图 14-7 所示。

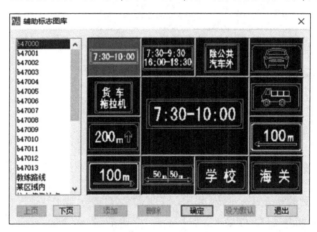

图 14-7　辅助标志图库

在插入有文字说明的辅助标志时,要按照命令的提示输入实际的文字。

如果插入图块之后需要修改图上的文字,可以使用命令"ddedit"或命令按钮,直接选取图上的文字进行编辑。如果文字包含在块内,先用"Explode"命令打开图块再编辑。

14.1.8 信号灯(JJSS_BZ_XHD)

用于在图上插入红绿灯标志图块,点取此项,按照命令的提示操作。
命令交互:
回车返回/请点取信号灯放置点:在图上点取标志将要放置的位置。

请输入图块的比例<1.0>:用于调整标志图块在图上的大小。
请输入角度<0>:用于调整标志图块在图上的角度。
回车返回/请点取信号灯放置点:退出"绘制"命令/重复上述操作。
停止布置可按退出按钮。在命令中间均可使用 Esc 键退出命令。

14.1.9　交通标志统计(JJSS_BZ_TJ)

用此命令可以统计图上每种交通标志的数量。如果标志图块被打开,则无法识别和统计。

命令交互:
请选择要统计的某类标志:选择要统计的标志中的一个。
请选择要统计的范围:选择统计的范围,全选可键入"ALL"。
该范围共有 2 个此类标志:显示统计数量。
请选择要统计的某类标志:继续选择,按回车退出。
弹出对话框,如图 14-8 所示。

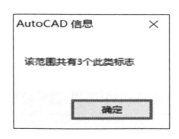

图 14-8　AutoCAD 信息

14.2　标　志　杆

14.2.1　插入标志杆(JJSS_BZ_BZG)

用于在图上放置交通标志杆,点取此项,按照命令的提示操作:
回车退出/请点取标志杆的放置点:点取标志将要放置的位置。
参考线方向(V)/选择标志杆臂的方向<0>:(V)输入角度。
选择方向参考线:选取道路参考线,例如道路边线。
与所选线段夹角<0>:输入标志方向与参考线的夹角。
请点选标志杆臂的方向:确定标志杆臂的方向。
请点取标志牌的朝向:确定标志牌的朝向。
弹出对话框,如图 14-9 所示。选择标志杆形式,在下方输入标志杆参数 H、L1、L2,然后点击确定按钮退回到图中。
请确定标志杆的引出位置:确定标志杆引出线在图上的位置。
标志杆图形表示见图 14-9。标志杆臂没有在图上表示。

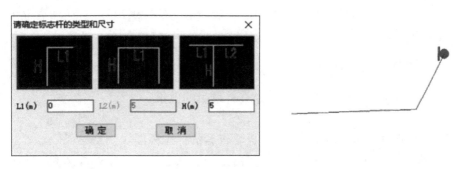

图 14-9 "请确定标志杆的类型和尺寸"对话框

14.2.2 修改标志杆(JJSS_BZ_MODIBZG)

点击此命令,选择要修改的标志杆图块,可以重新修改定义标志杆参数,如图 14-10 所示。

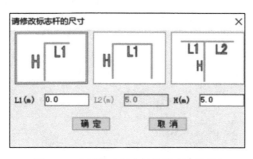

图 14-10 "请修改标志杆的尺寸"对话框

14.2.3 加入标志(JJSS_BZ_ADDBZ)

此命令用于将放置的标志和标志杆链接起来。
命令交互:
回车退出/请选择标志杆:选择要定义的交通标志。
回车退出/请选择交通标志:选择要链接的标志。
选择图上的标志弹出对话框,如图 14-11、图 14-12 所示。

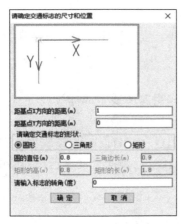

图 14-11 "请确定交通标志的
尺寸和位置"对话框

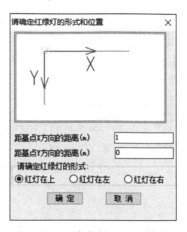

图 14-12 "请确定红绿灯的形式
和位置"对话框

在图示界面内输入标志尺寸和位置参数,完成后点击确定退出对话框,然后继续选择其他的标志,如果回车可直接退出程序。

14.2.4 浏览标志(JJSS_BZ_LLBZ)

标志与标志杆链接完成后,通过此命令查看最后的效果。

命令交互:

回车退出/请选择要浏览的标志杆:选择要查看的标志杆图块。

请点取预览标志的放置点:在图上的空白处点一下,程序在此处放置标志杆效果图,如图14-13所示。

回车返回:回车退出程序,效果图消失。

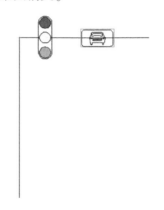

图 14-13　放置标志杆效果图

14.3　交 通 标 线

14.3.1　指示标线

(1)双向两车道路面中心(JTSS_BX_SSLCDLMZXX)

此命令用于绘制双向两车道路面中心,用单黄虚线。程序提供3种方法绘制标线:选线绘制、直接绘制、选择路中心线绘制,具体方法如下。

①由路中线生成标线。

退出(E)/选线(X)/绘制(H)/回车选路中线:回车由路中线生成标线。

请选择道路中心线:选择要转换的道路中心线。

请点取该端标线的位置点:程序自动寻找路中线起点,给出标线起点。

请点取该端标线的位置点:给出标线拐弯关键点或终点,程序自动在选择的路中线上绘制标线。

②选线绘制。

退出(E)/选线(X)/绘制(H)/回车选路中线:(X)选线绘制。

请选择线:选择要替代的直线。

是否为变虚的线(Y/N)<Y>:询问变虚的线是否是要替换的线,回车确认。

程序将变虚的线变成单黄虚线。转换完成,退回到原程序。

③直线绘制。

退出(E)/选线(X)/绘制(H)/回车选路中线:(H)直接绘制。

回车退出/起点:在图上指示标线起点。

回车退出/到点:在图上指示标线终点。

程序根据给定的起始终点自动绘制标线。

(2)车行道分界线-快速路(JTSS_BX_CXDFJX1)

此命令用于快速绘制(快速路)车道分界线,用单长白虚线。程序提供3种方法绘制标线:选线绘制、直接绘制、选择路中心线绘制,选择路中心线绘制的具体方法如下。

退出(E)/选线(X)/绘制(H)/回车选路中线:直接回车由路中线生成标线。

请选择起始道路线。

请点取该端标线的位置点:在图上指示标线起点。

请点取该端标线的位置点:在图上指示标线终点。

请输入该分界线距中线的距离:输入分界线与路中线的间距。

回车结束/请确定偏移的方向:确定分界线在路中线的方位。

程序根据要求在图上绘制车行道分界线。

请输入该分界线距中线的距离:<5.00>。

回车结束/请确定偏移的方向:确定分界线在路中线的方位。

继续绘制分界线,重复此命令可快速绘制出一组分界线。

选线绘制、直接绘制的操作较简单,可参照"双向两车道路面中心"命令内容。

(3)车行道分界线-其他路(JTSS_BX_CXDFJX2)

此命令用于绘制(其他路)车道分界线,使用单短白虚线,使用方法与上一命令"车行道分界线-快速路"相同,不再赘述。

(4)车行道边缘线(JTSS_BX_CXDBYX)

此命令用于绘制车道边缘线,使用白实线,使用方法与上一命令"车行道分界线-快速路"基本相同,不再赘述。

(5)左弯待转区(JJSS_BX_ZWDZQ)

此命令用于绘制左弯待转区边界线,点击命令,命令提示:

回车退出/起点:在图上点击"边界线的起点(第一点)"。

回车退出/到点:点击"边界线的终点(第二点)→回车"。

请点取另一条线的位置:点击"待转区的底边线(第三点)"。

程序自动绘制出左弯待转区标志,如图14-14所示。

(6)左转弯导向线(JJSS_BX_ZZWDXX)

此命令用于绘制左转弯导向线,使用白虚线,点击命令,命令提示:

回车退出/请点取左转弯导向线起点:点击"导向线的起点(第一点)"。

回车退出/请点取左转弯导向线终点:点击"导向线的终点(第二点)"。

如该标线的形状有误,可直接拉伸曲线进行修改,如图14-15所示。

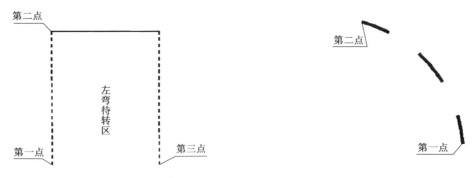

图 14-14　左弯待转区标志　　　　图 14-15　标线形状修改

（7）人行横道线（JTSS_BX_RXHDX）

此命令用于绘制人行横道线和预告标识,点击命令,命令提示如下。

①预告标识。

选择:绘预告标识(J)/绘两侧边线(B)/不绘两侧边线:(J)绘预告标识。

回车退出/请点取预告标识放置点:直接在图上放置即可。

参考线定方向(V)/请确定预告标识方向<0>:定义标志方向。

程序在图上放置菱形预告标志。

②人行道边线。

选择:绘预告标识(J)/绘两侧边线(B)/不绘两侧边线:(B)绘人行道边线。

回车退出/回退(U)/输入人行横道线起点:在图上点取起点。

输入人行横道线终点:在图上点取终点。

输入人行横道线宽度<5.00>:输入人行横道线宽度。

请指定人行道宽度方向:指示人行道宽度方向。

回车退出/回退(U)/输入人行横道线起点:按"U"回退,回车退出。

程序在图上绘制人行道边线。

③人行横道线。

选择:绘预告标识(J)/绘两侧边线(B)/不绘两侧边线:绘制人行横道线。

回车退出/回退(U)/输入人行横道线起点:在图上点取起点。

输入人行横道线终点:在图上点取终点。

输入人行横道线宽度<5.00>:输入人行横道线宽度。

请指定人行道宽度方向:指示人行道宽度方向。

回车退出/回退(U)/输入人行横道线起点:按"U"回退,回车退出。

程序在图上绘制人行横道线,如图 14-16 所示。

图 14-16　绘制人行横道线图

（8）停车位标线（JTSS_BX_TCWBX）

此命令用于绘制停车位标线框,有 3 种方式:倾斜式、垂直式、平行式,具体操作如下。

①平行式。

退出(E)/倾斜式(X)/垂直式(Z)/回车平行式:"回车"绘制平行式。

选择车位尺寸:大中型(D)/回车小型:定义大型或小型车标线。

回车退出/请点取标线的左上角:点取标线左上角位置。

选平行线(X)/请点取标线的方向:给出车位排列方向。

请输入停车位的数目:<3>。

回车退出/请点取标线的左上角:回车退出。

②倾斜式。

退出(E)/倾斜式(X)/垂直式(Z)/回车平行式:(X)倾斜式。

选择车位尺寸:大中型(D)/回车小型:定义大型或小型车标线。

回车退出/请点取标线的左上角:点取标线的左上角位置。

选平行线(X)/请点取标线的方向:给出车位排列方向。

请输入停车位的数目:<3>。

请输入车辆与通道的夹角:<70>。

回车退出/请点取标线的左上角:回车退出。

③垂直式。

退出(E)/倾斜式(X)/垂直式(Z)/回车平行式:(Z)垂直式。

选择车位尺寸:大中型(D)/回车小型:定义大型或小型车标线。

回车退出/请点取标线的左上角:点取标线的左上角位置。

选平行线(X)/请点取标线的方向:给出车位排列方向。

请输入停车位的数目:<4>。

回车退出/请点取标线的左上角:回车退出。

(9)港湾式停靠站标线(JSS_BX_TKZBX)

此命令用于绘制港湾式停靠站标线,如图 14-17 所示。

命令提示:

回车退出/请点取港湾式停靠站标线起点:第一点。

回车退出/请点取港湾式停靠站标线终点:第二点。

请点取标线该端虚线段:第三点。

请点取标线该端虚线段:第四点。

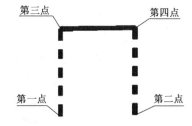

图 14-17 "港湾式停靠站标线"对话框

(10)导向箭头(JJSS_BX_DXJT)

此命令用于绘制车道导向箭头,点击命令,调出对话框,如图 14-18 所示。

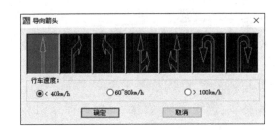

图 14-18 "绘制车道导向箭头"对话框

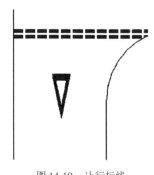

图 14-19 让行标线

在对话框内选择箭头方向和车道行车速度,再点击选择上面的一种箭头,对话框消失,退回到图上,命令显示:

请点取导向箭头放置点:在图上点取箭头位置。

参考线定方向(V)/请请确定导向箭头方向<0>:定义箭头角度。

(11)让行标线(JJSS_BX_RXBX)

命令显示:

请在中心线上选取减速让行线的绘制点/回车退出。

请点取三角形的插入点/回车不绘。

绘制效果如图 14-19 所示。

14.3.2 禁止标线

(1)禁止超车线-黄双(JTSS_BX_JJCCX1)

此命令用于绘制车道禁止超车线,使用双黄实线。程序提供 3 种方法绘制标线:选线绘制、直接绘制、选择路中心线绘制,具体方法如下。

①选择路中心线绘制。

退出(E)/选线(X)/绘制(H)/回车选路中线:回车由路中线生成标线。

请选择起始道路线:选择要转换的道路中心线。

请点取该端标线的位置点:程序自动寻找路中线起点,给出标线起点。

请点取该端标线的位置点:给出标线拐弯关键点或终点。

请输入该分界线距中线的距离<0>:<5>。

请确定偏移的方向:确定偏移的方位。

退出(E)/选线(X)/绘制(H)/回车选路中线:绘完后,按"E"退出。

②选线绘制。

退出(E)/选线(X)/绘制(H)/回车选路中线:(X)选线绘制。

请选择线:选择要替代的直线。

是否为变虚的线(Y/N)<Y>:询问变虚的线是否是要替换的线,回车确认。

退出(E)/选线(X)/绘制(H)/回车选路中线:绘完后,按"E"退出。

③直接绘制。

退出(E)/选线(X)/绘制(H)/回车选路中线:(H)直接绘制。

回车退出/起点:在图上指示标线起点。

回车退出/到点:在图上指示标线终点。

退出(E)/选线(X)/绘制(H)/回车选路中线:绘完后,按"E"退出。

(2)禁止超车线-黄虚(JTSS_BX_JJCCX2)

此命令用于绘制车道禁止超车线,使用黄虚实线。

程序提供 3 种方法绘制标线:选线绘制、直接绘制、选择路中心线绘制。方法与绘制禁止超车线-双实线基本相同,不再赘述。

当提示"请选择转为实线的标线"时,选择双虚线中要转为实线的那一根即可。

(3) 禁止超车线-黄单实(JTSS_BX_JJCCX3)

此命令用于绘制车道禁止超车线-黄单实线,方法与绘制禁止超车线-双实线基本相同,不再赘述。

(4) 禁止变换车道线(JJSS_BX_JZBHCD)

此命令用于绘制车道禁止变换车道线-黄单实线,方法与绘制禁止超车线-双实线基本相同,不再赘述。

(5) 禁止路边停放线(JJSS_BX_JZLBTF)

此命令用于绘制禁止路边停放线-单虚(实)线,方法较简单。

虚线(A)/实线:(A)选择绘制实线或虚线。

回车退出/起点:在图上指示标线起点。

回车退出/到点:在图上指示标线终点。

(6) 非机动车行驶区标线(JJSS_BX_FJDCJS)

此命令可绘制非机动车行驶区标线-黄虚线,点击命令,给出标线的起点和拐弯点、终点即可,效果见图14-20。

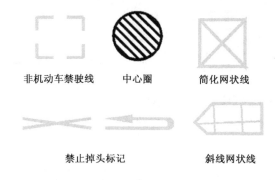

图14-20 非机动车行驶区标线

(7) 中心圈(JJSS_BX_ZXQ)

此命令可绘制路口中心圈,点击命令,提示如下:

回车退出/请点取中心圈放置点:在图上给出中心点。

请输入中心圈的半径<2>:给出中心圈半径。

程序自动绘制中心圈,效果见图14-20。

(8) 网状线(JJSS_BX_WZX)

此命令可绘制网状线,点击命令,提示如下:

回车退出/起点:在图上给出标线起点。

回车退出/到点:在图上给出标线拐点,回车自动线段闭合。

简化网状线(a)/请输入斜线间隔<2>:简化绘制,或输入填充线的间隔。

绘制效果见图14-20。

(9) 专用车道线(JTSS_BX_ZYCDX)

方法与绘制其他车道线一样,参见其他说明。

(10) 禁止掉头标记(JJSS_BX_JZDTBJ)

点击命令,程序在图上指定位置插入禁止掉头标记图块,如图14-20所示。

14.4 隔 离 物

14.4.1 高隔离栏杆(JTSS_BX_FENCE)

此命令用于绘制高隔离栏杆,提供3种方法绘制标线:选线绘制、直接绘制、选择路中心线绘制,栏杆尺寸可设置,具体方法如下。

(1)设栏杆尺寸

退出(E)/选线(X)/设栏杆尺寸(S)/绘制(H)/回车选路中线:(S)设栏杆尺寸。

请输入栏杆的高度:<1.2>。

请输入栏杆的宽度:<5.0>。

(2)参照路中线生成栏杆

退出(E)/设栏杆尺寸(S)/选线(X)/绘制(H)/回车选路中线:回车参照路中线生成。

请选择道路中心线:选择要参照的道路中心线。

请点取该端标线的位置点:自动寻找路中线起点,给出标线起点。

请点取该端标线的位置点:给出标线拐弯关键点或终点,自动在选择的路中线上绘制栏杆。

请输入该分界线距中线的距离<0>:<10>。

请确定偏移的方向:给出标线相对路中线的偏移方向后,自动按距离和方向移动绘制好的栏杆。

(3)选线绘制

退出(E)/设栏杆尺寸(S)/选线(X)/绘制(H)/回车选路中线:(X)选线绘制。

请选择线:选择要替代的直线。

是否为变虚的线(Y/N)<Y>:询问变虚的线是否是要替换的线,回车确认。将变虚的线变成高隔离栏杆。转换完成,返回。

(4)直接绘制

退出(E)/选线(X)/设栏杆尺寸(S)/绘制(H)/回车选路中线:(H)直接绘制。

回车退出/起点:在图上指示标线起点。

回车退出/到点:在图上指示标线终点。

程序根据给定的起始终点自动绘制栏杆。

14.4.2 矮隔离栏杆(JTSS_BX_FENCE1)

此命令用于绘制矮隔离栏杆,程序提供3种方法绘制标线:选线绘制、直接绘制、选择路中心线绘制,栏杆尺寸可设置。使用方法同高隔离栏杆。

14.4.3 自定义栏杆(JTSS_BX_FENCE2)

用这个命令可以自定义隔离栏杆形式。

14.4.4 路面文字标记(JJSS_BX_LMWZ)

此命令用于在图上绘制路面文字。点击命令,调出对话框,如图 14-21 所示。

图 14-21 "字库管理"对话框

选择文字,或直接输入文字,按应用,命令提示:
请输入文字的高度(M):<2.5>。
请点取文字的放置点:点取文字位置。
参考线定方向(V)/请确定文字旋转方向<0>:定义文字方向。

14.4.5 路面斜线填充(JJSS_BX_HATCH)

此命令填充任意闭合线段包围的区域,点击命令,命令提示:
回车退出/回退(U)/设颜色(S)/选闭合线(X)/绘边界线(H)/点取填充域。
按"(S)"设填充线颜色;按"(X)"直接选择现有闭合线进行填充;按"(H)"先绘制闭合线,然后对其进行填充。
直接使用命令"点取填充域",在闭合的区域内点一下。
命令提示:请输入填充的方向,定义填充斜线的方向。
填充效果如图 14-22 所示。

图 14-22 填充效果图

本章习题

1. 道路交通标志主要分为哪几种?请插入一个直行指示交通标志。
2. 如何统计一种交通标志的数量?
3. 道路交通标线主要分为哪几种?
4. 表示双向两车道路面中心的单黄虚线有几种绘制方法?用不同的方法绘制出单黄虚线。

5. 请绘制出左转待转区边界线。
6. 说出交叉口网状线的作用,并绘制一个交叉口网状线。

设计实例

本实例是利用本章所涉及的知识点绘制的仙来大道改造工程交通标志标线设计图,如图 14-23、图 14-24 所示。

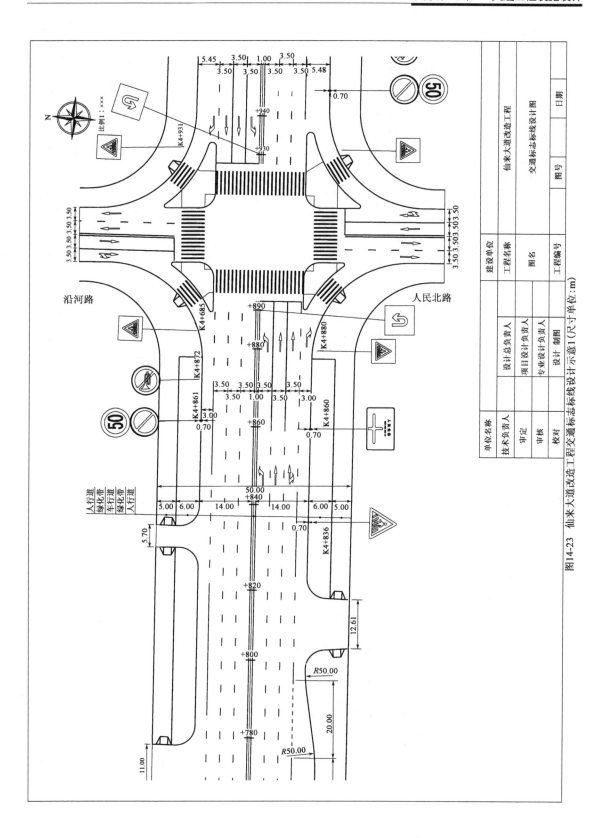

图14-23 仙米大道改造工程交通标志标线设计示意1(尺寸单位:m)

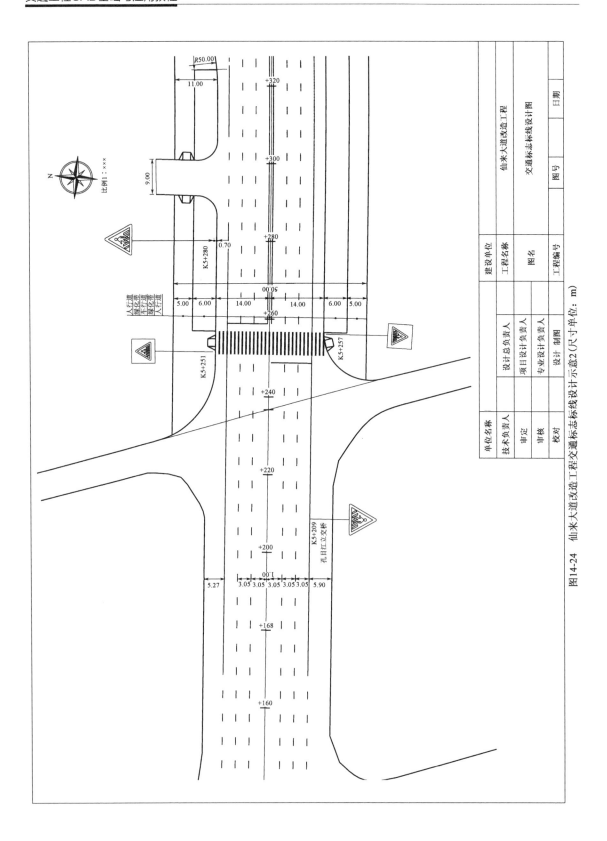

图14-24 仙米大道改造工程交通标志标线设计示意2（尺寸单位：m）

第 15 章 工程实例

通过前面章节的学习,相信读者已经对 AutoCAD 2007 绘图及鸿业市政道路设计软件绘图有了全方位的了解。但由于各章节知识较为独立,各有侧重,因此略显零散且不连贯。本章将 AutoCAD 2007 绘图软件及鸿业市政软件操作与现实中的问题相结合,将对两个具体实例进行介绍。通过对实例的简单介绍分析,帮助读者建立三维绘图的整体概念,并巩固所学知识,提高实际绘图能力。

本章学习要求
(1)能够理解和了解以下两个工程。
(2)能够仿照以下两个工程,自行画出工程图。

15.1 仙来大道改造工程实例

15.1.1 工程概况

江西省新余市仙来大道改造工程为改扩建工程。在满足国家有关设计标准的前提下,布置工程线位。定线过程中注意充分利用现有道路及交叉口空间、最大限度减少各类拆迁及工程起终点处与原有道路的衔接。根据 1∶500 地形图,采用纸上定线与实地定线相结合的方法定线。

仙来大道位于江西省新余市中部，东西走向，是新余市"二横四纵加环路"道路系统中的"二横"之一。此次改造工程起于天工北大道，经长林路、五一路、竹山路、劳动路、孔目江大桥，止于仙来东大道立交桥，全长6274.895m，如图15-1所示。

图15-1　工程位置图

仙来大道属于城市主干路性质，现状横断面为三块板形式，机动车道为双向四车道，宽19m；机非分隔带宽2m；非机动车道宽2m；人行道宽8m。路面结构基层为水泥混凝土，面层为道路改造时加铺的沥青混凝土面层。现状道路实景如图15-2所示。

a)市政府门前　　　　　　　　　　　　b)劳动路环岛

图15-2　现状道路实景

现状道路基础设施条件逐年下降,交通组织不够合理,存在较多的交通问题,主要有如下 4 个方面。

(1)沿线单位开口过多

沿街单位都在仙来大道设置了进出口,导致车辆进出频繁,影响仙来大道行车速度和非机动车交通,与仙来大道主干路的地位不符。

(2)主要交叉口采用环形交叉,通行能力低

仙来大道与长林路、竹山路、劳动路 3 条主干路交叉口现状均为环交形式,交通秩序混乱,且通行能力比相同道路条件下的信号控制交叉口的低。

(3)公交车停靠占用机动车道

现状公交站台设置在机非分割带上,公交车在机动车道上占道停靠。公交车频繁进出站台,影响主线机动车交通。

(4)道路基层存在唧泥现象

仙来大道部分路段水泥混凝土下部道路基层结构松软,易出现唧泥现象,雨天等不利天气条件下表现尤为突出。车辆的运行状况较差。

15.1.2 技术标准与主要技术指标

(1)技术标准

道路等级:城市主干路Ⅰ级。

设计速度:50km/h。

荷载标准:沥青混凝土路面计算荷载为 BZZ-100 标准轴载。

(2)主要技术指标

江西省新余市仙来大道改造工程的施工图设计主要技术指标及规范规定值见表 15-1。

主要技术指标及规范规定值 表 15-1

序号	技术指标	规范规定值	设计采用值
1	平曲线半径	设超高推荐半径 200m	最小半径 220m(上行线)
2	缓和曲线长度	不小于 45m	50m
3	纵坡	≤5.5%	最大值为 2.689%
4	凸形竖曲线最小半径	一般最小半径 1350m	最小半径 1350m(上行线)
5	凹形竖曲线最小半径	一般最小半径 1050m	最小半径 2000m

15.1.3 道路平面设计

以仙来大道旧路中线为道路中线,向南北两侧拓宽,位于交叉口处的交点不插设平曲线。为避让月亮湾处的不良地质条件,仍然保持现状的分离式断面形式。道路中线在月亮湾西端以西约 120m 处,分为下行线与上行线两部分,道路分别以下行线和上行线为基准,向原路北侧和南侧拓宽,如图 15-3~图 15-5 所示。

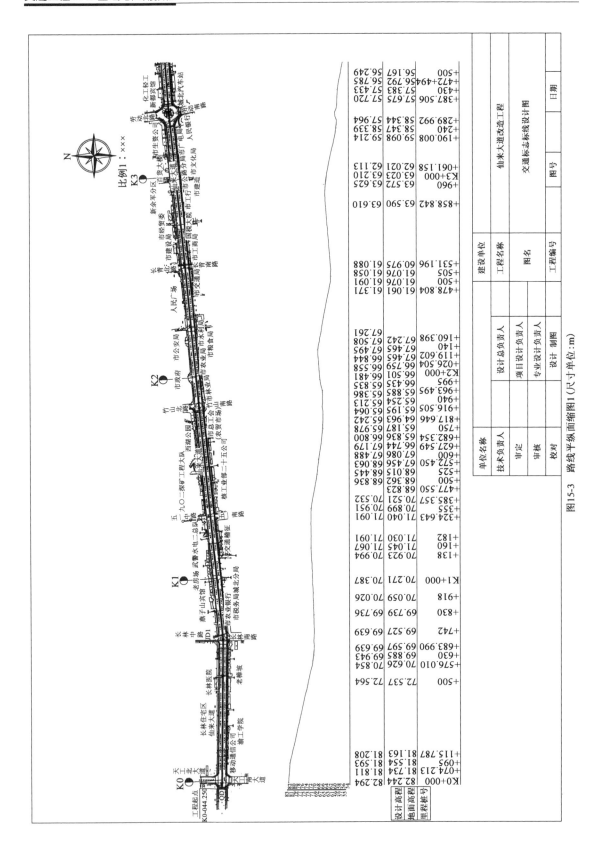

图15-3 路线平纵面缩图1(尺寸单位:m)

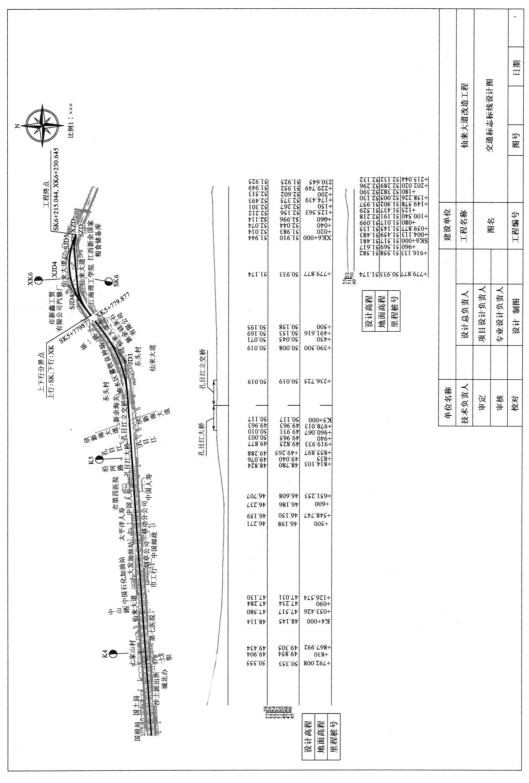

图15-4 路线平纵面缩图2(尺寸单位:m)

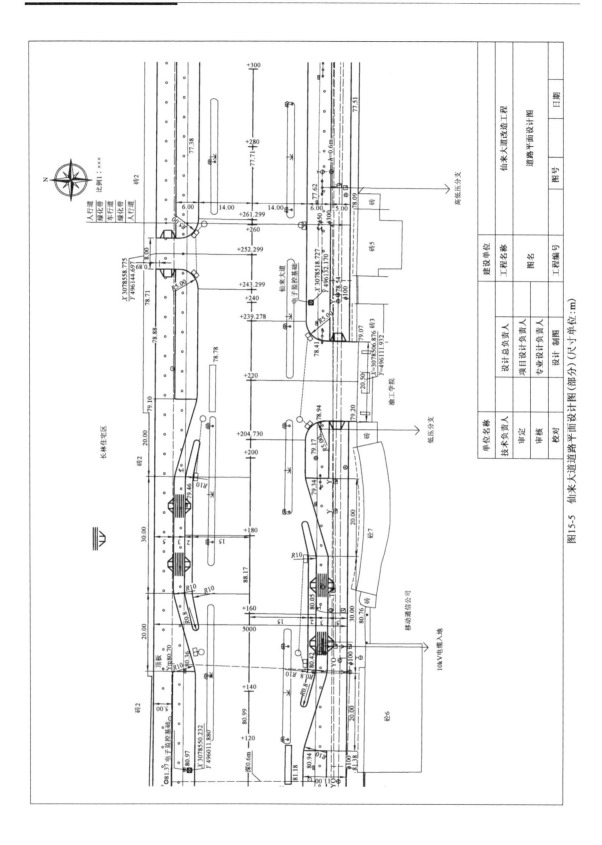

图15-5 仙米大道道路平面设计图(部分)(尺寸单位:m)

仙来大道主线采用旧路几何中心线为设计线,里程桩号标注为"K";下行线以月亮湾北侧路边线为设计线,里程桩号标注为"XK"。路线主线及上下行分界点为K5+779.877=SK5+779.877=XK5+779.877。该条设计线始于仙来大道与天工大道交叉口西侧路缘石切点断面中点处,里程桩号为K0-044.250;止于仙来东大道立交桥引道起点处,里程桩号为XK6+230.645,路线全长6274.895m。除路线起终点外,全线共设置4个交点,分别为JD1、JD2、JD3和XJD4。JD1位于仙来大道与长青路交叉口范围内,里程桩号为K0+698.352,转角为6°14′54.93″(左偏),不设平曲线;JD2位于仙来大道与劳动路交叉口范围内,里程桩号为K3+325.111,转角为1°41′59.15″(右偏)不设平曲线;JD3位于孔目江立交桥以东300m处,里程桩号为K5+496.489,转角为32°36′33.58″(左偏),圆曲线半径为600m,缓和曲线长度为75m;XJD4位于月亮湾以北60m处,里程桩号为XK6+045.074,转角为58°53′17.08″(右偏),圆曲线半径为345m,缓和曲线长度为50m。

仙来大道与天工大道交叉口道路平面设计图如图15-6所示。

15.1.4 道路纵断面设计

根据仙来大道路面结构设计方案,并充分考虑道路边线与两侧地平标高的衔接,设计纵断面在现状道路基础上抬高5cm左右。孔目江大桥和孔目江立交桥保持现状地面标高不变。施工时需严格控制中桩设计标高,如图15-7、图15-8所示。

15.1.5 道路横断面设计

新余市仙来大道为避让月亮湾处的不良地质条件,采用分离式和整体式结合的横断面设计形式。仙来大道主线采用整体式横断面,月亮湾处采用分离式横断面。孔目江大桥和孔目江立交桥保持现状横断面形式。

(1)整体式横断面

仙来大道标准横断面Ⅰ为整体式横断面,应用于K0+000~K4+884.335和K5+256.774~K5+641.232,全长5268.793m,为一块板断面,中央设隔离栅栏。横断面布置为:人行道5m+绿化带6m+非机动车道3m+机动车道3.5m×3+中央隔离栏栅1m+机动车道3.5m×3+非机动车道3m+绿化带6m+人行道5m=50m(图15-9)。

仙来大道标准横断面Ⅱ为整体式横断面,应用于K4+978.013~K5+220,全长241.987m,为一块板断面,作为孔目江大桥和孔目江立交桥处的标准横断面。横断面布置与现状一致。

(2)分离式横断面

仙来大道标准横断面Ⅲ为分离式横断面,应用于下行线XK5+875.161~XK6+179.749,全长304.588m。为避免对仙来大道北侧建筑物的拆迁,不设置绿化带。横断面布置为:人行道5m+非机动车道3m+机动车道3.5m×3+路缘带0.5m=19m(图15-10)。

仙来大道标准横断面Ⅳ为分离式横断面,应用于上行线SK5+983.416~SK6+102.897,全长119.481m。为避免对仙来大道南侧建筑物的拆迁,不设置绿化带。横断面布置为:路缘带0.5m+机动车道3.5m×3+非机动车道3m+人行道5m=19m。

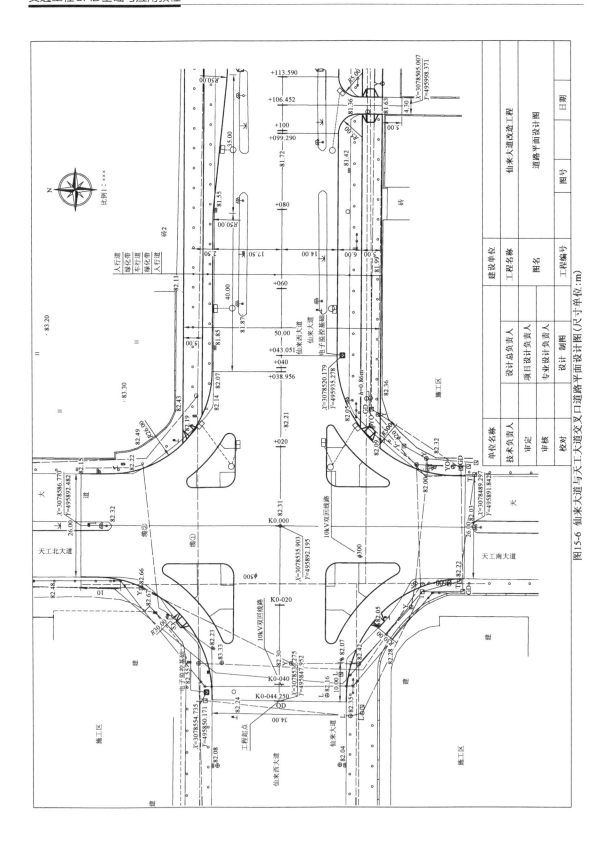

图15-6 仙来大道与天工大道交叉口道路平面设计图（尺寸单位：m）

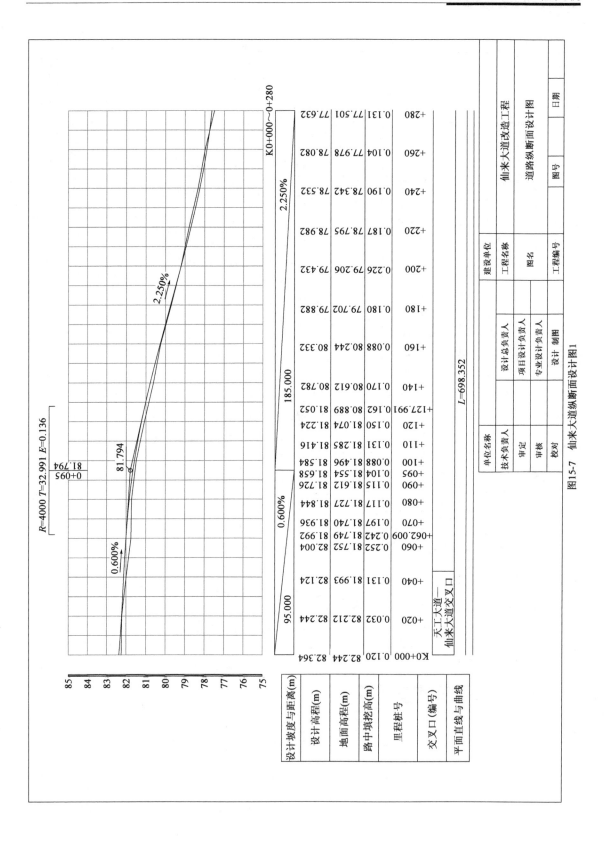

图15-7 仙来大道纵断面设计图1

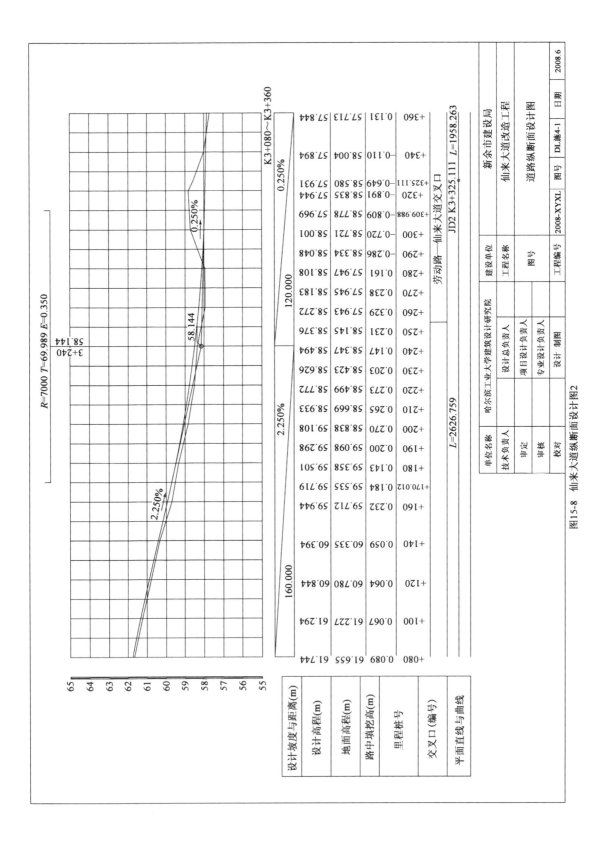

图15-8 仙米大道纵断面设计图2

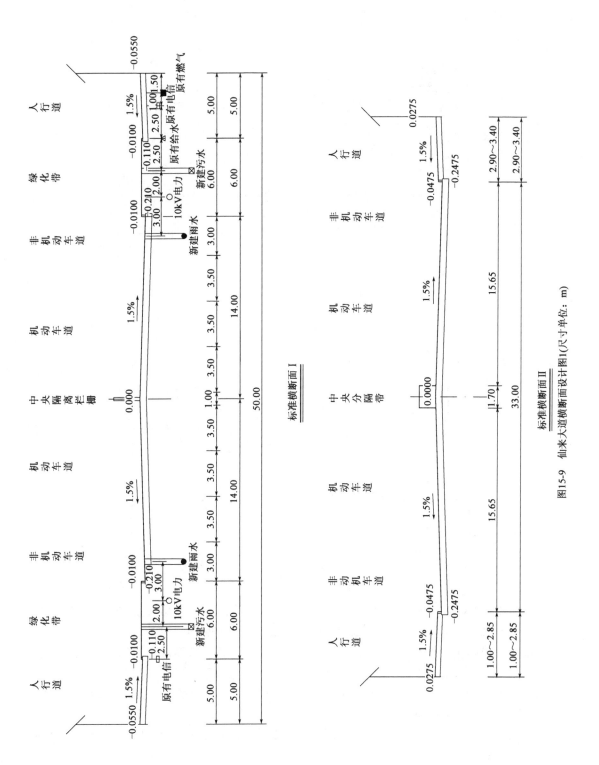

图15-9 仙来大道横断面设计图I(尺寸单位：m)

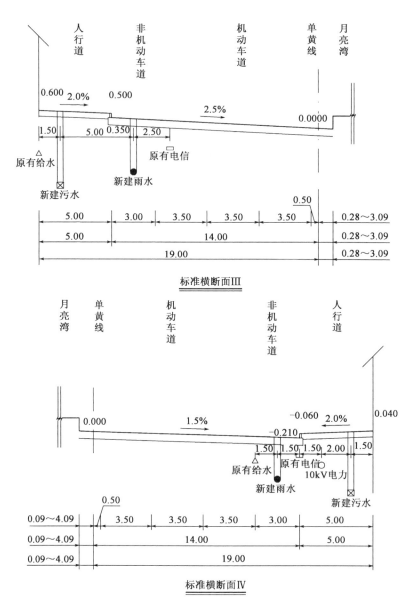

图 15-10 仙来大道横断面设计图 2(尺寸单位:m)

路线于 HY XK5 +875.161 ~ YH XK6 +179.749 段设有反向超高,超高横坡度为 2.5%。将 XK5 +825.161 ~ XK5 +875.161(长度为 50m)及 XK6 +179.749 ~ XK6 +229.749(长度为 50m)作为超高渐变段,两段渐变段的超高渐变率均为 1:1250。超高渐变段以下行线设计线为基准,外侧抬高的方式过渡。

路线于 HY SK5 +839.877 ~ YH SK5 +923.416 段设有正向超高,超高横坡度为 3.5%。将 SK5 +779.877 ~ SK5 +839.877(长度为 60m)及 SK5 +923.416 ~ SK5 +983.416(长度为 60m)作为超高渐变段,两段渐变段的超高渐变率均为 1:3000。超高渐变段以上行线设计线为基准,外侧抬高的方式过渡。

路线于 HY SK6 +152.897 ~ YH SK6 +207.555 段设有正向超高,超高横坡度为 3.5%。将 SK6 +102.897 ~ SK6 +152.897(长度为 50m)及 SK6 +207.555 ~ SK6 +215.044(长度为

7.489m)作为超高渐变段,两段渐变段的超高渐变率分别为 1∶2500 和 1∶374。超高渐变段以上行线设计线为基准,外侧抬高的方式过渡。

15.1.6 道路交叉口设计

本次施工图设计充分考虑现状各种交通方式的分布情况及未来的发展趋势,对交通量大的交叉口进行了平面设计。非机动车、行人在人行横道线处过街受交通信号灯控制,以保证非机动车、行人的交通安全;另外,在路段设置了一些路段人行信号灯,主要布置在公交站点附近。根据交通发展需求以及周边城市发展情况,对天工大道、长林路、竹山路、劳动路、五一路、中山路、人民北路与仙来大道交叉口进行物理渠化设计。对长青路—仙来大道交叉口进行了标线渠化处理。

为协调环形交叉口范围内的车行道及其邻近地面有关各点的设计标高,统一解决相交道路之间以及交叉口和周围建筑物之间的竖向位置上的行车道、排水和建筑三方面的要求,使交叉口获得一个平顺的共同构筑面,确保交通安全、方便以及排水顺畅,进行交叉口竖向设计。本次改造工程对天工大道、长林路、竹山路、劳动路、长青路、五一路、中山路及人民北路 8 个交叉口进行了竖向设计。在交叉口竖向设计范围内,路面形式为柔性路面,网格尺寸为 4m×4m,路拱形式采用改进的三次抛物线,等高距为 0.05m。

相关道路交叉口设计如图 15-11 ~ 图 15-14 所示。

15.1.7 路面结构设计

考虑城市道路减小噪声和震动的要求,同时保证结构强度,较易施工,仙来大道道路路面结构拟定采用沥青混凝土路面,确定沥青混凝土路面结构厚度为 65cm。拟定的路面结构方案为:

上面层:4cm 厚改性沥青混凝土 SMA-16。中面层:5cm 厚中粒式沥青混凝土 AC-20C。下面层:6cm 厚特粗式沥青混凝土 ATB-30。透层沥青:乳化沥青,用量 $0.8L/m^2$。

基层:15cm 厚 6% 水泥稳定碎石 + 15cm 厚 5% 水泥稳定碎石。

底基层:20cm 厚级配碎石。

开挖后若路基承载力和含水率达不到要求,换填 30 ~ 50cm 厚砂粒。

孔目江大桥及立交桥桥面的路面需刨除原有 4cm 厚沥青路面后加铺 4cm 厚改性沥青混凝土 SMA-16。

在与绿化带相接触的路面结构侧面进行防水处理(铺设防水土工布),以保证绿化带水分的自我调节,防止其对路面结构产生水的侵蚀。

15.1.8 交通工程设施设计

仙来大道交通工程设施设计主要包括以下内容:标志、标线、中央隔离栅栏、港湾式公交停靠站和交通信号控制设施等,如图 15-15 ~ 图 15-17 所示。

15.1.9 竣工道路

仙来大道改造工程完成后,竣工道路实体效果如图 15-18 ~ 图 15-23 所示。

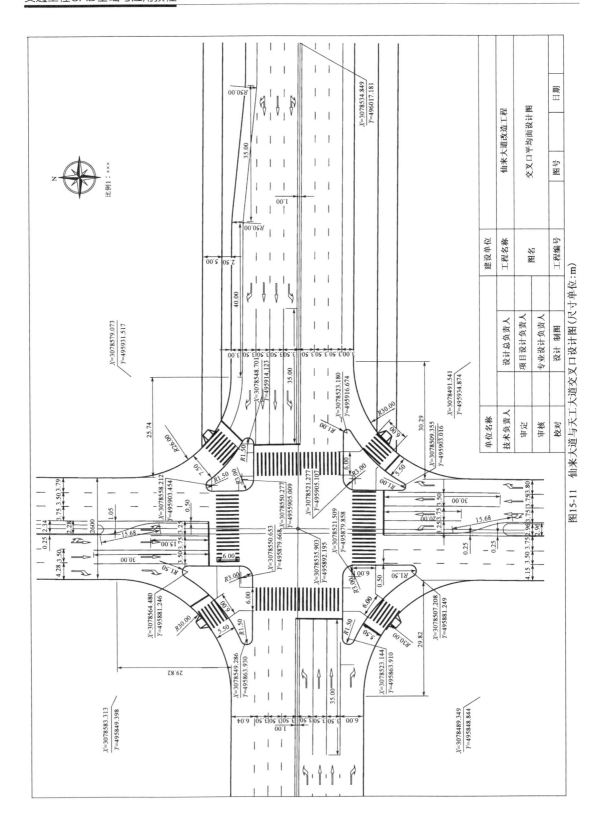

图15-11 仙米大道与天工大道交叉口设计图（尺寸单位：m）

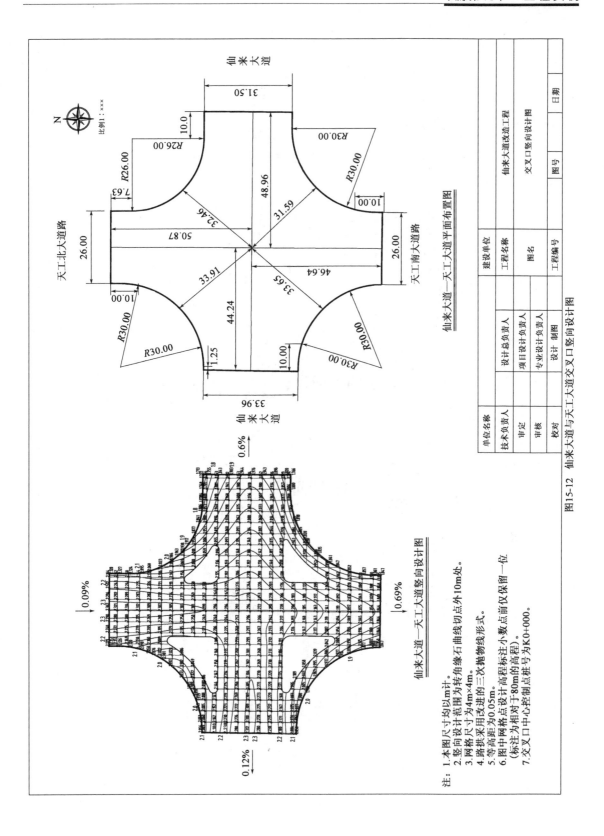

图15-12 仙米大道与天工大道交叉口竖向设计图

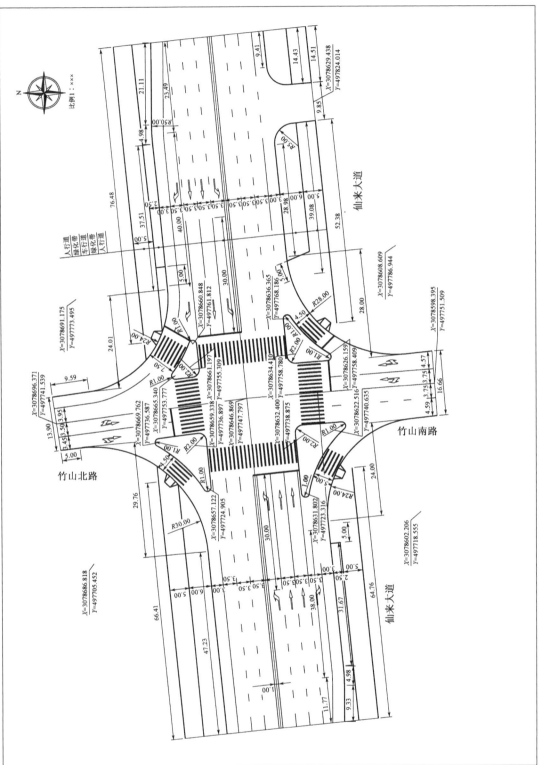

图15-13 仙来大道与竹山路交叉口设计图(尺寸单位:m)

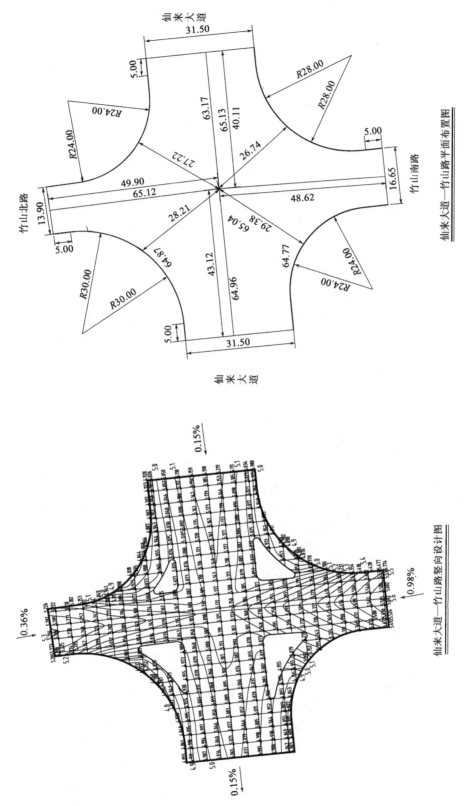

图15-14 仙来大道与竹山路交叉口竖向设计图

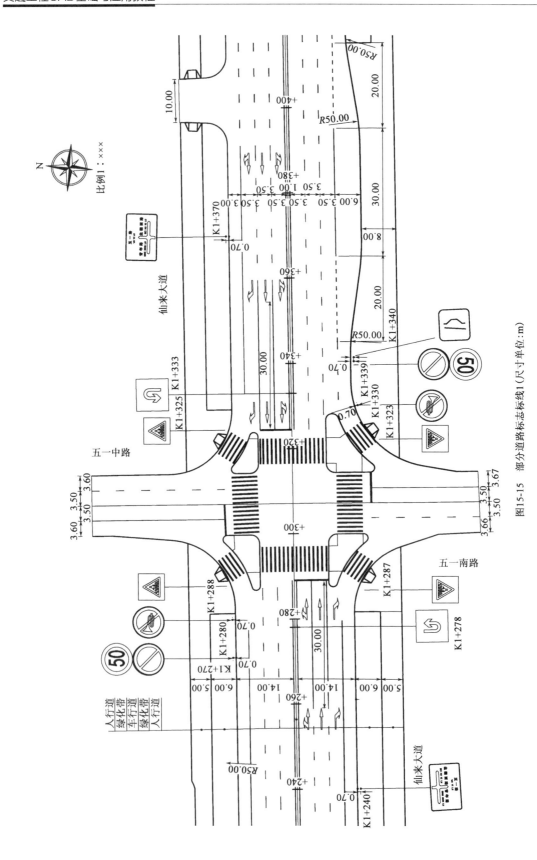

图15-15 部分道路标志标线1（尺寸单位：m）

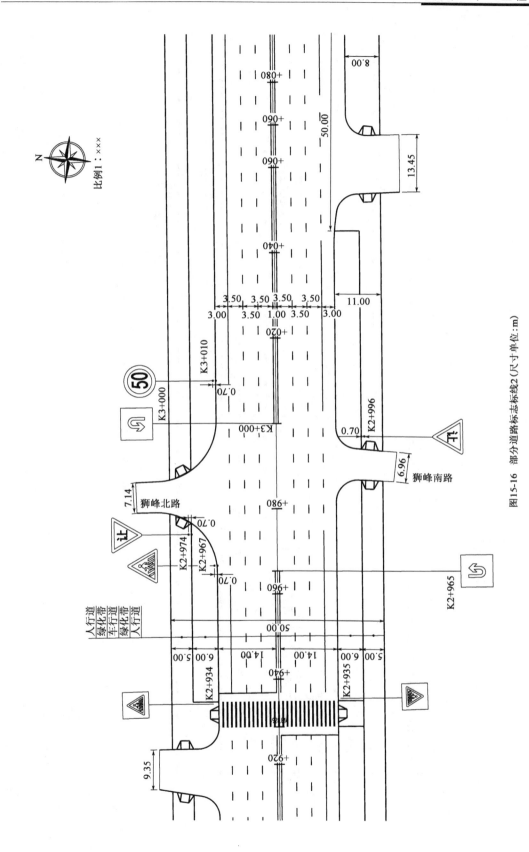

图15-16 部分道路标志标线2（尺寸单位：m）

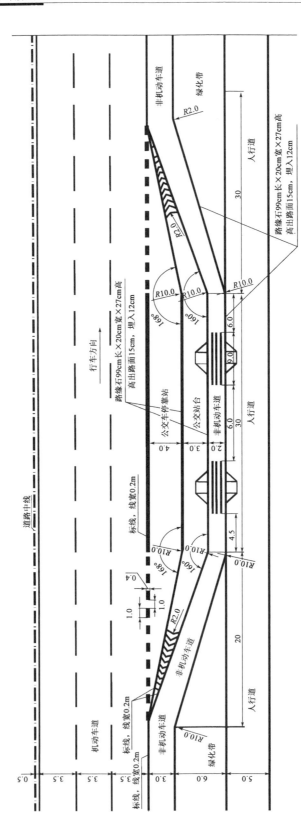

图15-17 改进型港湾式公交停靠站（尺寸单位：m）

图 15-18　宽阔平坦的仙来大道

图 15-19　改造后的港湾式公交停靠站

图 15-20　道路绿化

图 15-21　人行道景观

图 15-22　道路绿化

图 15-23　地下人行通道出入口

15.2　学子街交通工程实例

15.2.1　工程概况

学子街交通工程项目主要涉及学子街、礼贤街、七贤东路、七贤路、七贤中路、广贤路,道路总长度为 5777.943m。其中七贤东路双向四车道,为城市主干路,总长 1010.843m;学子街双向四车道,为城市次干路,总长 1029.517m;礼贤街、七贤路、七贤中路、广贤路为双向两车道,为城市次干路,总长 3737.583m。工程位置如图 15-24 所示。

学子街拓宽改造工程起点为广贤路,终点至黄浦路。K0+000~K0+836.737 段道路由现状两车道拓宽为四车道;学子街(K0+836.737~NK1+029.517/SK1+023.237)段为桥梁两侧辅路,单车道。拆除大连海事大学外侧浆砌片石挡墙,新建为混凝土挡土墙,墙体上增设声屏障。全线对雨水工程与照明工程重新改造。

15.2.2 技术标准

道路等级:城市次干路。
设计速度:30km/h。
设计断面:双向四车道。
单车道宽度:3.5m。
道路横坡度:机动车道采用 1.5%、人行道采用 2.0%。
荷载标准:BZZ-100。
坐标系系统:大连城建坐标系。
标高系统:1985 国家高程基准。

15.2.3 道路平面设计

学子街利用道路两侧绿地及人行道进行双侧拓宽,路线避让现有电塔、中海华庭便道挡土墙、现有陡边坡等障碍,最小曲线半径为 $R=50m$,位于 S 支线段。桥梁两侧辅路参照桥梁线形布置,在跨线桥第二跨,南侧辅道从桥下穿过与北侧辅路合并,顺接现有道路后平交黄浦路。现状大连海事大学外侧浆砌片石挡土墙需拆除后改建为钢筋混凝土挡土墙,挡土墙上方布置声屏障。

路线平纵面缩图如图 15-25 所示。

15.2.4 道路纵断面设计

学子街拓宽段纵断面设计参照现有道路标高进行设计。新建道路与辅路最大纵坡6.77%,最小纵坡0.59%,最小凹曲线半径 $R=1500m$,最小凸曲线半径 $R=1500m$,最小坡长 130.91m。K1+029.517~K1+078.481 段为现有道路结构层更换,标高及纵坡与现状保持一致。

道路纵断面缩图如图 15-26、图 15-27 所示。

15.2.5 道路横断面设计

学子街 K0+000~K0+076.377 段拓宽后为双向六车道,道路断面为 2m(人行道)+21.5m(机动车道)+2m(人行道),全宽 25.5m;K0+076.377~K0+106.377 段为六车道向四车道过渡段;学子街 K0+106.377~K0+363.152、K0+512.899~K0+836.737 段拓宽后为双向四车道,道路断面为 2m(人行道)+15m(机动车道)+2m(人行道),全宽 19m;学子街 N 支线与 S 支线为分离式断面,单向两车道,每个方向道路断面为 2m(人行道)+7.5m,全宽 9.5m;跨黄浦路桥桥梁北侧辅路车行道宽 4m,人行道宽 2m;桥梁南侧辅路车行道宽 4m,人行道宽 1m。

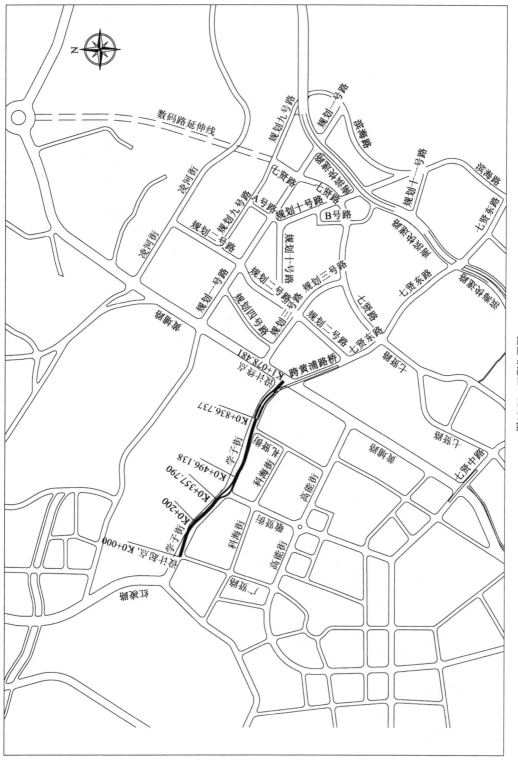

图15-24 工程位置图

图15-25 路线平纵面缩图

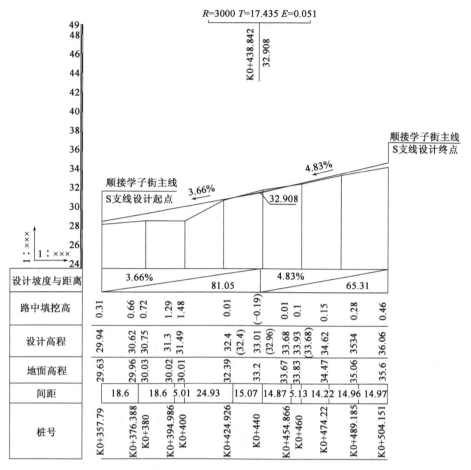

说明:1. 本图高程系统为1985国家高程。
2. 本图尺寸单位为m。

图15-26 道路纵断面缩图1

学子街道路横断面设计如图15-28所示。

15.2.6 路面结构设计

(1)学子街新建机动车道路面结构

5cm厚中粒式SBS改性沥青混凝土AC-16F,用量0.5L/m²,黏层沥青PC-3,7cm厚粗粒式沥青混凝土AC-25C,用量0.9L/m²,透层沥青PC-2,20cm厚水泥稳定碎石(水泥含量5%),20cm厚水泥稳定碎石(水泥含量3%),路面结构总厚度52cm。

(2)人行道结构

6cm厚步道砖(10cm×20cm)+3cm厚的1:9水泥石屑找平+15cm厚水泥稳定碎石(水泥含量3%)。

(3)边石结构

机动车道采用花岗岩边石,规格为20cm×30cm×100cm,边石外露25cm,侧石背后C20混凝土包结。

人行道边石采用15cm×15cm×70cm花岗岩暗边石,侧石背后用C20混凝土包结。

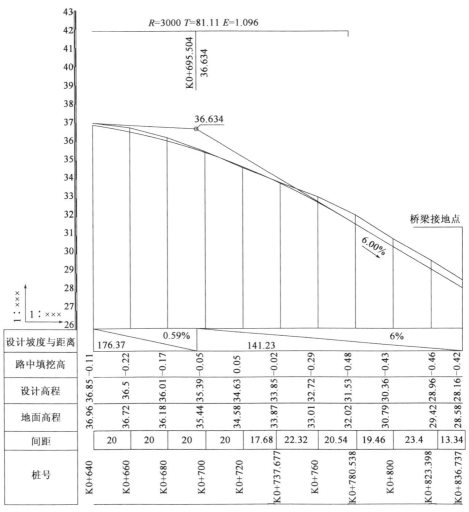

图 15-27　道路纵断面缩图 2

(4) 黏层沥青、透层沥青

沥青上面层与下面层间喷洒黏层沥青，采用 PC-3 阳离子乳化沥青，用量 $0.5L/m^2$。

沥青下面层与上基层间喷洒透层沥青，采用 PC-2 阳离子乳化沥青，用量 $0.9L/m^2$。

学子街路面结构设计如图 15-29 所示。

15.2.7　外侧挡土墙设计

(1) 挡土墙结构设计

本工程挡土墙采用悬臂式钢筋混凝土挡土墙，全段采用 C30 钢筋混凝土，普通钢筋为 HRB400 钢筋。

HRB400 钢筋应符合《钢筋混凝土用钢　第 1 部分：热轧光圆钢筋》(GB/T 1499.1—2017) 和《钢筋混凝土用钢　第 2 部分：热轧带肋钢筋》(GB/T 1499.2—2018) 的规定。无特殊说明，凡钢筋直径 ≥12mm 者，应采用 HRB335 (20MnSi) 热轧螺纹钢；凡钢筋直径 <12mm

者,采用 HPB235(A3)钢。

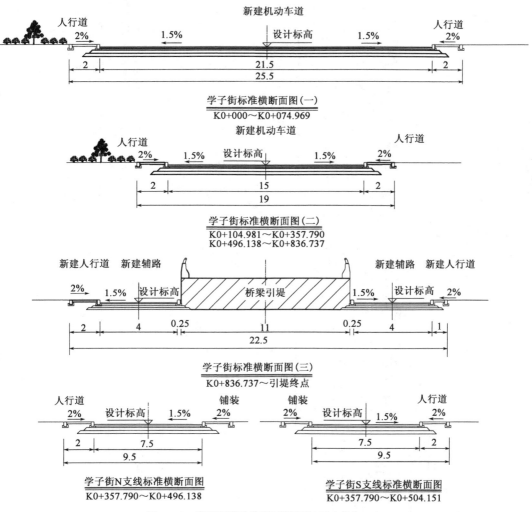

图 15-28 学子街道路横断面设计图(尺寸单位:m)

(2)挡土墙耐久性设计

本工程处于Ⅱ类环境,现对结构混凝土耐久性提出如下要求:最大水灰比 0.45,最小水泥用量 $300kg/m^3$(对于预应力混凝土构件,为 $350kg/m^3$),最大氯离子含量 0.10%(对于预应力混凝土构件,为 0.06%),最大碱含量 $3.0kg/m^3$。混凝土抗冻等级 F300,抗渗等级 W8。

外侧挡土墙设计如图 15-30 所示。

15.2.8 交通工程设施设计

学子街的交通工程设施设计主要包括车行道边缘线、车行道分界线、禁止跨越对向车行道分界线(黄实线)、导向箭头等。其中车道边缘线、车道分界线、禁止跨越对向车行道分界线(黄实线)线宽均为15cm。车行道分界线为2m短线、4m间距的虚线,导向箭头标准高度为3.0m。

为了保证车辆在弯道处安全行驶,七贤路所有弯道处铺筑彩色防滑路面,起防滑作用的同时,兼顾警示作用。本工程弯道处设置彩色防滑路面。部分道路标志标线具体如图 15-31、图 15-32 所示。

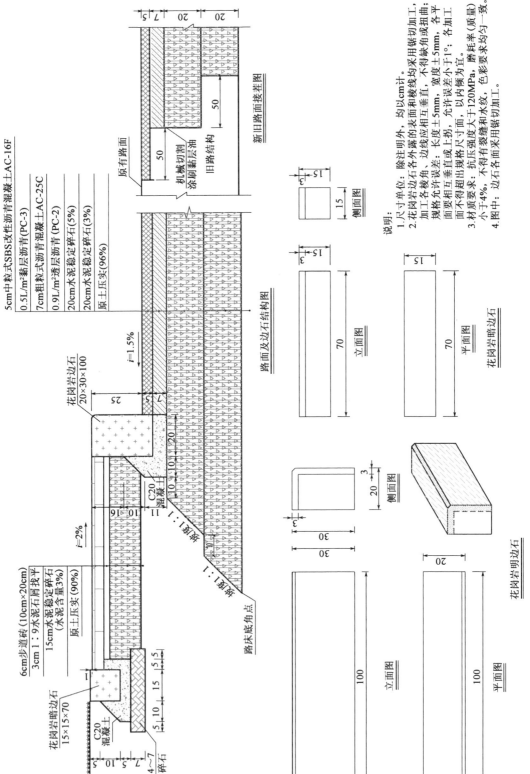

图15-29 孝子街路面结构设计图

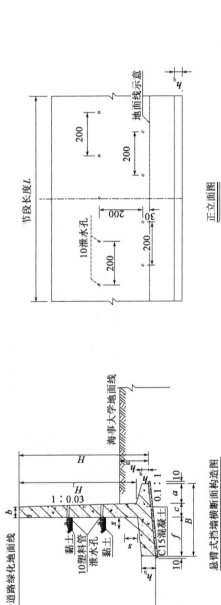

扶臂式挡墙参数表

墙高 H	墙顶宽 b	立板高 H_1	埋深 h_m	前趾高 h_q	前趾宽 a	墙底宽 c	后踵宽 f	后踵高 bh	倒角 s	基底宽 B	每延米C30混凝土 (m³)	每延米C15混凝土 (m³)	每延米HRB400 (kg)	基底允许应力(kPa)
6	0.4	5.59	≥1.2	0.4	0.9	0.57	1.8	0.5	0.5	3.27	4.44	0.35	349.3	150
5.5	0.4	5.08		0.4	0.8	0.55	1.7	0.5	0.5	3.05	4.05	0.32	319.5	
5	0.4	4.57		0.4	0.7	0.54	1.6	0.5	0.5	2.84	3.67	0.30	309.3	
4.5	0.4	4.06		0.4	0.6	0.55	1.3	0.5	0.5	2.45	3.27	0.27	279.2	
4	0.4	3.56		0.4	0.6	0.54	1.2	0.5	0.5	2.34	3.02	0.25	259.9	

说明：
1. 本图尺寸除注明外，其余均以cm计。
2. 设15m为一个节段，节段间设2cm的断缝，接缝采用全断面沥青木板。
3. 墙背回填土每30cm逐层夯实至压实度95%，填料要求采用山皮石。
4. 悬臂式挡土墙立面设置泄水孔，第一排泄水孔设置高出地面30cm，间距为2m，采用梅花形交错布置，在进水口处设置黏土层及砂砾反滤层。
5. 基础底铺设10cm厚C15混凝土，挡墙外露面采用刷涂两遍涂料装饰，涂料要求无腐蚀性。
6. 挡土墙施工时注意声屏障预埋件的预埋。
7. 挡土墙K0+165-K0+195段基底处存在带状软土层，基底需砌筑0.4m混凝土毛石基础，深1.0m，基槽(4.5m宽围)开挖后，基底需砌筑0.4m混凝土毛石基础。

图15-30 外侧挡土墙设计图

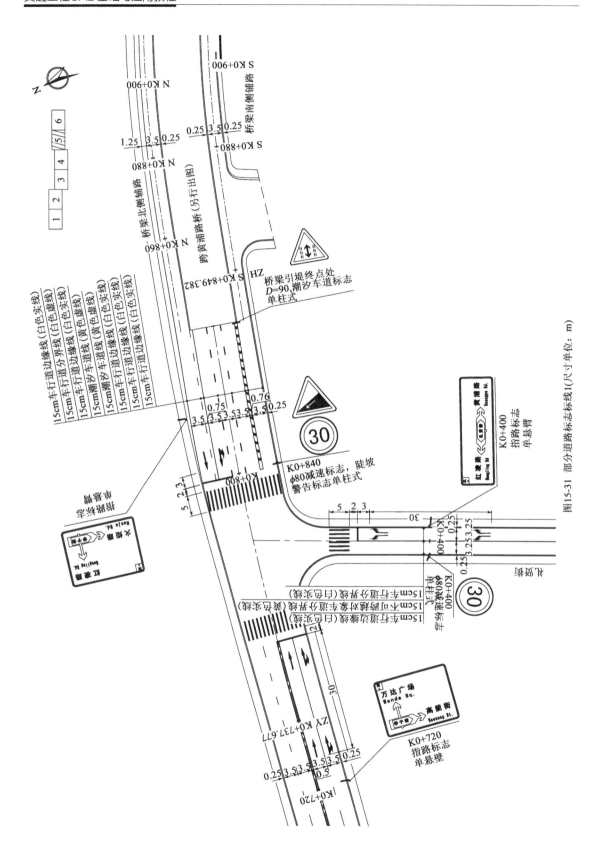

图15-31 部分道路标志标线1(尺寸单位：m)

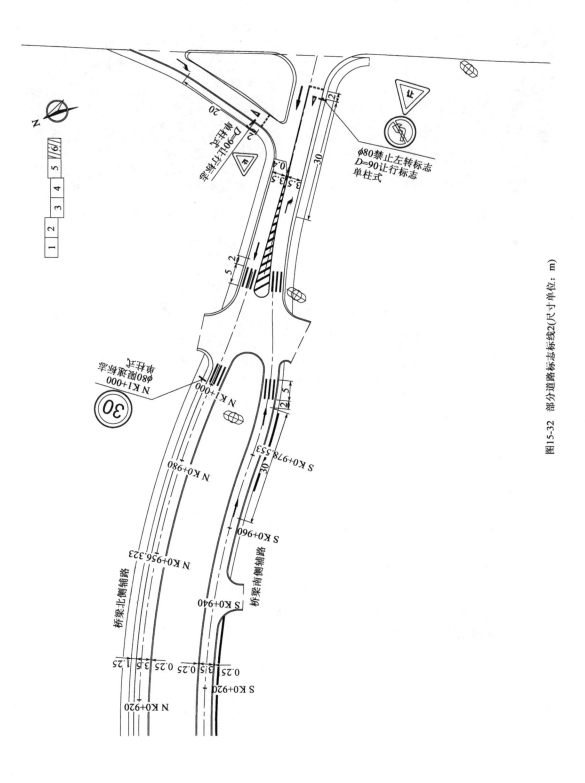

图15-32 部分道路标志标线2(尺寸单位：m)

15.2.9 竣工道路

改造竣工后的学子街道路如图 15-33 ~ 图 15-35 所示。

图 15-33 改造后的学子街道路

图 15-34 改造后的学子街道路

图 15-35 改造后的学子街道路

本章习题

1. 图 15-5 中都有什么指令和操作？
2. 如何打印工程图？
3. 为工程制图时，基本需要哪些图？
4. 请在仙来大道改造工程中任选两幅图进行模仿。
5. 请在学子街交通工程中任选两幅图进行模仿。
6. 请选择现实生活中任意一条路，尝试画出平面图和横纵断面图。

参考文献

[1] 数字艺术教育研究室.中文版 AutoCAD 基础培训教程[M].北京:人民邮电出版社,2015.

[2] 孙文君,高微,路维,等.AutoCAD 基础教程[M].北京:人民邮电出版社,2015.

[3] 张勇.中文版 AutoCAD 2007 标准教程[M].西安:西北工业大学音像电子出版社,2007.

[4] 方晨.AutoCAD 中文版教程 2007[M].上海:上海科学普及出版社,2008.

[5] 住房和城乡建设部.城镇道路路面设计规范:CJJ 169—2012[S].北京:中国建筑工业出版社,2012.

[6] 张云杰,张艳明.AutoCAD 2010 基础教程[M].北京:清华大学出版社,2010.

[7] 中国标准化研究院.CAD 通用技术规范:GB/T 17304—2009[S].北京:中国标准出版社,2009.

[8] 公安部,住房和城乡建设部.城市道路交通标志和标线设置规范:GB 51038—2015[S].北京:中国计划出版社,2015.

[9] 唐建成.机械制图及 CAD 基础[M].北京:北京理工大学出版社,2013.

[10] 田凌.机械制图[M].北京:清华大学出版社,2013.

[11] 姜勇,向先波.AutoCAD 应用教程[M].北京:人民邮电出版社,2008.

[12] 郑运廷.AutoCAD 中文版应用教程[M].北京:机械工业出版社,2011.

[13] 付饶,段利君,洪友伦.AutoCAD 中文版基础应用信息化教程[M].南京:南京大学出版社,2020.

[14] 许金良,等.道路勘测设计[M].北京:人民交通出版社股份有限公司,2016.

[15] 杨铭山.道路及总平面纵向设计[M].北京:中国建筑工业出版社,2018.

[16] 薛焱,王新平.中文版 AutoCAD 2007 基础教程[M].北京:清华大学出版社,2006.

[17] 张爱梅,等.AutoCAD 2007 计算机绘图实用教程[M].北京:高等教育出版社,2007.

[18] 交通运输部.公路路线设计规范:JTG D20—2017[S].北京:人民交通出版社股份有限公司,2017.

[19] 杨少伟.道路勘测设计[M].3版.北京:人民交通出版社,2009.

[20] 蔡希林.AutoCAD 2004中文版实用教程[M].北京:清华大学出版社,2004.

[21] 柏松.中文版AutoCAD从零开始完全精通[M].上海:上海科学普及出版社,2013.

[22] 周建国.AutoCAD 2006基础与典型应用一册通(中文版)[M].北京:人民邮电出版社,2006.

[23] 解璞.AutoCAD 2007中文版电气设计教程[M].北京:化学工业出版社,2007.

[24] 李秀娟.AutoCAD绘图2008简明教程[M].北京:北京艺术与科学电子出版社,2009.

[25] 公安部交通管理局.城市道路交通标志标线设置指南[EB/OL].2005.

[26] 杨广文.交通大辞典[M].上海:上海交通大学出版社,2005.

[27] 全国技术产品文件标准化技术委员会.技术制图 图纸幅面和格式:GB/T 14689—2008[S].北京:中国标准出版社,2009.

[28] 全国技术产品文件标准化技术委员会.CA文件管理 存储与维护:GB/T 17825.10—1999[S].北京:中国标准出版社,1999.

[29] 全国技术产品文件标准化技术委员会.技术制图 字体:GB/T 14691—1993[S].北京:中国标准出版社,1994.

[30] 全国技术产品文件标准化技术委员会.技术产品文件CAD图层的组织和命名 第1部分:概述与原则:GB/T 18617.1—2002[S].北京:中国标准出版社,2002.